LORIS STURLESE (ED.)

STUDI SULLE FONTI DI MEISTER ECKHART

DOKIMION

Nouveaux suppléments à la
Neue Schriftenreihe zur

REVUE PHILOSOPHIQUE ET THÉOLOGIQUE DE FRIBOURG
FREIBURGER ZEITSCHRIFT FÜR PHILOSOPHIE UND THEOLOGIE

Edités par
Herausgegeben von
Ruedi Imbach und Tiziana Suarez-Nani

Volume/Band 34

STUDI SULLE FONTI DI MEISTER ECKHART

I

Aristoteles, De anima · Augustinus, De Trinitate · Avicenna, Opera · Dionysius, Opera · Liber de causis · Proclus, Opera · Seneca, Opera

a cura di
Loris Sturlese

con contributi di

Alessandra Beccarisi
Nadia Bray
Alessandro Palazzo
Gianfranco Pellegrino
Fiorella Retucci
Elisa Rubino

ACADEMIC PRESS FRIBOURG
2008

Pubblicato con il contributo del
Dipartimento di Filologia classica e scienze filosofiche
Università del Salento

Composizione tipografica a cura del Centro per l'edizione di testi filosofici
medievali e rinascimentali, Università del Salento

Herstellung: Paulusdruckerei Freiburg Schweiz
ISBN 978-3-7278-1639-0
ISSN 1022-293X (Dokimion Freiburg)

INDICE

LORIS STURLESE

Meister Eckhart e le sue fonti

I contributi riuniti nel presente volume affrontano la questione delle fonti del pensiero eckhartiano – una questione antica, importante e sinora mai risolta. La affrontano per la prima volta sulla base di una documentazione sistematica ed esaustiva, che riposa su un indice complessivo ancora inedito, ma già disponibile, delle opere latine e tedesche pubblicate nell'edizione storico-critica di Stoccarda. Dall'insieme di questa documentazione vengono ora tratti e qui presentati, come anticipazione, sette segmenti riguardanti autori che hanno esercitato un importante ruolo nella formazione del pensiero di Eckhart: Aristotele, Agostino, Dionigi Areopagita, Avicenna, Seneca, Proclo e il *Liber de causis* – i primi due autori limitatamente ad una loro importante opera, rispettivamente il *De anima* e il *De Trinitate.*

Questo volume si colloca pertanto in un contesto più ampio, e cioè nel quadro dei lavori, ai quali chi scrive sta da tempo attendendo, volti alla realizzazione di un tomo conclusivo – il sesto – che raccoglierà in un indice complessivo dell'intera opera eckhartiana, sia latina che tedesca, le fonti citate esplicitamente dall'autore e le indicazioni a queste aggiunte dagli editori come complemento e documentazione dottrinale.

Un tal progetto risponde ad una urgente esigenza della critica eckhartiana, sia perché il quarto tomo delle opere latine, dedicato agli importanti *Sermones*, è tuttora senza indici, sia perché la pubblicazione di numerose nuove edizioni nel corso del tempo ha cambiato più volte i punti di riferimento nella compilazione degli apparati e reso obsolete parecchie indicazioni.

Tuttavia, il progetto di cui si sta parlando, e che si identifica nel titolo: *Meister Eckhart und seine Quellen*, ha come obbiettivo la realizzazione di qualcosa di più che una semplice lista, pur aggiornata e completa, del contenuto dell'apparato delle fonti in calce all'edizione avviata da Josef Koch e Josef Quint.

Intende infatti in primo luogo presentare questi materiali in forma commentata, ancorché in modo sintetico, illustrando autore per autore ed opera per opera il tipo di testo utilizzato da Eckhart, la traduzione eventualmente usata, la corrispondente diffusione manoscritta e la loro disponibilità nei luoghi ove egli lavorò, il modo, la frequenza e la precisione della loro utilizzazione, la presenza di eventuali intermediari, e infine i risultati dell'esame comparativo delle citazioni nelle opere latine e in quelle tedesche. Un lavoro di questo tipo si richiama, per modalità e scopi, ad un modello ammirevole per dottrina e rigore quali sono i Prolegomena premessi agli indici della *Summa fratris Alexandri,* dovuti alla cura del padre Victorin Doucet[1].

La natura particolare dei materiali eckhartiani induce però a tentare un ulteriore passo rispetto al modello quaracchiano, e cioè a comunicare almeno le citazioni letterali ed esplicite più rilevanti, all'interno dell'indice stesso, nella loro forma e in un essenziale contesto. C'è una duplice ragione che motiva questo secondo passo. In primo luogo, l'ambizione di offrire un indice leggibile, e non soltanto un cumulo di cifre. Sarà peraltro facile vedere, dagli esempi che verranno portati già in questo stesso volume, come la leggibilità della serie progressiva delle citazioni letterali di un'opera, corredata dalla loro frequenza, si trasformi quasi sempre in una sorta di radiografia dei punti chiave dell'opera stessa così come Eckhart l'ha letta ed utilizzata. Ma c'è di più. Eckhart fu autore bilingue, e scrisse di medesimi argomenti, usando spesso le stesse fonti, sia in latino che in altotedesco medio. La comunicazione delle citazioni in latino e nella loro traduzione in volgare costituisce la solida premessa per lavori comparativi linguistici e dottrinali potenzialmente di grande interesse[2].

Il progetto: *Meister Eckhart und seine Quellen* è animato dalla convinzione che la faticosa micrologia della intertestualità sia un elemento fondamentale per ricostruire la cultura, gli interlocutori, i problemi di un autore. Gli studi raccolti in questo volume, che commentano alcuni primi segmenti tratti dal complesso della documentazione in via di elaborazione, costituiscono, credo, una conferma della validità e della fecondità di un tale approccio. L'indagine sistematica del modo in cui Eckhart ha letto l'opera di interi autori (Avicenna, Dionigi Areopagita, Seneca, Proclo), oppure testi di importanza capitale per il Medioevo (il *De anima* di Aristotele, il *De Trinitate* di Agostino, il *Liber de causis*) mette in luce nuove e fondate prospettive interpretative sulla questione dell'intelletto (Alessandra Beccarisi), della teologia mistica (Elisa Rubino) e dell'immagine (Gianfranco Pellegrino), sulla dottrina della negazione della negazione (Fiorella Retucci), sulla valutazione della cultura pagana (Nadia Bray), sul ruolo di intermediario giocato da Alberto riguardo alla componente islamica del pensiero di Eckhart (Alessandro Palazzo). Ma le messe a punto sono assai più numerose di quelle che qui sono state ricordate a solo titolo di esempio. D'altronde, la presenza di una documentazione completa in appendice a ciascun articolo metterà il lettore in condizione non soltanto di valutare da se stesso la novità dei contributi esegetici recati dai diversi interpreti, ma anche di costruire autonomamente percorsi di lettura e di verifica.

L'idea di un lavoro su: *Meister Eckhart und seine Quellen* è maturata all'interno del PRIN 2004 "Filosofia e scienze della natura nel Medioevo", e fu presentata

[1] Alexandri de Hales *Summa theologica seu sic ab origine dicta "Summa fratris Alexandri",* t. IV: *Prolegomena,* Ad Claras Aquas 1948; *Indices in tom. I-VI,* Grottaferrata 1979.

[2] Si veda in proposito Nadia Bray, *Deutsche Bibelzitate in den Predigten Meister Eckharts,* in: *Meister Eckhart in Erfurt,* hrsg. von Andreas Speer und Lydia Wegener (Miscellanea Mediaevalia 32), Berlin-New York 2005, pp. 409-426.

e discussa nella primavera del 2006 nell'ambito di un ciclo di seminari organizzati da Francesco Del Punta presso la Scuola Normale Superiore di Pisa in cooperazione con la sezione medievale del Dottorato di ricerca in "Discipline storico-filosofiche" dell'Università del Salento. I risultati documentati nel presente volume – che è stato portato a termine nel quadro dei lavori PRIN 2007 "Filosofia e scienza nel Medioevo" – sono stati discussi preliminarmente, e in forma abbreviata, in una Sezione speciale dedicata ad Eckhart nell'ambito del XII Congresso internazionale della Société Internationale pour l'Étude de la Philosophie Médiévale, tenuto a Palermo nel settembre 2007, alla quale partecipò come relatore anche Jeremy Hackett. Una Fellowship della Forschungsstelle für Vergleichende Ordensgeschichte (FOVOG) presso la Katholische Universität Eichstätt, diretta da Gert Melville, ha consentito a chi scrive di curare la redazione di quest'opera in una cordiale e cooperativa atmosfera. A tutti coloro che hanno contribuito alla definizione dei criteri del nostro lavoro va il ringraziamento dei partecipanti a questo volume.

ABBREVIAZIONI

DW: *Meister Eckhart. Die deutschen und lateinischen Werke*, hrsg. im Auftrage der Deutschen Forschungsgemeinschaft. *Die deutschen Werke*, hrsg. von Josef QUINT, Georg STEER, 5 voll., Stuttgart 1936–.

LW: *Meister Eckhart. Die deutschen und lateinischen Werke*, hrsg. im Auftrage der Deutschen Forschungsgemeinschaft. *Die lateinischen Werke*, hrsg. von Ernst BENZ, Karl CHRIST, Bruno DECKER, Herbert FISCHER, Bernhard GEYER, Josef KOCH, Ernst SEEBERG, Loris STURLESE, Karl WEISS, Albert ZIMMERMANN, 5 voll., Stuttgart 1936–.

LE: *Lectura Eckhardi. Predigten Meister Eckharts von Fachgelehrten gelesen und gedeutet"*, hrsg. von Georg STEER und Loris STURLESE, koordiniert von Dagmar GOTTSCHALL, Stuttgart 1998–.

CPTMA: *Corpus Philosophorum Teutonicorum Medii Aevi,* begründet von Kurt FLASCH und Loris STURLESE, hrsg. von Loris STURLESE unter Mitwirkung von Ruedi IMBACH und Burkhard MOJSISCH, Hamburg 1977–.

NOTA SUGLI INDICI DELLE FONTI ALLEGATI AI CONTRIBUTI

L'elenco delle fonti registra soltanto le citazioni espressamente attribuite all'autore in questione o ascritte ad un *meister* chiaramente con questo identificabile. Sono quindi escluse dall'elenco le indicazioni aggiunte in apparato a qualsiasi titolo dagli editori, che non trovino un riferimento letterale nel testo di Eckhart.

Per ciascuna citazione, numerata progressivamente, viene indicata la partizione originale e, dopo una barra diagonale, la pagina e la riga dell'edizione di riferimento, debitamente aggiornata. A destra sono indicati il volume, la pagina e la linea del testo di Eckhart nel quale la fonte è citata. Citazioni ripetute dello stesso passo vengono accorpate, e i numeri d'ordine si riferiscono consecutivamente ai riferimenti all'edizione. Viene poi riportato il testo della citazione in un essenziale contesto; nel caso di accorpamento di citazioni, queste vengono contrassegnate mediante il numero d'ordine relativo. Testi non particolarmente significativi sono stati a volte omessi. I riferimenti alla riedizione dei *Prologi* e dell'*Expositio libri Genesis* nella *recensio L* (=Cod. Oxford, Bodleian Library, Laud misc. 222, in LW I/2, pp. 21-329) e corrispondenti a passi attestati anche nella recensio *CT* (=Codd. Bernkastel-Kues, Bibliothek des St. Nikolaus-Hospitals, 21 [=*C*] e Trier, Stadtbibliothek, 72/1056 [=*T*], in LW I/1, pp. 148-444) sono stati posti tra parentesi tonde e non sono stati numerati. La riedizione del *Liber parabolarum Genesis*, e le *Predigten* successive alla 109, attualmente ancora in corso di edizione, non sono state considerate negli elenchi delle fonti.

Le traduzioni delle prediche tedesche di Eckhart utilizzate nei commenti sono a cura di Loris Sturlese.

ALESSANDRA BECCARISI

"Der hœhste under den meistern": Eckhart e il *De anima* di Aristotele

Aristotele è sicuramente, dopo Agostino e la Bibbia, l'autorità più citata da Eckhart, e tra i filosofi, il *princeps*, per quantità di citazioni esplicite ed implicite. Per limitarci al *De anima*, oggetto della mia analisi, si contano in tutta la produzione eckhartiana 258 citazioni, di cui 211 nell'opera latina, e 47 nell'opera tedesca. Dei tre libri del *De anima* il più citato è il III con 116 occorrenze, in particolare i passi che trattano lo statuto ontologico dell'intelletto. Delle opere di Eckhart è il commento al Vangelo di Giovanni a presentare il maggior numero di citazioni, ovvero 80, così ripartite: 14 (I Libro) 39 (II Libro) e (37 III Libro). Dalla semplice rilevazione statistica dei passi aristotelici si possono dunque trarre alcune prime conclusioni: 200 citazioni dal *De anima* servono ad Eckhart per supportare la sua teoria dell'intelletto. Le rimanenti riguardano l'unità indissolubile di forma e materia, potenza e atto (che Eckhart fa rientrare nell'ambito della sua riflessione sull'intelletto) e lo statuto delle *perfectiones generales* (*iustitia*, *sapientia*, *bonitas*, *esse*, *veritas* etc.). Si tratta di dati che non sorprendono, ma che non devono neppure trarre in inganno: il *De anima* di Aristotele nell'opera di Eckhart è meno determinante di quanto comunemente creduto dagli studiosi, soprattutto su temi rilevanti, come la teoria dell'intelletto. Il trattato aristotelico, infatti, viene citato esplicitamente solo 7 volte, di cui 6 con l'indicazione del libro. Nei rimanenti casi Eckhart nomina esplicitamente 'Aristotele' 5 volte nell'opera latina e 7 nell'opera tedesca tutte concentrate nella pr. 15 Q, che analizzerò più avanti. Molto più frequentemente, 46 volte, Eckhart in conformità con la tradizione utilizza espressioni come *secundum philosophum* oppure *ut ait Philosophus*. Questo significa che delle 258 citazioni complessive dal *De anima* di Aristotele, solo 58 sono sicuramente esplicite. Le altre, più di un terzo, sono implicite. Di queste a loro volta sono letterali soltanto 20, in particolare *vivere viventibus est esse* e *rectum est iudex sui et obliqui*, mentre gli importanti passi sulla dottrina dell'intelletto sono spesso liberamente citati, come vedremo, da Eckhart. Si tratta di dati tanto più significativi se si pensa che il filosofo Anassagora, autore della definizione dell'intelletto come *simplex, separatus, nulli nihil habens commune*, è nominato espressamente ben 6 volte solo nell'opera latina. Per tali ragione analizzerò in questa sede soprattutto la questione dell'intelletto.

Molto è stato già detto a proposito della *Intellektlehre* di Eckhart, e dei suoi debiti nei confronti di Aristotele, della filosofia islamica e di personalità eminenti del suo ordine, primo fra tutti Teodorico di Freiberg. Gli studiosi del pensiero eckhartiano[1], a questo riguardo, sembrano essere fondamentalmente d'accordo su due punti: l'intelletto, secondo Eckhart, si identifica con l'intelletto possibile di Aristotele. La tesi più chiara in questo senso è formulata dal Mojsisch, secondo cui Eckhart insegnerebbe il "Vorrang des *intellectus possibilis* gegenüber dem *intellectus agens*"[2]. Inoltre Eckhart sarebbe profondamente influenzato dall'analisi che Teodorico di Freiberg, più o meno negli stessi anni, conduce sui medesimi temi, tesi questa sostenuta in particolare da Kurt Flasch[3], ma condivisa anche da Ruedi Imbach[4], Alain de Libera[5] e Loris Sturlese[6].

Per quanto riguardo il primo punto credo di poter dimostrare che Eckhart, almeno limitatamente al *De anima*, faccia un uso puramente funzionale di Aristotele. Mi spiego meglio: Eckhart non utilizza mai del *De anima* ampie argomentazioni, ma soltanto brevi ed efficaci definizioni, che supportano una teoria dell'intelletto, che egli però sviluppa soprattutto a partire da materiali avicenniani[7] e agostiniani[8]. Per quanto riguarda invece il secondo punto è proprio sull'utilizzazione del *De anima* di Aristotele che si gioca la partita tra i due domenicani.

Per spiegare cosa intendo comincerò la mia analisi da due prediche in volgare.

[1] È impossibile ricordare qui tutta la sterminata letteratura sul tema. Vorrei però almeno ricordare Philip MERLAN, *Aristoteles, Averröes, die beiden Eckharts*, in: *Autour d'Aristote. Recueil d'études de philosophie ancienne et médiévale offert à Monseigneur A. Mansion*, Louvain 1955, pp. 542-566; Burkhard MOJSISCH, *Meister Eckhart. Analogie, Univozität und Einheit*, Hamburg 1983, in particolare pp. 111-139; Niklaus LARGIER, *"Intellectus in deum ascensus". Intellekttheoretische Auseinandersetzungen in Texten der deutschen Mystik*, in: Deutsche Vierteljahrsschrift für Literaturwissenschaft und Geistesgeschichte 69 (1995), pp. 423-471; Kurt RUH, *Meister Eckhart. Theologe, Prediger, Mystiker*, München 1989; Kurt FLASCH, *Meister Eckhart. Die Geburt der «Deutschen Mystik» aus dem Geist der arabischen Philosophie*, München 2006; Julie CASTEIGT, *Connaissance et vérité chez Meister Eckhart*, Paris 2006; Loris STURLESE, *Homo divinus. Philosophische Projekte in Deutschland zwischen Meister Eckhart und Heinrich Seuse*, Stuttgart 2007.

[2] Burkhard MOJSISCH, *Meister Eckhart*, p. 35.

[3] Cf. Kurt FLASCH, Introduzione a DIETRICH VON FREIBERG, *Schriften zur Intellekttheorie*, hrsg. von Burkhard MOJSISCH (CPTMA, II,1), Hamburg 1977, pp. IX-XXVI.

[4] Ruedi IMBACH, *Deus est intelligere*, Freiburg Schweiz 1976, pp. 171-172.

[5] Alain DE LIBERA, *Introduction à la mystique rhénane. D'Albert le Grand à Maître Eckhart*, Paris 1984, p. 261.

[6] Loris STURLESE, *Mystik und Philosophie in der Bildlehre Meister Eckhart. Eine Lektüre von Pred. 16a Q*, in: *Homo divinus*, pp. 47-60; ID., *Seele und intellekttueller Seelengrund auf Deutsch und Latein. Eine Lektüre von Pred. 17 Quint*, in: *Homo divinus*, pp. 60-78.

[7] Sull'importanza della noetica avicenniana per la teoria dell'intelletto eckhartiana cf. in questo volume Alessandro PALAZZO, *"Ez sprichet gar ein hôher meister": Eckhart e Avicenna*, infra, pp. 71-111.

[8] Sulla presenza di Agostino in Eckhart limitatamente al *De Trinitate* cf. in questo volume Gianfranco PELLEGRINO, *"alsô ist hie sant Augustînus gelîchet einem guldînen vazze": Eckhart e il De trinitate di Agostino*, infra, pp. 39-70.

Nella prima, la pr. 15[9], Eckhart discute e si confronta direttamente con Aristotele sul significato della parola *homo*, nella seconda, la pr. 104[10], utilizza, fatto rarissimo in tutta la sua produzione scientifica, i termini tecnici della gnoseologia aristotelica, ovvero intelletto possibile e intelletto agente. La scelta di questi testi è motivata da due ragioni: 1. a quanto mi consta, solo nelle opere in volgare è possibile trovare una discussione ampia e articolata su temi specificamente aristotelici. Fatto singolare, se si considera che l'opera in volgare doveva essere indirizzata ad un pubblico di non specialisti. 2. È soprattutto in volgare che si sviluppa in Germania un ampio dibattituto sui temi più caratteristici della speculazione eckhartiana, spesso contrapposta a quella di Teodorico di Freiberg, come testimoniano i numerosi trattati spesso anonimi che circolano in *partibus Teutoniae* nel XIV secolo[11].

Ma veniamo ai testi.

La prima predica ha come tema il versetto *Homo quidam nobilis abiit in regione longinquam* (festa di s. Ludovico, 25 Agosto) ed è costituita in gran parte da un serrato confronto con Aristotele, che Eckhart definisce con ammirazione *der hœhste under den meistern*. Eckhart presenta qui in modo sostanzialmente fedele la concezione aristotelica dell'anima umana, le affianca poi la sua personale opinione, per presentare infine una teoria delle intelligenze separate (*abegeschaidenen gaisten*), che egli attribuisce ad Aristotele, ma che ha piuttosto elementi tipicamente neoplatonici.

[9] Eckhardus, *Pred.* 15 Q, DW I, pp. 249,1 sgg.

[10] Eckhardus, *Pred.* 104 St, DW IV, p. 568,40 sgg.

[11] *Von der wirkenden und möglichen Vernunft (Ler von der selikeyt)*, ed. Wilhelm Preger, in: Sitzungsberichte der philosophisch-philologische und historischen Classe der Bayerischen Akademie der Wissenschaften, München 1871, pp. 159-189, testo: pp. 176-189. Cf. Loris Sturlese, *Traktat von der Seligkeit*, in: *Die deutsche Literatur des Mittelalters: Verfasserlexikon*, hrsg. von Kurt Ruh, IX, Berlin-New York 1995, coll. 998-1002; *Von der Wirkung der Seele*, in: *Texte aus der deutschen Mystik des 14. Und 15. Jahrhundert*, hrsg. von Adolf Spamer, Jena 1921, pp. 100-107; *Von dem Schauen Gottes*, in: Wilhelm Preger, *Geschichte der deutschen Mystik im Mittelalter. Nach den Quellen untersucht und dargestellt*, Leipzig 1874-1893, I, pp. 484-488. A questi testi, già ben noti alla critica, va aggiunto anche un trattato anonimo, quinto di un gruppo di scritti noti sotto il nome di *Gaesdonckesche Traktate*, su cui cf. Petrus W. Tax, *Gaesdonckesche Traktate*, in: *Verfasserlexikon*, II, Berlin-New York 1980, coll. 1099-1100. Un'edizione diplomatica del manoscritto che tramanda questi trattati è disponibile *in Het Gaesdonckse-traktatenhandschrift. Olim hs. Gaesdonck, Collegium Augustinianum, ms. 16. Diplomatische editie op basis van foto's uit de Titus Brandsmacollectie bezorgd door* M. K. A. van de Berg *met een beschrijving en een codicologische reconstructie van de bron door* H. Kienhorst (Middeleeuwse Verzamelhandschriften uit de Nederlanden, 9), Hilversum 2005. Un primo studio in proposito: Alessandra Beccarisi, *Dietrich in den Niederlanden. Ein neues Dokument in niederrheinischer Mundart*, in: *Per perscrutationem philosophicam. Neue Perspektiven der mittelalterlichen Forschung (Loris Sturlese zum 60. Geburtstag gewidmet*, hrsg. von Alessandra Beccarisi, Ruedi Imbach, Pasquale Porro (CPTMA Beihefte 4), Hamburg 2008, pp. 292-314.

Commentando la parola *Homo*, Eckhart ne offre due definizioni: la prima, quella di Aristotele, è introdotta dal versetto: *Ein mensch gienc ûz* ("un uomo partì")[12]:

Aristotiles nam ain buch fur sich und wolt sprechen von allen dingen.

Nun merkent was aristotiles spricht von disem mentschen. Homo daz ist als vil gesprochen als ein mensche, dem forme zuo gevüeget ist, und gibet im wesen und leben mit allen crêatûren, mit redelîchen und mit unredelîchen, <unredelich> mit allen lîplîchen crêatûren und redelich mit den engeln. Und er sprichet: alsô als alle crêatûren mit bilden und formen in den engeln begriffen sint vernünfticlîche, und die engel bekennent vernünfticlîche ein ieglich dinc mit underscheit. – dar an der engel sô grôzen lust hât, daz ez ein wunder wære den, die ez niht bevunden, und hæten sie sîn niht gesmacket: Alsô verstât der mensche vernünfticlîche aller crêatûren bilde und forme mit underscheit: diz gap Aristoteles dem menschen, daz der mensche dar von ein mensche sî, daz er alliu bilde und forme verstât; dar umbe sî ein mensche ein mensche. Und daz was diu hœhste bewîsunge, dar an Aristoteles bewîsen mohte einen menschen.

Aristotele intraprese un libro e voleva parlare di tutto.

Ora notate cosa Aristotele dice di questo 'uomo'. *Homo* vuol dire un uomo, al quale è aggiunta la forma, e gli dà essere e vita insieme a tutte le creature, a quelle razionali e alle non razionali, in modo non razionale insieme a tutte le creature corporee e in modo razionale insieme agli angeli. Ed egli dice: come tutte le creature con le loro immagini e forme sono comprese negli angeli in modo intellettuale, e gli angeli conoscono in modo intellettuale ciascuna cosa distintamente. – per cui l'angelo prova un piacere così grande che sarebbe un prodigio per coloro che non lo avessero provato e non lo avessero gustato. –, così l'uomo intende in modo intellettuale le immagini e le forme di tutte le creature distintamente. Questo Aristotele lo attribuì all'uomo, che l'uomo sia un uomo per il fatto che intende tutte le immagini e forme. Per questo un uomo sarebbe un uomo. E questa fu la formulazione più alta con la quale Aristotele poté indicare un uomo.

Homo significa "un essere umano" (*Mensch*), a cui si aggiunge una forma, che gli dà un essere e una vita, che egli ha in comune con gli altri esseri viventi, razionali e non. L'elemento irrazionale lo accomuna alle creature corporali, quello razionale agli angeli. Il modo di comprendere umano, infatti, è simile a quello degli angeli, perché come gli angeli anche l'uomo comprende le immagini e le forme di tutte le creature in modo discorsivo ("Alsô verstât der mensche vernünfticlîche aller crêatûren bilde und forme mit underscheit"). Aristotele dunque ritiene che questo faccia di un uomo l'essere uomo, ovvero l'attualizzazione delle immagini e forme astratte dalla materia[13]. E questo, afferma Eckhart, è il significato più grande che Aristotele poteva attribuire alla parola uomo. In questo passo però Eckhart non ha di mira soltanto

[12] Eckhardus, *Pred.* 15 Q, DW I, p. 249,1-250,3 (testo normalizzato).

[13] Non condivido la traduzione del Quint, che rende *bilde und forme* in *Urbild* und *Forme*. Qui si tratta evidentemente delle immagini che l'uomo astrae e poi recepisce nella sua attività conoscitiva.

Aristotele, ma anche Tommaso, il quale nel commento al *De anima* III 2 scrive[14]: "Apparet ex hoc quod Philosophus dicit hic quod proprium obiectum intellectus est quiditas rei, que non est separata a rebus ... Manifestum est quod etiam substancie separate intelligunt quiditates rerum naturalium quas nos intelligimus".

Alla posizione di Aristotele (e di Tommaso) Eckhart contrappone la propria[15]:

Nû wil ich ouch wîsen, waz ein mensche sî. Homo sprichet als vil als ein mensche, dem substancie zuo geworfen ist, und gibet im wesen und leben und ein vernünftigez wesen. Ein vernünftiger mensche ist, der sich selben vernünfticlîche verstât und in im selber abegescheiden ist von allen materien und formen. Ie mê er abegescheiden ist von allen dingen und in sich selben gekêret, ie mê er alliu dinc klârlîche und vernünfticlîche bekennet in im selber sunder ûzkêren: ie mê ez ein mensche ist.

Ora vi voglio anch'io indicare cosa sia un uomo. *Homo* vuol dire un uomo al quale è aggiunta una sostanza che gli dà essere e vita e un'essere intellettuale. Un uomo intellettuale è colui che intende se stesso in modo intellettuale e che in se stesso è separato da tutte le materie e le forme. Quanto più egli è separato da tutte le cose e volto in se stesso, tanto più egli conosce tutto in modo chiaro e intellettuale e in se stesso senza volgersi all'esterno: tanto più egli è un uomo.

Homo significa un essere umano, a cui è partecipata una sostanza, che gli da essenza, vita e un'essenza intellettuale. Un uomo razionale è colui che comprende se stesso in modo razionale ed è in se stesso separato (*abegeschaiden*) da ogni materia e forma. Tanto più egli è separato da tutte le cose e volto in se stesso, tanto più egli conosce ogni cosa chiaramente e razionalmente in se stesso senza volgersi all'esterno: e tanto più sarà uomo.

Qui Eckhart marca chiaramente la distinzione tra due concezioni di uomo, ovvero tra due concezioni di razionalità: una, quella aristotelica, secondo la quale uomo è ciò a cui si aggiunge un principio formale, ovvero l'anima, che egli ha in comune con gli altri esseri viventi, ma che nell'uomo ha in più un'attività razionale rivolta alla comprensione delle forme delle cose[16] . L'altra, quella eckhartiana, secondo cui l'uomo possiede un elemento a lui peculiare, ovvero una sostanza intellettuale (*substancie*), che dà all'uomo essenza, vita ed essenza intellettuale[17]. In quanto *vernünftiger mensche* l'uomo comprende se stesso (*Vernunft*) come semplicità e distacco. Non è dunque attualizzando *bilde und forme*, che l'uomo realizza pienamente la sua

[14] Thomas de Aquino, *Sentencia libri de anima*, III, 2, ed. Leonina LXV,1, Roma 1984, pp. 212-213.

[15] Eckhardus, *Pred.* 15 Q, DW I, p. 250,4-10.

[16] Arist., *De anima* II 1, 412a12: "Necesse est ergo anima esse sicut speciem corporis physici potentia vitam habentis".

[17] Non concordo con Alain de Libera, che ravvisa in questo passo un riferimento alla dottrina dell'intelletto agente come sostanza di Teodorico di Freiberg. Come si può dedurre dal riferimento ad Aristotele, qui Eckhart sta parlando dell'anima razionale in quanto tale.

umanità, ma piuttosto nell'essere separato "von allen materien und forme". E tanto più l'uomo è *abegescheiden* tanto più conosce e quindi tanto più è uomo.

A questo punto Eckhart si pone una questione che lo stesso Aristotele si era posto nel *De anima.* Aristotele, infatti, dopo aver affermato che l'"intelligere est sicut sentire", perché rispetto ai contenuti di conoscenza (*intelligibilia*) si comporta come il *sensitivum* rispetto ai *sensibilia*, si chiede: se l'intelletto, come dice Anassagora, è "simplex, impassibile, nulli nihil habens commune", come può dunque comprendere se il comprendere *aliquid pati est*[18]? La risposta di Aristotele alla questione sarà quella di distinguere nell'uomo, così come accade in natura, un intelletto *in quo omnia fiunt* e un altro intelletto *quo omnia est facere.* È da notare che la famosa distinzione di intelletto agente e possibile emerge in Aristotele solo a questo punto. Fino a 430a10 la definizione anassagorea dell'intelletto e la descrizione del conoscere umano sul modello del senso sono compresenti nel testo aristotelico. Saranno i commentatori, che per risolvere alcune ben note oscurità dell'analisi aristotelica, parleranno di un intelletto possibile già in 429a10 dove Aristotele afferma *est intelligere sicut sentire.*

Vediamo ora la questione in Eckhart[19]:

Nun sprich ich: wie mag das gesin, das abgeschaidenhait des verstentnis sunder form und bild in im selber allu ding verstat sunder uskeren und verwandlung sin selbes? Ich sprich, es kum von siner ainvaltikait	Ora io dico: com'è possibile che la separazione dell'intendimento senza forma e immagine in se stesso intende tutto senza volgersi all'esterno e mutamento di se stesso? Io dico che viene dalla sua semplicità

Il problema, si vede, è lo stesso posto da Aristotele: ammesso che l'intelletto sia separato, (*abegescheiden*) come può conoscere ogni cosa senza volgersi all'esterno e restando impassibile (*sunder verwandlung sin selbes*)? Eckhart risponde che è la stessa semplicità dell'intelletto che gli consente di scoprire in sè le ragioni delle cose. Ancora una volta: non è attualizzando le forme astratte che l'uomo veramente conosce, ma piuttosto scoprendosi come *ainvaltig verstantniss* che l'uomo coglie veramente il principio di tutte le cose.

Dopo aver spiegato come possa l'uomo conoscere se stesso e tutte le cose, senza volgersi all'esterno, Eckhart cita nuovamente Aristotele, questa volta la *Metafisica* a proposito degli *abgeschaidnen gaisten*, spiriti separati, ovvero le intelligenze separate[20]:

[18] Arist., *De an.* III 1, 429a10-430a10.
[19] Eckhardus, *Pred.* 15 Q, DW I, p. 250,11-13.
[20] Eckhardus, *Pred.* 15 Q, DW I, p. 251,4-15.

Nû merket mit vlîze, daz Aristoteles sprichet von den abegescheidenen geisten in dem buoche, daz dâ heizet metaphisica. Der hœhste under den meistern, der von natiurlîchen künsten ie gesprach, der nennet dise abegescheiden geiste und sprichet, daz sie enkeiner dinge forme sîn, und sie nement ir wesen sunder mittel von gote ûzvliezende; und alsô vliezent sie ouch wider în und enpfâhent den ûzvluz von gote sunder mittel obewendic den engeln, und schouwent daz blôze wesen gotes sunder underscheit. Diz lûter blôz wesen nennet Aristoteles ein 'was'. Daz ist daz hœhste, daz Aristoteles von natiurlîchen künsten ie gesprach, und über daz sô enmac kein meister hœher gesprechen, er spræche denne in dem heiligen geiste. Nû spriche ich, daz disem edeln menschen genüeget niht an dem wesene, daz die engel begrîfent unfôrmelîche und dar an hangent sunder mittel; im benüeget niht <dan> an dem einigen ein.

Ora notate con solerzia, che Aristotele parla degli spiriti separati nel libro che si chiama Metafisica. Il sommo fra i maestri che mai parlarono di scienze naturali li chiama spiriti separati e dice che non sono forma di alcuna cosa, e traggono la loro sostanza senza medio emanando da Dio; e così anche riemanano indietro e ricevono l'emanazione di Dio senza medio al di sopra degli angeli, e contemplano la nuda sostanza di Dio senza distinzione. Questo pura nuda sostanza Aristotele la chiama un 'qualcosa'. Questo è il sommo di cui Aristotele mai parlò a proposito delle scienze naturali, e oltre a questo nessun sapiente può dire qualcosa di più alto, a meno che non parli nello Spirito santo. Ora, io dico che a questo uomo nobile non basta la sostanza che gli angeli comprendono in modo privo di forma e dalla quale dipendono senza medio; a costui nulla basta se non l'unico Uno.

In questo passo si nota subito qualcosa di strano: se il concetto di sostanze separate riferito alle intelligenze dei cieli è sicuramente aristotelico, meno aristotelica è l'idea che questi *abegescheiden geiste* prendono la loro essenza (*wesen*) emanando direttamente (*sunder mittel*) da Dio e ritornando a lui. In questo processo di emanazione e ritorno da e verso Dio, gli spiriti separati contemplano la nuda essenza divina senza alcuna differenza, essenza che secondo Aristotele è un *was*, ovvero il *quod quid erat esse* dei latini o l'*ousia* dei Greci. E questo, dice Eckhart con un po' di ironia, è il massimo che Aristotele abbia detto nel campo delle scienze naturali, e nessun altro filosofo potrebbe fare o dire di meglio, se non illuminato dallo Spirito santo. Ma, aggiunge, io dico che un uomo nobile non si accontenta del *quid*, che gli angeli comprendono senza forma e da cui dipendono immediatamente. L'uomo nobile non si accontenta che dell'Unico Uno. Ovvero l'esercizio vero della razionalità non mira alla definizione (il *quid*, il *was* non è altro che la quiddità), ma all'unità o, per usare un'espressione più moderna, all'intuizione della totalità[21]. Come nel passo precedente anche qui Eckhart confronta la propria posizione con quella di Aristotele e,

[21] Nel commento al Vangelo di Giovanni si ritrovano queste due concezioni, ma non come alternative, quanto piuttosto come complementari: ECKHARDUS, *In Ioh.* n. 318, LW III, p. 265,1-2.11-14: "Nota: homo ab humo dicitur et ab humo humilitas. Debet ergo humilis esse qui ad deum vult venire. [...] Secundo: homo ab intellectu et ratione homo est. Intellectus autem abstrahit ab hic et nunc et secundum genus suum nulli nihil habens commune".

anche in questo caso, la validità della teoria aristotelica è confinata nell'ambito delle scienze naturali, nel quale effettivamente, Aristotele è il vero *princeps philosophorum*, come Eckhart ama dire nelle opere latine. È sicuramente un'attestazione di stima e di riconoscimento, tuttavia limitata ad un ambito ben preciso. Appare piuttosto chiaro come, secondo Eckhart, la teoria aristotelica dell'intelletto è valida per spiegare il funzionamento della razionalità discorsiva o definitoria, ovvero della razionalità, che, per usare un'immagine cara ad Agostino ed Eckhart, è rivolta verso l'esterno. Il comandamento agostiniano *Noli foras ire, in te ipsum redi, in interiore homine habitat veritas*[22], indica invece la possibilità di scoprire in se stessi la fonte della verità. Questa scoperta, che si potrebbe chiamare autocoscienza della propria essenza, non è data però, come ci si potrebbe aspettare, una volta per tutte, e soprattutto non è un semplice dato di fatto, ma è piuttosto la conseguenza di una scelta radicale dell'uomo. Il passo appena commentato è in questo senso chiaro: L'espressione *ie mer* (quanto più ... tanto più), che si ripete per ben tre volte mostra chiaramente come per Eckhart l'essere separato è certamente un elemento essenziale dell'intelletto umano, ma che rimane occulto fino a quando l'uomo non decide/sceglie di cogliersi pienamente come indeterminato. In questo contesto appare chiaro che la dinamica intelletto possibile-intelletto agente non ha più senso.

*

* *

Ne vediamo un esempio persuasivo nella predica 104. Si tratta di una predica che in realtà ha più le caratteristiche di un trattato o meglio di un dialogo filosofico. La trasmissione manoscritta tuttavia la inserisce nel cosiddetto ciclo del *Gottesgeburt*, ovvero in un gruppo di prediche, il cui tema principale è appunto quello della nascita di Dio nell'uomo. Per la sua ampiezza e complessità non può essere commentata completamente in questo contesto. Mi limiterò invece ad affrontare alcune questioni di rilievo per la mia analisi[23]:

Nû nim den underscheit. Der mensche hât eine würkende vernunft und eine lîdende vernunft und eine mügelîche vernunft. Diu würkende vernunft stât alwege gegenwertic iemer etwaz ze würkenne, ez sî in gote oder in der crêature. Swenne sî sîch vernünftlîche üebet in der crêatûre als in êiner ordenunge und widertragenne der crêatûre wider in irn ursprunc oder sich selber ûftreget ze götlîcher êre und

Ora senti l'insegnamento. L'uomo ha un intelletto agente e un intelletto che patisce e un intelletto possibile. L'intelletto agente sta sempre presente per agire qualcosa, sia in Dio, sia nella creatura. Quando questo si esercita in modo intellettuale nella creatura in un ordinamento e una riconduzione della creatura nella sua origine, oppure eleva se stesso a onore divino e a lode divina, questo sta

[22] Augustinus, *De vera religione* 39 n. 72, ed. Klaus-D. Daur (Corpus Christianorum. Series Latina, 32), Turnhout 1964, p. 234,12.

[23] Eckhardus, *Pred.* 104 St, DW IV, pp. 568,39-573,85. 585,222-589,248.

ze götlîchem lobe, daz stât noch allez wol in ir maht und in îrm gewalt und heizet noch würkende. Sô sich aber got des werkes underwindet, sô muoz der geist sich halten in einer lîdelicheit. Aber diu mügelîche vernunft diu luoget ze in beiden: swaz got gewürken müge und der geist gelîden, daz daz ervolget werde nâch mügelicheit.

Einez hât er in einem würkenne, daz ist, sô der geist selber des werkes pfliget. Daz ander hât er in einem lîdenne, daz ist, sô sîch got des werkes underwindet, sô sol und muoz sich der geist stille halten und got lâzen würken.

Und ê diz anegevangen werde von dem geiste und von gote volbrâht, sô hât der geist ein anesehen dar zuo und ein mügelich erkennen, daz ez allez wol geschehen mac und möhte, und daz heizet diu mügelîche vernunft, aleine daz si doch vil versâmet werde und niemer ze vruht enkome. Sô sich aber der geist üebet nâch sîner maht in rehten triuwen, sô underwindet sich sîn gotes geist und des werkes und denne sô schouwet und lîdet der geist got. Wan aber daz lîden und daz schouwen gotes dem geiste überlestic ist sunderlîche în disem lîbe, dar umbe underziuhet sich got dem geiste underwîlen. [...]

Nû merket! Wir hân dâ vor gesprochen von einer würkender vernunft und von einer lîdender vernunft. Diu würkende vernunft houwet diu bilde abe von den ûzern dingen und entkleidet sie von materie und von zuovalle und setzet sie in die lîdende vernunft, und diu gebirt ir geistlîchiu bilde in sie. Und sô diu lîdende vernunft von der würkenden swanger worden ist, sô behebet und bekennet si diu dinc mit helfe der würkenden vernunft. Nochdenne enmac diu lîdende vernunft diu dinc niht behalten in bekantnisse, diu würkende enmueze sie anderwerbe erliuhten.

tutto ancora ben nel suo potere e nella sua potenza, e si chiama ancora agente. Ma quando Dio prende su di sé questa azione, lo spirito si deve mantenere in una passività. Epperò l'intelletto possibile guarda ad entrambe: a che quello che Dio può agire e che lo spirito può patire venga compiuto secondo la possibilità.

Uno lo spirito lo ha in un agire, cioè quando egli stesso cura l'azione. Il secondo lo ha in un patire, cioè: quando Dio prende su di sé l'azione, lo spirito dovrà e deve tenersi quieto e lasciare Dio agire.

E prima che questo venga iniziato dallo spirito e compiuto da Dio, lo spirito ha un riguardo a questo e un conoscere possibile, ovvero che tutto questo può e potrebbe bene accadere. E questo si chiama 'intelletto possibile', solo che viene spesso trascurato e non arriva mai al frutto. Ma quando lo spirito si esercita secondo il suo potere in giusta fedeltà, allora lo spirito di Dio prende su di sé lui e l'azione sua e allora lo spirito contempla e patisce Dio. Ma poiché il patire e il contemplare di Dio è un peso eccessivo per lo spirito, specialmente in questo corpo, Dio si sottrae ogni tanto allo spirito.

Ora notate! Abbiamo prima parlato di un intelletto agente e di un intelletto paziente. L'intelletto agente trae le immagini dalle cose esterne e le spoglia di materia e di accidenti e le pone nell'intelletto paziente, e questo genera in lui immagini spirituali. E quando l'intelletto paziente è divenuto gravido dell'agente, allora acquisisce e conosce le cose con l'aiuto dell'intelletto agente. Tuttavia l'intelletto paziente non può trattenere le cose nella conoscenza, a meno che l'intelletto agente non le illumini di nuovo.

Sehet, allez daz diu würkende vernunft tuot an einem natiurlîchen menschen, daz selbe und verre mê tuot got an einem abegescheiden menschen. Er nimet im abe die würkende vernunft und setzet sich selber an ir stat wider und würket selber dâ allez daz, daz diu würkende vernunft solte würken. Eyâ, swenne sich der mensche zemâle müeziget und diu würkende vernunft an im gesîget, sô muoz sich got **von nôt** des werkes underwinden und muoz selber dâ werkmeister sîn und sich selber gebern in die lîdende vernunft.

Guardate, tutto quello che l'intelletto agente fa in un uomo naturale, lo stesso e molto più Dio lo fa in un uomo separato. Egli gli prende l'intelletto agente e pone di nuovo se stesso in luogo di lui e agisce egli stesso tutto quello che l'intelletto agente dovrebbe agire. Eh, quando l'uomo si quieta completamente e l'intelletto agente in lui cade, allora Dio deve di necessità sostituirsi a questa azione e deve egli stesso essere l'artefice e generare se stesso nell'intelletto paziente.

Esistono, secondo Eckhart, nell'uomo tre intelletti, ovvero l'intelletto agente (*würkende vernunft*), l'intelletto paziente (*lîdende vernunft*) e un intelletto che egli chiama *mügeliche*, possibile[24]. L'intelletto agente è sempre presente sia alle creature che a Dio, e ha la duplice funzione di conoscere le cose e Dio. Tutto questo, ovvero conoscenza delle cose (naturale) e conoscenza di Dio (teologica), sono, secondo Eckhart, possibili all'intelletto agente, ovvero all'uomo, rientrano cioè tra le sue funzioni e possibilità. Tuttavia Dio può sostituirsi all'intelletto agente, svolgere le sue funzioni, ma in questo caso lo spirito (*der geist*), dice Eckhart, deve mantenersi in una passività (*ledichkeit*). L'intelletto possibile, che in tutto il discorso è in realtà piuttosto marginale, guarda a entrambi, ovvero a ciò che Dio può compiere e a ciò che lo spirito dell'uomo può ricevere, in altre parole rappresenta la possibilità, non la garanzia che il processo si compia. Lo spirito dell'uomo dunque ha una duplice possibilità d'azione per così dire: o essere il soggetto dell'azione (come agente), oppure quietarsi e lasciare agire Dio in lui. Si vede bene che in entrambi i casi (agire o subire) è sempre lo spirito umano il soggetto dell'azione. Da questo punto di vista passivo e agente non sono altro che due disposizioni dello spirito dell'uomo. Perché Dio agisca, lo spirito dell'uomo deve esercitarsi secondo le sue possibilità (*der geist üebet nâch sîner maht*) al silenzio, ovvero la contemplazione e l'unità non è data, ma è piuttosto frutto di un infaticabile esercizio secondo le proprie capacità.

A questo punto si pone la questione di comprendere come funzionano l'intelletto possibile ed agente, e di comprendere in che senso Dio prenda il posto dell'agen-

[24] Questo passo molto deve alla noetica avicenniana. Lo dimostra l'asserzione eckhartiana secondo cui l'intelletto paziente non può conservare le specie astratte se non viene illuminato di nuovo dall'intelletto agente, teoria avicenniana espicitamente criticata da Tommaso d'Aquino nel suo commento al *De anima*. Cf. Thomas de Aquino, *Sententia libri de anima* III 2, ed. Leonina, p. 209,36-42: «Ponit enim Avicenna quod species intelligibiles non conservantur in intellectu possibili nec sunt in eo nisi quando actu intelligit; set oportet, secundum ipsum, quod quandocumque intelligit actu quod convertat se ad intelligentiam separatam agentem, a qua effluunt in intellectum possibilem intelligibiles species".

te. Eckhart spiega: L'intelletto agente trae le immagini dalle cose esterne e le spoglia di materia e di accidenti e le pone nell'intelletto paziente. L'intelletto paziente può dunque conoscere, ma soltanto se l'intelletto agente illumina continuamente le cose. Come si vede si tratta della classica teoria dell'astrazione. Ma Eckhart aggiunge: Guardate, tutto quello che l'intelletto agente fa in un uomo naturale, lo stesso e molto più Dio lo fa in un uomo separato (*abegescheiden menschen*).

Vi è però una grossa differenza tra l'azione dell'intelletto agente e quella di Dio. Mentre l'intelletto agente presiede ad un tipo di conoscenza discorsiva (ovvero non può pensare più cose contemporaneamente), Dio invece permette un tipo di conoscenza intuitiva, ovvero della totalità dell'essere. L'uomo può insomma pensare simultaneamente più cose. Ma perché questo si possa realizzare è necessario che l'intelletto passivo sia completamente spoglio da qualsiasi immagine o forma particolare per poter intuire il tutto, ovvero Dio. In altre parole tra la razionalità discorsiva e quella intuitiva non vi è continuità, ma un salto, un *aut aut*. E non si tratta per Eckhart soltanto di due modi di intendere la conoscenza, ma anche di due modi di essere 'uomo'. Nel primo caso si è *ein natürlicher mensch*, un uomo naturale, un essere biologico, così ben descritto da Aristotele nel I libro del *De anima*, nel secondo caso si è un *abegescheiden menschen*, l'uomo nobile della predica 15. L'essere *abgescheiden* (separato) è dunque una condizione ontologica totalmente diversa rispetto a quella dell'uomo biologico. È uno stato proprio dell'uomo, di cui però è necessario divenire pienamente consapevole. Colpisce, infatti, l'idea eckhartiana che l'uomo stesso scelga di determinarsi come *natürlicher mensch* o come *abegescheidener mensch*: nella *Pred.* 15 abbiamo visto che quanto più l'uomo *abescheidet* (separa), tanto più diventa *abegescheiden*, ovvero *intellectus separatus, immixtus, nulli nihil habens commune* secondo la celebre definizione anassagorea così importante per lo stesso Aristotele. Nella predica 104 lo spirito dell'uomo si esercita al silenzio e alla libertà da tutte le determinazioni. Il risultato in entrambi i casi è lo stesso: La scoperta di sé come libertà, indeterminatezza, apertura infinita all'essere.

La predica 104 però consente ulteriori riflessioni: ritorna qui un'espressione molto cara ad Eckhart, ovvero *von nôt*, di necessità. Se l'uomo si spoglia volontariamente di tutte le immagini e forme, Dio necessariamente prende il posto dell'intelletto agente. La presenza di Dio nell'uomo è dunque più naturale e più essenziale di quella dell'intelletto agente, che svolge soltanto una funzione astrattiva e dunque determinativa del conoscere. Eckhart si rende conto che il modello aristotelico classico, soprattutto così come è stato recepito e interpretato, non è sufficiente a rendere ragione, a spiegare l'intuizione del tutto.

L'intelletto umano secondo Eckhart non può essere spiegato semplicemente secondo categorie di possibile o agente, o in una delle sue variazioni arabizzanti. Con una felice espressione il Falsch ha definito l'intelletto umano secondo Eckhart totale apertura all'essere. Si tratta però di uno stato rispetto al quale l'uomo rimane in una condizione di sostanziale estraneità (l'uomo biologico). Fino a quando rimane confinato nell'ambito dell'esperienza, della conoscenza di tipo discorsivo, dell'*hic et nunc*, l'uomo funziona secondo le leggi aristoteliche dell'astrazione, ma se l'uomo intende andare al di là del mero fatto empirico, e divenire completamente aperto all'essere ha solo una possibilità: diventare *abegescheiden*. Questo spiega anche il singolare uso che Eckhart fa di alcuni passi cruciali dal III libro del *De anima* di Aristotele.

*

* *

Delle 258 citazioni dal *De anima* si possono identificare almeno due temi di un certo interesse: ovvero che l'intelletto è *nulli nihil habens commune*, definizione che lo stesso Aristotele fa risalire ad Anassagora e che la vista non deve avere alcun colore per poter vedere tutti i colori. Si tratta di due formule che ricorrono frequentemente sia nelle opere latine che in quelle tedesche.

Si può anzi affermare che questo esaurisca l'interesse di Eckhart per il *De anima* di Aristotele. Il disinteresse per l'intelletto agente e la spiccata propensione a privilegiare la caratteristica della totale apertura all'essere come propria dell'intelletto umano non consentono però di vedere in Eckhart il filosofo dell'intelletto possibile. Anche in questo caso le cose sono un po' più complesse. Vediamo un caso concreto e cominciamo da un passo piuttosto noto tratto dal commento al vangelo di Giovanni:

In Ioh. n. 318; LW III, p. 265: *Erat homo ex Pharisaeis.* Homo ab intellectu et ratione homo est. Intellectus autem **abstrahit ab hic et nunc** et secundum genus suum **nulli habet comune, impermixtus** est, **separatus** est, ex III De anima.

Come si vede l'argomentazione è la stessa vista sia nella *Pred.* 15 che nella 104: l'uomo è tale in quanto razionale e in quanto dotato di un intelletto non determinato, non mescolato e separato. Questo passo può essere considerato come una breve sintesi della concezione che Eckhart ha dell'intelletto. Si tratta però a ben vedere di un abile intarsio di apoftegmi aristotelici:

In *De anima* 429b23 si legge[25]:

Dubitavit autem utique aliquis, si intellectus **simplex** est et impassibile et **nulli nihil habet comune**, sicut dixit Anaxagoras, quomodo intelliget, si intelligere pati aliquid est.

Qui Aristotele sta parlando chiaramente dell'intelletto in generale, prima di introdurre le note differenti funzioni, che giustifichino l'asserzione *intelligere est pati aliquid*.

In 430a10-17 Aristotele analizza le caratteristiche dell'intelletto possibile e agente[26]:

[25] Testo secondo la *transl. nova* in THOM., *Sentencia libri de anima*, p. 215.
[26] *Ivi*, p. 218.

Quoniam autem, sicut in omni natura, est aliquid, hoc quidem materia in unoquoque genere [...], alterum autem causa et factivum, quid in faciendo omnia ut ars ad materiam sistinuit, necesse est et in anima esse has differentias. Et est huiusmodi intellectus, in quo omnia fiunt. Ille vero, quo omnia est facere, sicut habitus quidam, ut lumen, quodam enim modo et lumen facit potentia existentes colores actu colores. Et hic intellectus **separabilis et impassibilis et immixtus**, substantia actu ens.

Dal confronto appare chiaro come la bella definizione che Eckhart offre dell'intelletto è in realtà una raffinata sintesi di detti aristotelici, tutti tratti dal III libro del *De anima*, ma che Aristotele utilizza in contesti affini, ma diversi: il primo è in realtà un detto di Anassagora, condiviso da Aristotele, che riguarda l'intelletto in quanto tale. Il secondo sviluppa la famosa diade intelletto possibile-intelletto agente. A ben vedere una cosa appare ovvia: l'essere separato, l'essere semplice, l'essere non misto sono caratteristiche tanto dell'intelletto possibile quanto di quello agente. Ma Eckhart non pare interessato ad una distinzione di questo genere, quanto piuttosto all'intelletto umano in quanto tale. Tanto che le stesse caratteristiche, che qui sono attribuite all'intelletto umano, in un altro luogo Eckhart le attribuisce all'intelletto divino. Nel primo commento al Genesi ad esempio, commentando il versetto *Requievit die septimo ab universo opere*[27], cita di nuovo Anassagora e Aristotele, ma questa volta per descrivere un intelletto che è *altior natura et omni creato*, ovvero Dio. Come l'intelletto dell'uomo, anche l'intelletto divino è *separatus, immixtus nulli nihil habens commune*. Cosa distingue dunque l'intelletto umano da quello di Dio? La risposta di Eckhart è semplice e l'abbiamo già vista: l'intelletto umano per poter essere uno con Dio deve essere totalmente passivo, nel senso di essere totalmente indeterminatum, *nudum*, che è un altro modo per dire che deve prescindere dall'attualizzazione della singola forma o di una determinata immagine. Ma questo non vuol dire che esso sia l'intelletto possibile descritto da Aristotele. Il passo seguente può dimostrare quanto affermo. Si tratta di un passo celebre, a cui recentemente Loris Sturlese[28] ha dedicato un documentato articolo per dimostrare la dipendenza di Teodorico da Eckhart. Non entro al momento nel merito della questione, mi limito invece a commentare l'utilizzazione delle fonti.

In questo passo[29] abbiamo due brevi citazioni dal *De anima*, ed una più lunga e articolata citazione dalla *Metafisica* di Avicenna. Si tratta di un abile intarsio che

[27] Eckhardus, *In Gen.* I n. 168, LW I/2, p. 199,23-28: "Octavo sic: principium omnium productorum naturalium est intellectus altior natura et omni creato, et hic deus, de quo proprie loquitur Anaxagoras ad litteram quod est »separatus«, »immixtus«, »nulli nihil habens commune«, ut discernat. Intellectus autem ex sui proprietate non laborat operando, sed quiescit. Et hoc est quod in verbis praemissis dicens deum quiescere 'ab universo opere' nos docere voluit quod deus sit intellectus purus, cuius esse totale est ipsum intelligere".

[28] Loris Sturlese, *Dietrich di Freiberg lettore di Eckhart?*, in: Giornale critico della filosofia italiana, 85 (2006), pp. 437-457.

[29] Eckhardus, *In Gen. I*, n. 115, LW I/1, p. 270.

compare in altri luoghi dell'opera di Eckhart, ovvero nella *Pred.* 17[30] e nel sermone latino LV[31]:

> *Faciamus hominem ad imaginem et similitudinem nostram*: Quantum autem nunc, sciendum quod creatura rationalis sive intellectualis in hoc differt ab omni creatura quae citra est, quod ea quae citra sunt producta sunt ad similitudinem eius quod in deo est et habent ideas sibi proprias in deo, ad quas factae dicuntur secundum rationes determinatas ad species distinctas ab invicem in natura, natura vero intellectualis ut sic potius habet ipsum deum similitudinem quam aliquid quod in deo sit ideale vel ideatum. Ratio huius est quod »intellectus« ut sic est, »quo est omnia fieri«, non hoc aut hoc determinatum ad speciem. Unde secundum philosophum »est quodammodo omnia« et totum ens. Unde Avicenna IX Metaphysicae c. 7 sic ait: »sua perfectio animae rationalis est, ut fiat saeculum intelligibile et describatur in ea forma totius«, »quousque perficiatur in ea dispositio esse universitatis et sic transeat in saeculum intellectivum, instar esse totius mundi.

Quali sono gli elementi che compongono questo passo? Ricapitoliamo: l'intelletto *est quo omnia fieri*, caratteristica che notoriamente Aristotele attribuisce all'intelletto possibile. Per questo, prosegue Eckhart, citando ancora Aristotele, l'intelletto *est quodammodo omnia*. Per cui, conclude il domenicano, citando questa volta Avicenna, la perfezione propria dell'anima razionale è che *fiat saeculum intelligibile*. Eckhart dunque evidentemente utilizza alcuni escerti del *De anima* aristotelico e della *Metafisica* avicenniana per proporre una sua personalissima interpretazione dell'intelletto umano. Ciò che infatti emerge da questo passo non è né il vero Aristotele né il genuino Avicenna: Eckhart piuttosto si serve delle due autorità per descrivere l'apertura all'essere propria dell'intelletto umano. Nel *De anima* l'essere *quodammodo omnia* non è, infatti, proprio dell'intelletto possibile, ma piuttosto dell'anima in quanto tale, perché, secondo Aristotele, è dotata di un momento sensitivo e di uno intellettivo[32]. Avicenna poi non si riferisce affatto all'intelletto possibile, ma piuttosto all'anima razionale. Per Eckhart, dunque, l'intelletto dell'uomo in quanto tale, è sì ricettivo, ma non possibile nel senso in cui lo intendeva Aristotele. Per Aristotele l'intelletto *in quo est omnia fieri* è semplicemente il momento potenziale del conoscere, che deve essere necessariamente attualizzato in un contenuto specifico di conoscenza. Eckhart, invece, assolutizza l'*aliquid pati* aristotelico e ne fa il fondamento stesso dell'uomo. In questo egli spinge alle estreme conseguenze la posizione aristotelica. Per lo stesso Aristotele, infatti, l'*aliquid pati* è la caratteristica dell'*intel-*

[30] ECKHARDUS, *Pred.* 17 Q, DW I, pp. 288-289. Cf. Il commento di Loris STURLESE a questa predica in *Homo divinus*, pp. 61-77.

[31] ECKHARDUS, *Sermo* LV n. 554, LW IV, p. 454.

[32] ARIST., *De an.* III 7, 431b20: "Dicamus iterum quod omnia ea quae sunt quodam modo est anima: aut enim sensibilia, que sunt aut intelligibilia". In questo senso lo interpreta THOM., *Sentencia super de anima* III 7, p. 235,17-19: "anima autem est quodam modo et sensibilia et intelligibilia, quia in anima est sensus et intellectus sive sciencia".

ligere in quanto tale. Eckhart però supera, soprattutto grazie all'apporto della noetica avicenniana, le intenzioni di Aristotele e trasforma il *pati* aristotelico in una totale apertura all'essere, che sola consente l'unità tra umano e divino.

Giungiamo così ad un punto importante: Di tutte le caratteristiche che Aristotele enumera a proposito dell'intelletto possibile e dell'intelletto agente una sola non compare mai, neppure una volta in tutta la produzione eckhartiana, ovvero l'essere *substantia actu*, che pure Aristotele considera nel passo sopra commentato (430a10-17).

Come interpretare questa omissione? Commentando la *Pred.* 104 abbiamo visto come Eckhart enfatizza la passività dell'intelletto. Per il maestro domenicano l'essere *nihil antequam intelligit* non è manifestazione di debolezza ontologica, ma assenza di determinazione, propria di Dio e dell'uomo in quanto esseri intellettuali. Egli si muove cioè in decisa controtendenza rispetto alla speculazione dei suoi confratelli: Alberto vedeva infatti nell'*intellectus adeptus* (e nelle sue variazioni sino all'*intellectus sanctus*)[33] la piena realizzazione dell'essenza dell'uomo, Teodorico invece più radicalmente riteneva che l'immagine di Dio nell'uomo risiede esclusivamente nell'intelletto agente, il quale è *substantia actu*[34]. È dunque significativo il rifiuto di Eckhart, (e non si potrebbe interpretare altrimenti il suo silenzio su questo punto) di considerare l'intelletto una sostanza. Tale rifiuto è certamente conseguenza del declassamento dell'intelletto agente a mera funzione astrattiva, a garante della razionalità discorsiva (scientifica) e definitoria dell'uomo, ma è anche espressione di un nuovo modo di guardare alla razionalità umana. Come abbiamo visto Eckhart non rinuncia completamente al classico schema aristotelico: egli ne riconosce un valore, certo, ma limitato.

Se l'intelletto fosse sostanza in atto, come sostiene Teodorico estremizzando una posizione di Aristotele, come potrebbe esser uno con Dio? L'unità, afferma Eckhart proprio sulla base dell'autorità di Aristotele, è possibile solo tra un principio attivo e uno passivo: vedere ed essere visto infatti formano un'unità, che né la natura, né l'intelletto, né Dio possono separare. Si tratta evidentemente di un problema che Teodorico non si poneva affatto. Teodorico, come Alberto, voleva dar conto nell'universalità della ragione scientifica, e la fondava, secondo il principio dell'emanazionismo neoplatonico, nel sommo principio intellettuale, ovvero Dio. L'intelletto umano, almeno al massimo delle sue potenzialità, ovvero come intelletto agente, è creativo, come l'intelletto divino (produce infatti la quiddità delle cose).

Eckhart invece non è interessato alla questione dell'universalità della conoscenza scientifica. Che l'uomo possa conoscere la quiddità delle sostanze separate (possibilità ammessa nella *Pred.* 15, ma che di fatto nega) non ne fonda l'intimo valore. Egli

[33] Sulla teoria dell'*intellectus adeptus* in Alberto cf. Loris Sturlese, *Vernunft und Glück. Die Lehre vom intellectus adeptus und die mentale Glückseligkeit bei Albert dem Großen* (Lectio Albertina, 7), Münster 2005, e la bibliografia citata.

[34] Theodoricus de Vriberg, *De visione beatifica* 1.1.2.3. (1), ed. Burkhard Mojsisch (CPTMA, II,1), Hamburg 1977, p. 24,58.

propone un rinnovamento totale dell'uomo che passa attraverso il riconoscimento della propria vera essenza, certamente di natura intellettuale, ma non in quanto produttiva o scientifica. Il vero scopo dell'intelletto umano non è l'attualizzazione di alcuna forma, ma piuttosto l'esatto contrario, essere totalmente semplice e separato, come Dio è semplice e separato.

Questo tipo di conoscenza però è non l'intuizione dell'universale, non è nemmeno l'intuizione del Tutto sotto forma di legge, in quanto di fatto trascende entrambi i momenti. Si tratta di un tipo di conoscenza che trasforma completamente l'uomo che ne fa esperienza, come dimostra la conclusione della predica 1. L'uomo nobile (*der edle mensch*), sia scienziato, uomo di lettere, ecclesiastico, laico, maschio o femmina realizza a suo modo una visione filosofica del mondo, perchè coglie al di là della molteplicità di cose, conoscenze ed esperienze particolari il principio unitario che tutte le fonda e le giustifica, ovvero, come afferma Eckhart, Dio. Questo tipo di conoscenza non ammette più differenza tra soggetto che conosce e oggetto conosciuto: Eckhart propone una filosofia della reciprocità, non della differenza, una filosofia della identità e non della distanza e della determinazione. Perciò si può anche chiamare l'intelletto di Eckhart 'possibile', con la consapevolezza però di non farlo cadere nelle categorie aristoteliche che egli di fatto supera. Anche il momento ricettivo, proprio dell'intelletto secondo Eckhart e che è una delle caratteristiche dell'intelletto possibile secondo Aristotele, in realtà si aggiunge ad una serie di caratteristiche che Eckhart trae soprattutto da Anassagora (citato non a caso esplicitamente 6 volte) e Avicenna, per il quale l'anima dell'uomo in quanto tale diviene un *saeculum intelligibile*. Cos'è a questo punto razionale per Eckhart? Mi sembra abbastanza evidente che la 'ragione', la *Vernunft* di cui parla Eckhart, non coincide certo con l'essere razionale di Aristotele, a cui egli consapevolmente contrappone sia la definizione anassagorea che la propria teoria dell'intelletto. Non è nemmeno, a ben vedere, quella che, con un anacronismo un po' forzato, si potrebbe chiamare 'ragione scientifica'. 'Ragione' secondo Eckhart è innanzitutto autodeterminazione come libertà.

INDEX

ARISTOTELES

De anima

Aristotelis *De anima*, recogn. William David Ross (Oxford Classical Texts), Oxonii 1956.

1 . . . . LW **3**,273,3

[...] aleine dâ grôziu buoch von geschriben sîn [der sêle].

2 I c. 1/402a1-4. . . . . LW **3**,373,4

philosophus I De anima dicit scientiam de anima esse certiorem omni alia scientia.

3-4 I c. 1/402b21 . . . . LW **1/1**,376,11; **3**,377,2

[3] Septimum est quod sensus non cognoscunt quod quid est rerum, nec accidentium quidem, sed sola exteriora, quae tamen »magnam partem conferunt ad cognoscendum quod quid est, ut ait philosophus«. – [4] accidentia [...] »magnam partem conferunt ad cognoscendum quod quid est«, ut ait philosophus.

5-6 I c. 1/403a5-10. . . . . LW **3**,109,8; 507,14

[5] Communicant enim sibi caro et anima sua idiomata, id est proprietates et affatus et loquelam, ita ut non dicatur anima esse nec sentire nec intelligere, sed totum compositum ex ipsa et carne dicitur esse, sentire et intelligere, ut dicitur I De anima. – [6] In his enim, quae permiscentur aut quorum unum est formaliter inhaerens alteri, operationes sunt communes, ut patet I De anima . . . .

7 I c. 2/403b31-404a1. . . . . DW **1**,283,4

Unser meister sprechent: diu sêle heizet ein viur durch die kraft und durch die hitze und durch den schîn, der an ir ist.

8-11 I c. 2/404b17 . . . . LW **2**,543,6-7; **3**,107,8; DW **1**,49,4; **4**,783,22

[8] »simile simili« sibi »cognoscitur«. – [9] Simile enim simili semper cognoscitur . – [10] Die meister sprechent, bekantnisse lige an glîchnisse. – [11] Dar umbe sprechent die meister, daz got alle die krefte der sêle alsô habe gemachet von natûre, daz sie ir glîchnisse in sich ziehen.

12-13 I c. 2/404b29 . . . . LW **1/1**,509,8; DW **1**,283,7

[12] secundum Platonem »anima est numerus se ipsum movens«. – [13] Die fünften [meister] sprechent, si [diu sêle] sî ein zal.

14 I c. 2/405a15-17 . . . . LW **1/1**,314,1

hic deus, de quo proprie loquitur Anaxagoras ad litteram, quod est »separatus«, »immixtus«, »nulli nihil habens commune«.

15-19 I c. 4/408b11-15 . . . . . . LW **1/1**,604,8; **2**,371,10; **3**,109,8; 327,9; 507,14

[15] Item nobis etiam »non« contingit »intelligere sine phantasmate«, sicut nec »texere vel aedificare« sine instrumentis corporalibus. – [16] corpus cum anima adeo unum et idem opus operantur, ut, qui dicit animam per se intelligere, »dicat ipsam texere vel aedificare«, ex I De anima. – [17] totum compositum [...] dicitur esse, sentire et intelligere, ut dicitur I De anima. – [18] Unum sunt in esse et operatione, cum suppositi actiones sint communes toti composito, ut habetur ex I De anima: non solius animae, non solius corporis nec multo magis unius membri aut potentiae. – [19] In his enim, quae permiscentur aut quorum unum est formaliter inhaerens alteri, operationes sunt communes, ut patet I De anima.

20-21 I c. 4/408b21 . . . . LW **2**,404,13; DW **2**,304,7

[20] illud philosophi De anima: »si acciperet senex oculum iuvenis, videret ut iuvenis«. – [21] Ez sprichet ein meister: »hæte ein alt mensche eines jungen menschen ougen, ez sæhe als wol als ein junger«.

22-27 I c. 5/411a5-7 . . . . LW **1/1**,550,1-3; 660,4; **2**,323,8-10;
. . . . **3**,371,14; 573,7-574,2; 576,3

[22] Sic et superius omne praecipit et leges imponit suo inferiori, non autem pari nec superiori. Sic in naturalibus rectum praecipit et dat leges, cum sit iudex sui et obliqui. – [23] rectum est iudex sui et obliqui, ut ait philosophus. – [24] Item rectum est iudex obliqui. Secundo notandum quod ex iam dicto iudex debet esse rectus et iudicare se ipsum primo. Rectum enim est iudex sui et obliqui. – [25] Quantum vero ad sensum latentem notandum quod omne testimonium ad hoc solum est, ut appareat et innotescat veritas eius quod dicitur. Rectum autem et iustum iudex est sui et obliqui, ut dicitur I De anima. – [26] Secus de spiritualibus, ut sunt rectitudo, iustitia, veritas, de qua dicit Anselmus quod »est rectitudo solum mente perceptibilis«. Et hoc est quod philosophus ait, ut iam prius, quod rectum est iudex sui et obliqui. – [27] Hoc est ergo quod hic dicitur spiritus arguere et illuminare 'mundum de peccato et de iustitia et de iudicio', inter ista duo scilicet, et quod philosophus dicit: rectum est iudex sui et obliqui.

28-31 I c. 5/411b8 . . . . LW **2**,364,9-10; **4**,61,2-3; **5**,148,5-7; DW **1**,288,4

[28] Dicimus enim usualiter animam esse in corpore, cum tamen secundum veritatem potius corpus sit in anima et ipsa det esse corpori. – [29] secundum idiotas anima est in corpore, secundum sapientes verius est corpus in anima. – [30] Unde inter corporalia haec est differentia et spiritualia, quia corporalia sustinent in se contenta; non sic spiritualia, immo anima contenta in corpore ipsum continet. – [31] Dar umbe sprechent unser natiurlîchen meister, daz der lîchame vil mêr sî in der sêle dan diu sêle in dem lîbe.

32 II c. 1/412a-b . . . . DW **1**,249,2-250,3

Nun merkent, waz aristotiles spricht von disem mentschen. homo das ist als vil gesprochen als aͤin mentsch, dem forme zuͦ gefueget ist, vnd git im wesen und leben

[...] dis gab Aristotiles dem mentschen, das der mentsch da von ain mentsch si, das er aͤllú bild vnd form verstat; darumb si ain mentsch ain mentsch. vnd das was die hoͤhst bewisung, dar an Aristotiles bewisen moht ainen m̃entschen.

33 II c. 1/412b4-9 . . . . LW **1/1**,499,7

[33] non est dare medium neque dispositionem aliquam inter formam et materiam, sicut dicitur II De anima.

34-40 II c. 2/414a11. . . . . .LW **2**,431,4-5; **3**,50,11-12; 86,1-2;
. . . . 219,6-7; 273,5-8; 313,6-8; 397,7

[34] »Actus enim activorum sunt in patiente et disposito«. – [35] Actus enim activorum sunt in patiente disposito; et talia praedicamenta, qualia permiserint subiecta. – [36] Actus enim activorum sunt in patiente disposito, et omni activo respondet proprium passivum in natura. – [37] Et doctores dicunt quod angelis data est gratia secundum capacitatem naturalium. Actus enim activorum sunt in patiente disposito. – [38] Hinc est secundo quod materia quantum ad fieri sub aliqua forma indiget dispositionibus quibusdam mediantibus, tum quia actus enim activorum sunt in patiente disposito, tum etiam quia agens physicum non posset agere nec tangere quidem materiam nudam. – [39] Formae enim dantur secundum merita materiae, ut ait Plato, et actus activorum sunt in patiente praedisposito; talia enim sunt praedicamenta, qualia permiserunt subiecta. – [40] Actus enim activorum sunt in patiente et disposito, II De anima, ut ait philosophus.

40 II c. 2/414a12. . . . . .LW **3**,188,7

»anima est id quo sentimus primo et intelligimus«, ut ait philosophus in II De anima.

41-44 II c. 4/415a26-29 . . . .LW **2**,376,4-5; **3**,55,9-10; **4**,344,4-5; DW **2**,341,10

[41] Perfecti enim est generare et fare sive gignere sibi simile. – [42] omne agens agit simile sibi, quantum potest, et agit se ipsum alterum. – [43] Nota: omne agens agit sibi simile quantum potest. Immo potius agit se alterum adeo, ut femina sit praeter intentionem agentis particularis. – [44] Ein meister sprichet: alliu glîcheit meinet eine geburt. Er sprichet mê: diu natûre envindet sich niemer glîch, ez enmüeze geborn werden.

45-61 II c. 4/415b13 . . . . LW **1/1**,322,5-6 (=**1/2**,207,12-13); 568,13-14;
. . . .**2**,232,2-3; 298,2-3; 600,6; 623,4-5; **3**,116,5; 118,10-12; 160,4-5;
. . . . 244,2-4; 290,1-2; 450,1-3; 477,1; 593,1-3;
. . . . **4**,17,6-8; 167,10-11; 445,8-9

[45] Tunc enim cognoscere erit vivere, et »vivere est viventibus esse«. – [46] Ratio est primo, quia mors est privatio vitae et »vivere viventibus est esse«. – [47] Vitae puritas: 'sumus'. »Vivere enim viventibus est esse«. – [48] Esse verum et intimum est et »vivere viventibus est esse«. – [49] »Vivere enim viventibus est esse«, mors est privatio vitae et non esse. – [50] Mors enim dicit egressum vel recessum ab esse; est enim privatio vitae et »vivere viventibus est esse«. – [51] Nam sicut in De causis, esse in vivere vivere est, et in De anima: »vivere viventibus est esse«. – [52] Adhuc autem licet intelligere in intellectu hominus sit esse, tum quia nihil est, antequam intelligat, ut ait philosophus, tum quia intelligere intellectui ut sic est esse, sicut

»vivere viventibus est esse«. – [53] Et hoc supra dictum est: 'vita erat lux hominum', id est »vivere est viventibus esse«, et hoc lux est. – [54] Esse autem dulcius et delectabilius est quam vivere, quin immo hoc solo amatur vivere a viventibus, quia »vivere viventibus est esse«. – [55] Sibi operari esse est, vivere est, Phil. 1: 'mihi vivere Christus est'. »Vivere viventibus est esse«. – [56] Gratia [...] per se dat esse divinum, secundum illud Cor. 'gratia dei sum id quod sum', et Rom. 6: 'gratia dei vita'. »Vivere autem viventibus est esse«. – [57] Ait ergo veritas est vita, quia cognoscere cognoscenti est vivere, sicut »vivere est viventibus esse«, ut ait philosophus. – [58] Primum est quod deum cognoscere dicitur hic esse vita. Ratio est, quia sicut »vivere viventibus est esse«, sic intelligere intellectui ut sic est vivere. – [59] Tertio anima vere et perfecte vivificat, cum sit vita et vita aeterna, Rom. 6: 'gratia dei vita aeterna'; et quia »vivere viventibus est esse«, ideo Cor. 15 dicitur 'gratia dei sum id quod sum'. – [60] Nota: gratia est vita formaliter. Quid enim tam formale quam vita? »Vivere viventibus est esse«. – [61] Dic quomodo intelligere proprie vivere est, sicut »vivere viventibus est esse«.

62-63 II c. 4/415b3-7 . . . . LW **1/1**,268,5; **3**,482,5

[62] quia in se durare non possunt, complevit ea deus, ut dicitur in II De anima, scilicet per generationis multiplicationem. – [63] Propter hoc reliquo modo, ut dicitur II De anima, complevit et perpetuabit ea [remotiora a deo] deus, ut scilicet multiplicentur numero per generationem, ut sit unum ab alio et post aliud.

64 II c. 4/416a16. . . . . LW **2**,468,9

secundum illud philosophi: »omnium natura constantium est terminus«.

65-77 II c. 7/418b26 . . . . LW **1/1**,500,10; **2**,116,14-15; 117,3;
. . . .**3**,86,10-11; 206,1-2; 338,1-3; **4**,88,5-6; **5**,47,15; 283,9-11;
. . . . DW **3**,148,7; 229,8; **4**,144,2-3; **5**,28,9

[65] Propter quod etiam philosophus dicit quod visum oportet esse nudum a colore -- [66] Paries est coloratus et non videt colorem, oculus autem e converso non est coloratus, sed videt colorem. – [67] si quomodolibet [oculus] esset coloratus, non videret colorem aliquem, ut ait philosophus. – [68] Exempli gratia: oculus si haberet aliquem colorem sive aliquid coloris, nec illum videret colorem nec aliquem. – [69] Sensus autem hominis maxime puta visus, non habens, sed natura respuens colorem cognoscit, colore delectatur, omnis coloris tam numero quam specie susceptivus. – [70] Et advertendum, ut in sensibilibus loquamur: paries habet et videtur habere colorem, sed ipsum non cognoscit, non percipit nec delectatur, visus autem sive oculus colorem non habet, sed nudus est nec videtur habere et ob hoc recipit et capax est omnis coloris, sentit et cognoscit et delectatur in colore. – [71] Ubi possunt multa dici spiritualiter: quod oculum oportet esse immixtum et intellectum. – [72] Sicut enim dicit Aristoteles quod oportet visum esse abscolorem, ut omnem colorem videat, et intellectum non esse formarum naturalium, ut intelligat [...] – [73] Docet hoc Chrysostomus super illo: 'Beati qui persecutionem patiuntur propter iustitiam', Matth. 5. Sic oculus carens colore colorem accipit, cognoscit et delectatur colore. – [74] Da daz ouge die varwe sol bekennen, da muoz ez von aller varwe gescheiden sin. – [75] Ein meister sprichet: daz ouge in sîner grœsten lûterkeit, dâ ez keine varwe enhât, dâ sihet ez alle varwe. – [76] Ein meister sprichet: daz ouge in sîner grœsten lûterkeit, dâ ez keine varwe enhât, dâ sihet ez alle varwe; niht aleine, dâ ez in im selber blôz ist aller varwe, mêr: dâ ez an dem lîchamen stât, dâ

muoz ez âne varwe sîn, dâ man bekennen sol varwe. – [77] Die meister sprechent: hæte daz ouge dekeine varwe in im, dâ ez bekennet, ez enbekente weder die varwe, die ez hæte, noch die, der ez niht enhæte; wan ez aber blôz ist aller varwen, dâ von bekennet ez alle varwe.

78-81 II c. 7/419a15-17.20 . . . . LW **2**,619,1-2; DW **2**,366,2-367,2;
. . . . DW **3**,164,3-167,2; 192,4

[78] Hinc est quod philosophus II De anima dicit: si non esset medium, nihil videremus. Democritus vero ibidem dicit: si non esset medium, videremus formicam in caelo. – [79] Ein meister sprichet: enwære kein mittel, man sæhe eine âmeizen an dem himel. Nû sprichet ein ander meister: enwære kein mittel, man ensæhe niht. Sie hânt beide wâr [...] Dar umbe hât der meister reht, der dâ sprach: enwære kein mittel, man ensæhe niht. Der ander meister hât ouch reht, der dâ sprach: enwære kein mittel, man sæhe die âmeizen an dem himel. – [80] Ein meister sprichet in dem buoche Von der sêle: 'enwære kein mittel, daz ouge sæhe eine âmeizen oder eine mücken an dem himel'; und er sprach wâr, wan er meinet daz viur und den luft und vil dinges, daz zwischen dem himel und den ougen ist. Der ander meister sprichet: 'enwære kein mittel, mîn ouge ensæhe niht'. Sie meinent beide wâr. Der êrste sprichet: 'enwære kein mittel, daz ouge sæhe eine âmeizen an dem himel'; und er meinet wâr [...] Der ander meister sprichet: 'enwære kein mittel, mîn ouge ensæhe niht'. Lege ich mîne hant ûf mîn ouge, sô ensihe ich der hant niht. – [81] Ein meister sprichet: »enwære kein mittel, man ensæhe niht«.

82-84 II c. 8/419b25-29. . . .LW **1/1**,619,8-620,2; **3**,500,10; DW **1**,382,8-383,4

[82] Nos autem deo loqui non est aliud quam ipsum et eius inspirationem audire et oboedire [...] quomodo montes aliqui et loca respondent et loquuntur sibi loquentibus, sicut patet in sono, qui echem dicitur a philosopho. – [83] Pater nobis ostenditur, quando dei compatres sumus, patres unius imaginis, sicut supra dictum est de cognoscente et cognito. Et patet in generatione ipsius echo, in II De anima. – [84] Uz der luterkeit hat er mich ewicliche geborn sinen einbornen sun in daz selbe bilde siner ewigen vaterschaft, daz ich vater si und geber den, von dem ich geborn bin. Ze glicher wis, als ob einer stüende vor einem hohen berge und ruofte: bistu da? der gal und der hal ruofte wider: bistu da? Spraeche er: kum her uz! der gal spraeche ouch: kum her uz!

85 II c. 8/420b18-20 . . . . LW **1/1**,418,9

»lingua« congruit primo »in gustum« propter esse, secundo »in loquelam« »propter bene esse«, ut ait philosophus.

86 II c. 9/421a18-20 . . . . LW **1/1**,627,1

Hic est iterum »quod tactus, qui est fundamentum« omnium »sensuum« et totius sensitivi, perfectissimus »est in homine quam in aliquo aliorum animalium« super terram, et per consequens gustus suavior, eo quod »gustus sit quidam tactus«, ut ait philosophus.

87 II c. 12/424a18-20 . . . . DW **3**,46,2-4

Ein heidenisch meister sprichet: enwaere kein zît noch stat noch materie, sô waere ez al ein wesen. Diu materie diu underscheidet ein wesen, daz glîch ist an der sele [Cf. Thomas de Aquino, *Sententia libri de anima*, ed. Leonina, pp. 168-169]

88-89 II c. 12/424a29 . . . . LW **1/1**,375,4; 279,7-12

[88] tertium est quod plus debito deditus sensibilibus impeditur a speculabilibus, et »excellentiae sensibilium corrumpunt sensum«. – [89] secundum Philosophum differt sensus et intellectus, quia sensus ex frequenter et magna operari fit infirmior et impotentior ad agendum, intellectus vero e converso quanto pluries et altiora intelligit, tanto fit potentior ad actum. Propter quod visus quidem semper in actu bibit quidem et edit sensibile, non autem semper sitit, quia »excellentiae sensibilium corrumpunt sensum«.

90 II c. 2/425b12-17 . . . . LW **2**,12,12-13,1

Sic enim videmus quod de colore et sapore nec visus iudicat nec gustus, sed sensus communis superior utroque, ut dicitur in II De anima. Adhuc autem nec de sui ipsius actu habet iudicare sensus particularis, ut ibidem dicitur.

91-102 II c. 2/425b25 . . . . LW **1/1**,346,6; 500,11; 617,14; 622,4; **2**,596,8;
. . . . **3**,47,16-48,2; 91,8-10; 105,15-106,1; 341,10-13; 398,10;
. . . . .436,4; **5**,297,5

[91] cum »omne quod est, ideo est, quia unum« numero est, ut ait Boethius, hinc est quod non solum in separatis a materia »idem est intellectus et quod intelligitur«, »sed et sensus et sensibile actu unum sunt et idem«, ut ait philosophus De anima. – [92] Propter quod etiam philosophus dicit quod visum oportet esse nudum a colore et post quas ex hoc consequenter, visum et visibile actu dicit esse unum. – [93] Loquela enim et sermo exterior vestigium quoddam solum est et imperfectio et qualiscumque assimilatio analogice tantum illius verae locutionis et allocutionis, qua sibi loquuntur et colloquuntur superius et inferius immediate sicut amans et amatum et intellectus et intellectum et etiam sensus et sensibile in actu. – [94] Et ipsa specie unica genita ab utroque in prole una naturalissime sibi invicem colloquunturm eo scilicet quod utrumque ipsorum, visus scilicet et visibile, per illam speciem est id quod est, in quantum actu sunt, ut ait philosophum. – [95] Adhuc autem quintum notandum quod omnis potentia id quod est se tota et per essentiam accipit esse suum ab actu ad quem est, quin immo se tota et per essentiam fugit se ipsam et a se ipsa ad actum, adeo ut non solum in separatis a materia idem sit potentia intellectiva et intelligibile, verum etiam, secundum ipsum philosophum, sensus et sensibile in actu idem sunt. – [96] In omni potentia sensitiva vel rationali nostra primo omnium necesse est gigni speciem, prolem obiecti, ita quod visus actu est alius, non aliud quam visibile actu, sed sunt unum, ut ait philosophus. – [97] Et hoc est quod dicit philosophus: non solum in separatis a materia, sed etiam in corporalibus sensum et sensibile in actu esse idem. – [98] Si enim esset alia imago hic inde, videns non videret per imaginem, quae in se est, ipsum visibile, nec ipsum visibile videretur per illam imaginem nec in illa, quae est in vidente, nec iterum visibile et visus in actu essent unum ut ait philosophus. – [99] Ipsa species sive proles obiecti visibilis annuntiat oculo omne quod suum est, in quantum visibile est, in tantum quod visibile in actu et visus in actu unum sunt, ut ait philosophus. – [100] Actus illuminationis servit soli sensui visus et visibili, ut unum sunt actu ex II De anima. – [101] Est ergo proles notitia species sive imago eadem prorsus qua visibile obiectum cognoscitur et qua videns sive visus potentia videt actu. Et hoc est quod philosophus dicit: visibile actu et visus actu unum sunt. – [102] Ad secundum cum dicitur: »Generosus homo non est contentus« etc. Error est sicut sonat, nisi forsan velit dicere, sicut Augustinus De Trinitate l. IX c. 12, quod a cognito et cognoscente fit proles quaedam communis cognoscenti et

cognito, sicut etiam apparet de visibili et visu et universaliter de sensibili et sensu in actu, ut ait philosophus.

103-104 III c. 2/426b12-29 .... LW **2**,12,14; DW **5**,117,13

[103] de colore et sapore nec visus iudicat nec gustus, sed sensus communis superior utroque, ut dicitur in II De anima. – [104] Die meister sprechent, daz ein ander kraft ist, dâ von daz ouge sihet, und ein ander kraft, dâ von ez bekennet, daz ez sihet [...]

105 III c. 2/426b18.................................. LW **3**,576,1

Oportet utcumque nosse qui iudicat inter duo, sicut de sensu communi loquens philosophus dicit.

106 III c. 3/429a1 .... LW **1/1**,604,9

Ad horum igitur evidentiam suppono primo quod homo utpote animal rationale et ad imaginem dei, est quid altius sensitivo et est quid intellectivum. Intellectus autem in nobis se habet sicut tabula nuda et rasa secundum philosophum et est in ordine intellectualium sicut materia prima in ordine corporalium, ut ait commentator. Item nobis etiam »non« contingit intelligere »sine phantasmate«, sicut nec »texere vel aedificare« sine instrumentis corporalibus« »Phantasia autem est motus a sensu factus«.

107-118 III c. 4/429a18.23 .... LW **1/1**,313,12-314,2
..........**3**,86,13-14; 118,10-12; 202,5-7; 253,14-254,1; 266,1; 573,2;
................**4**,88,5-7; 200,2-3; **5**,47,15-48,2; 50,1-3; DW **1**,394,1

[107] principium omnium productorum naturalium est intellectus altior natura et omni creato, et hic deus, de quo proprie loquitur Anaxagoras ad litteram quod est [...] immixtus [...] ut discernat omnia. – [108] Oportet enim activum ut sic nullo modo esse passivum, et e converso passivum ut sic nullo modo esse activum. Propter quod intellectus nihil est omnium, ut intelligat omnia. – [109] Adhuc autem licet intelligere in intellectu hominum sit esse, tum quia nihil est, antequam intelligat, ut ait philosophus, tum quia intelligere intellectui ut sic est esse [...]. – [110] Sic intellectus nihil est eorum quae intelligit, ut ait philosophus, ad hoc, ut intelligat omnia. Sic ergo volens sequi deum, in quo sunt omnia, debet relinquere omnia. – [111] lingua enim imbibita sapore liquoris alicuius non bene iudicat de superveniente. Et hoc est quod Anaxagoras ponit intellectum nudum et immixtum, ut iudicet. – [112] Intellectus [...] impermixtus est [...] ex III De anima. – [113] Intellectus autem, oculus spiritualis, [...] immixtus »videt se sicut alia«. – [114] Nota quod 'villam' emens significat amantem terram. Ubi possunt multa dici spiritualiter: quod oculum oportet esse immixtum et intellectum. – [115] Vel 'hominem' scilicet rationalem, ab intellectu, qui est »separatus« ab hic et nunc, a materia »impermixtus«. – [116] Sicut enim dicit Aristoteles quod oportet visum esse abscolorem, ut omnem colorem videat, et intellectum non esse formarum naturalium, ut omnes intelligat, sic etiam nego ipsi deo ipsum esse et talia. – [117] intellectus nihil est eorum quae intelligit, sed oportet quod sit »immixtus« [...], ut omnia intelligat, ut dicitur in III De anima. – [118] Ein meister sprichet: wer natiurlîchiu dinc verstân sol und ouch materielîchiu dinc, er muoz enblœzen sîn verstantnisse von allen andern dingen.

119-122 III c. 4/429a27 ..... LW **1/1**,522,2; **2**,240,3; **3**,160,10-161,2; **5**,51,11-13

[119] Ipse etiam philosophus dicit quod »anima est locus specierum«, »non tota, sed

intellectus«. Verum est in anima, non extra in rebus. – [120] Substantiae ut sic, quam li ‘ego’ significat, non est capax hic mundus nec dignus, sed solus intellectus; nec hic in quantum natura sive ens naturae, sed in quantum altius quid natura. Propter quod philosophus dicit »anima est locus specierum«, quae sunt rationes rerum, »non tota, sed intellectus«. – [121] Iustus, filius scilicet iustitiae, novit se ipsum et omne iustum in ipsa iustitia, in sinu patris sui, scilicet iustitiae, quia in patre, principio scilicet omnium rerum, sunt rationes rerum, quia ordinantur et sunt de proprietate non entium extra, sed sunt de proprietate cognitionis et intellectus. Intellectus enim locus est specierum sive rationum, ut dicitur III De anima. – [122] Species autem est in anima non sicut in subiecto, sed sicut in loco. Anima enim est locus specierum, non tota, sed intellectus.

123 III c. 4/429a31-b3 . . . . LW **1/1**,375,3-4

Tertium est quod plus debito deditus sensibilibus impeditur a speculabilibus, et »excellentiae sensibilium corrumpunt sensus«.

124-128 III c. 4/429b3 . . . LW **2**,279,7; **3**,317,8; 592,8; **4**,105,7-9; DW **4**,423,151

[124] secundum philosophum differt sensus et intellectus, quia sensu ex frequenter et magna operari fit infirmior et impotentior in agendo, intellectus vero e converso quanto pluries et altiora intelligit, tanto fit potentior ad actum. – [125] Inter agens namque superioris ordinis et suum inferius universaliter non est commensuratio, quin immo superius semper est in infinitum suo inferiori, sicut habetur ex De causis 16. Hinc est quod intellectus ex frequenti intelligere subtilia non debilitatur, sed convalescit ad intelligere, ut dicitur III De anima. – [126] Et hoc de intellectu dicit philosophus quod ipse quo plus intelligit et quo maiora intelligit, aptior est ad intelligendum. – [127] Beatitudo siquidem consistit in receptione, sicut omne inferius se habet passive ad superius. Ratio: primo <intellectus plus> et plus potest recipere, quin immo quanto maius, tanto facilius. – [128] Ein ieglîchiu götlîchiu gâbe wîtert die enpfenclicheit [...] Und her umbe sprechent etlîche meister, daz an dem sî diu sêle gote ebenmæzic.

129-130 III c. 4/429b5. . . . . LW **3**,266,1; 573,11

[129] Intellectus [...] separatus est, ex III De anima. – [130] Intellectus autem, oculus spiritualis, separatus et immixtus.

131 III c. 4/429b10-22 . . . . .LW **4**,424,12

Omne alienum sive aliud est extra rationem imaginis, puta lapis, color et omnia huiusmodi. Propter hoc secundum Aristotelem contra Platonem cognoscitur res per sui speciem, non per ideam.

132-136 III c. 4/429b23. . . . . .LW **1/1**,313,12-314,1; **2**,558,7-9;
. . . . **3**,32,13; 265,12-266,1; **5**,298,15-299,1

[132] principium omnium productorum naturalium est intellectus altior natura et omnia creato, et hic deus, de quo proprie loquitur Anaxagoras ad litteram quod est »separatus«, »immixtus«, »nulli nihil habens commune«. – [133] Notandum autem valde est quod ait: ‘nihil odisti eorum quae fecisti’. ‘Deus enim mortem non fecit’, ut supra dictum est, et universaliter malum, privationem et omne implicans nihil. Ipse enim cum nihilo nihil habet commune et se toto est esse. – [134] Ipsum principium semper est intellectus purus, in quo non sit aliud esse quam intelligere,

nihilo nihil habens commune, ut ait Anaxagoras III De anima. – [135] Intellectus autem abstrahit ab hic et nunc et secundum genus suum nulli nihil habet commune, impermixtus est, separatus est, ex III De anima. – [136] Hoc non dixi, sed commendando dei bonitatem et amorem suum ad hominem dixi quod 'creavit deus de terra hominem ad imaginem suam' et 'secundum se vestivit eum virtute', Eccl. 17, ut esset intellectivus sicut ipse deus intellectus est, qui utique intellectus purus est, increatus, nulli nihil habens commune«.

139-139 III c. 4/429b25 . . . . LW **2**,291,8-9; **3**,86,14-87,2; DW **4**,422,25

[137] intelligere enim quoddam pati est, supplicium in privatione et ideo poena in afflictione. – [138] Intellectus nihil est omnium, ut intelligat omnia. Intelligit autem se sicut alia. Unde nihil sui, nihil suum habet, antequam intelligat. Intelligere enim quoddam pati est. Proprietas formalis passivi est nudum esse. Patent haec omnia ex III De anima. – [139] Unsere saelicheit enliget niht an unsern werken, mêr: an dem daz wir got lîden.

140 III c. 4/429b29 . . . . LW **3**,573,11-12

intellectus [...] »videt se sicut alia«.

141-148 III c. 4/430a1 . . . . LW **1/1**,374,10; 381,13-382,1; 501,1-3; 604,2-7;
. . . . **3**,87,1-2; 337,2-6; 569,7-8; DW **5**,425,6-10

[141] Intellectus in nobis sterilis est sicut tabula nuda – III De anima – nec concipit, nisi prius concipiat sensus. – [142] Homo in specie ponitur per rationale et intellectivum, quod, inquam, intellectivum propter »longe distare a primo« intellectu, qui deus, est sicut tabula nuda et rasa. – [143] Ad praemissa, de nuditate scilicet, facit quod Anaxagoras ait intellectum oportere esse separatum, immixtum et nudum, ut discerneret. Et ipse Aristoteles dicit intellectum esse sicut tabulam rasam, id est nudam. Et quanto maior nuditas, tanto maior unio. – [144] Ad horum evidentiam suppono primo quod homo, utpote »animal rationale« et 'ad imaginem dei', est quid altius sensitivo et est quid intellectivum. Intellectus autem in nobis se habet sicut tabula nuda et rasa, secundum philosophum, et est in ordine intellectualium sicut materia prima in ordine corporalium, ut ait commentator. – [145] Proprietas formalis passivi est nudum esse [...] Patent omnia ex III De anima. – [146] Unde philosophus dicit quod in fundamento naturae nihil est distinctum; Matth. 5 'Beati pauperes', id est nihil habentes, Marci 4: 'quod habet, auferetur ab eo'. Patet hoc in potentiis animae sensitivis, et maxime in intellectu qui nihil est eorum quae intelligit, sed tabula nuda. – [147] Oportet enim potentiam receptivam tam in natura quam in cognitione nudam esse sive in sensu sive in intellectu. – [148] Wil ich schrîben an eine wehsîn taveln, sô enmac kein dinc sô edel gesîn, daz an der taveln geschriben stât, ez enirre mich, daz ich niht dar ane geschrîben enmac; und wil ich wol schrîben, sô muoz ich allez daz tilgen und toeten, daz an der taveln stât, und vüeget mir diu tavel niemer als wol ze schrîbenne, als sô nihtes an der taveln stât.

149-150 III c. 4/430a3 . . . . LW **1/1**,346,4; **2**,596,5-9

[149] cum »omne quod est, ideo est, quia unum« numero »est«, ut ait Boethius, hinc est quod non solum in separatis a materia »idem est intellectus et quod intelligitur«, »sed et sensus et sensibile actu unum sunt et idem« ut ait philosophus De anima. – [150] omnis potentia id quo est se tota et per essentiam accipit esse suum ab actu ad quem est, quin immo se tota et per essentiam fugit se ipsam et a se ipsa ad actum,

adeo ut non solum in separatis a materia idem sit potentia intellectiva et intelligibile, verum etiam, secundum ipsum philosophum, sensus et sensibile in actu idem sunt.

151-152 III c. 5/430a10-14 . . . . LW **1/1**,491,11-492,1; 590,10

[151] totum universum creatum a deo in duo distinguitur principia, scilicet activum et passivum. In omni enim in omni natura est invenire haec duo, ut dicitur III De anima. – [152] Hoc parabolizatur tripliciter [...] Tertio per hoc quod dicitur: 'erunt duo in carne una', id est in natura una, sicut dicitur III De anima quod in omni natura una est invenire activum et passivum.

153-156 III c. 5/430a14 . . . . LW **1/1**,270,11 (=**1/2**,155,4-5);
. . . . DW **1**,291,1; **2**,220,3; **4**,69,28-30

[153] Ratio huius est quod »intellectus ut sic est, quo est omnia fieri«, non hoc aut hoc determinatum ad speciem. – [154] Ein meister sprichet: diu sêle hât eine mügelicheit in ir, daz aller dinge bilde in sie gedrücket wird. – [155] Nû sprichet ein heidenischer meister: »diu sêle hât in dirre kraft mügelicheit, alliu dinc ze werdenne geistlîche«. – [156] Alsô hât diu sêle eine mügelicheit, alliu dinc ze begrîfenne.

157-158 III c. 5/430a15 . . . . LW **2**,427,4; **3**,81,12

[157] Ad hoc facit quod expositores philosophi dicunt intellectum agentem esse aliquid animae, eo quod ipsum vocat lumen, non lucem, in III De anima, quamvis non numquam utrumque, lux scilicet et lumen, tam de increato quam de creatis dicatur in scriptura. – [158] Secunda causa et falsa imaginatio, quia putant solam gratiam esse lumen, cum omnis perfectio, praecipue ipsum esse, lumen sit et radix omnis perfectionis lucentis. Et philosophus III De anima intellectum agentem »lumen« vocat.

159-160 III c. 5/430a18 . . . . LW **3**,149,11; **5**,20,3

[150] Omne quod habet inferius aut recipit a superiori, semper hoc habet de gratia superiori. Agens enim semper praestantius est inferiori, ut ait philosophus e Augustinus. – [160] omne mutabile habet aliquid se sublimius cum »semper agens sit nobilius patiente«.

161-162 III c. 7/431a6 . . . . LW **1/1**,297,11; **3**,120,7-9

[161] Ipsum esse, utpote supremum et per consequens perfectissimum, immobile est et quitum. Ratio est quia »motus est actus imperfecti«. – [162] Alteratio et generatio se habent sicut moveri et motum esse sive fieri et factum esse, sicut informe et imperfectum ad formam et perfectum. »Motus enim actus imperfecti« est.

163 III c. 7/431a16 . . . . LW **1/1**,579,6-10

quia intellectus hominis infimum locum tenet in regione intellectuali, sicut materia prima in corporalibus, ideo necessarium est ipsi intellectui humano adiutorium, sensitivum scilicet. Nam »sine phantasmate« accepto a sensu »non est intelligere«.

164-169 III c. 8/431b21 . . . . LW **1/1**,270,11 (=**1/2**,155,4-5);
. . . .**2**,522,11-523,1; **3**,532,11; DW **1**,49,5; 370,23; **3**,295,1-4

[164] Ratio huius est quod »intellectus ut sic est, quo est omnia fieri«, non hoc aut hoc determinatum ad speciem. Unde secundum philosophum »est quodammodo

omnia« et totum ens. – [165] Actio vero, cuius ratio est principium sive intellectus, ad multa esse potest, sicut et ratio ipsa multorum et ad multa est, secundum illud philosophi [...]: »anima quodammodo est omnia«. – [166] Ut enim ait philosophus »anima quodammodo est omnia« et »eo imago dei est quod capax dei est«, ut ait Augustinus. – [167] Ez sprechent etlîche meister, diu sêle sî gemachen von allen dingen, wan si eine mügelicheit hât alliu dinc ze verstânne. – [168] Ein meister sprichet: got meinet in allen sînen werken alliu dinc. Diu sêle ist alliu dinc. – [169] Swenne man von dem menschen redet, sô redet man von allen crêatûren, wan alle crêatûren sint gesament an dem menschen.

170-171 III c. 8/431b29 .... LW **1/1**,512,11; **2**,151,14-15

[170] Ait 'spiritus dei', quia ea, quae creata sunt, sunt in deo non materialiter et formaliter, sed virtute et spiritualiter, sicut »lapis non est in anima, sed species« lapidis, ut ait philosophus. – [171] Nec circulus ipse est ratio circuli, nec mutabile ratio mutabilitatis, sicut nec lapis est in anima sed species lapidis.

172-176 III c. 9/432b5.............................. LW **1/1**,543,5; 596,8;
.... **3**,255,10-11; 590,10-11; 611,10;

[172] philosophus ait, quod voluntas in ratione est. – [173] Eo enim voluntas appetitus rationalis est, quod in ratione est, ut III De anima dicitur. – [174] Actus autem interior voluntatis secundum rationem est; voluntas enim in ratione est. – [175] »voluntas in ratione est« appetitus descendens sive originatus a ratione, sicut in divinis spiritus sanctus procedit a filio. – [176] Intellectus etiam et voluntatis obiectum est ens et bonum absolute. Et hoc quod hic dicitur: 'currebant duo simul', tunc scilicet inter duodecim, currunt autem 'simul', quia »voluntas in ratione est«, ut III De anima dicitur. et est natura intellectualis.

177-179 III c. 9/432b21 ....LW **1/1**,494,4-6; **2**,92,8; **3**,441,8-9

[177] Ratio est, quia natura, quae frustra non agit, nunquam incipit quod perficere non potest. – [178] unde et natura secundum philosophum non deficit in necessariis nec abundat in superfluis, Luc. 11: 'quod superest, dare eleemosynam'. – [179] Et hoc est quod in moralibus Prov. 10 dicitur: 'desiderium suum iustis dabitur'; et in naturalibus dicitur quod nulla potentia frustra sit.

180 III c. 10/433b14............................... LW **3**,35,11-13

Adhuc autem efficiens non agit nisi per intentionem finis, et motum a fine et propter finem, et sic per consequens est »movens motum«.

GIANFRANCO PELLEGRINO

"alsô ist hie sant Augustînus gelîchet einem guldînen vazze": Il *De Trinitate* di Agostino nell'opera di Meister Eckhart

1. Introduzione

"... alsô ist hie sant Augustînus gelîchet einem guldînen vazze": così suona la celebrazione di Agostino che Meister Eckhart formula introducendo la sua predica *Quasi vas auri solidum ornatum omni lapide pretioso*[1]. L'occasione è la festa liturgica del santo (28 agosto) e il santo è additato ad ogni anima buona quale esempio dell'abbandono delle cose nel luogo dell'accidentalità per guadagnarle al loro stato puro ed eterno.

Questa citazione è la cifra della considerazione che Eckhart riservò per il Vescovo di Ippona e spiega un certo interesse che la letteratura ha assegnato al rapporto tra i due teologi[2].

Agostino fu, infatti, l'autore più letto e citato da Meister Eckhart. Questo vale in modo particolare per il *De Trinitate*: più di duecento sono i rinvii a quest'opera negli apparati delle opere latine di Eckhart, poco meno di cento quelli nelle sue

[1] ECKHARDUS, *Pred. 16b Q, Quasi vas auri solidum ornatum omni lapide pretioso*, DW I, p. 263,8.

[2] Lavori sul rapporto tra Agostino ed Eckhart sono: Otto KARRER, *Das Gotteserlebnis bei Augustinus und Meister Eckhart*, in: *Gotteserfahrung und Gotteserlebnis bei Jeremia, Augustin und Eckhart*, hrsg. von Ludwig KÖHLER und Otto KARRER, Zürich 1934, pp. 20-54; Burkhard MOJSISCH, *Meister Eckharts Kritik der teleologisch-theokratischen Ethik Augustins*, in: Medioevo 9 (1983), pp. 43-59; H. MERLE, *Deitas: Quelques aspects de la signification de ce mot, d'Augustin a Maître Eckhart*, in: *Von Meister Dietrich zu Meister Eckhart*, hrsg. von Kurt FLASCH, Hamburg 1984, pp. 12-21; Burkhard MOJSISCH, *Der Begriff der Liebe bei Augustin und Meister Eckhart*, in: *Philosophie. Anregungen für die Unterrichtspraxis*, Heft 12: *Freundschaft und Liebe*, hrsg. von Jürgen HENGELBROCK, Frankfurt a. M. 1984, pp. 19-27; H. MARX, *Augustine and Meister Eckhart: Tracing a Lineage*, Pennsylvania State University 1999 (DA Section A, Ann Arbor, February 2000, 60/8: 2967. DAI 9940905); Andreas SPEER, *Abditum mentis*, in: *Per perscrutationem philosophicam. Neue Perspektiven der mittelalterlichen Forschung*, hrsg. von Alessandra BECCARISI, Ruedi IMBACH, Pasquale PORRO (CPTMA Beiheft 4), Hamburg 2008, pp. 447-474. Nel marzo 2007, presso l'Università di Würzburg, si è svolto il terzo convegno annuale della Meister-Eckhart-Gesellschaft, con il tema *Meister Eckhart und Augustinus*; gli atti del convegno sono in corso di pubblicazione nell'annuario della Società, Meister-Eckhart-Jahrbuch 2 (2008).

opere in tedesco. Anche considerando che questi numeri comprendono almeno per un terzo dei casi fonti allegate dagli editori a titolo di pura documentazione, il vasto numero delle citazioni esplicite che rimangono, pur sempre circa 200, è un segno della dipendenza di Eckhart da Agostino rispetto a molti temi della sua dottrina.

Uno studio sistematico sulla presenza di Agostino in Eckhart non è sinora mai stato condotto. Il presente lavoro non ha questa ambizione, ma ne getta almeno le fondamenta, mettendo a disposizione degli studiosi un dossier completo delle presenze del *De Trinitate* nelle opere latine e tedesche di Eckhart, e passando in una prima rassegna i principali motivi agostiniani che emergono da questa documentazione.

2. I principali temi del *De Trinitate* nell'opera di Eckhart

Almeno tre sono i complessi problematici che Meister Eckhart riprende dal *De Trinitate* di Agostino:

1. *ratio inferior-ratio superior* (diversi luoghi in Agostino)[3].
2. *imago dei* ("Eo quippe ipso imago eius est quo eius capax est")[4].
3. *tolle hoc et illud* ("Quid plura et plura? Bonum hoc et bonum illud. Tolle hoc et illud, et vide ipsum bonum si potes; ita deum videbis, non alio bono bonum, sed bonum omnis boni")[5].

Dal punto di vista quantitativo, i tre temi ricorrono nell'opera di Eckhart con le seguenti frequenze:

Agostino	Eckhart (LW + DW)
I tema: ratio inferior-ratio superior	16 + 2
II tema: imago dei-capax dei	8 + 0
III tema: tolle hoc et illud	20 + 1

[3] Cf. infra, Index, nn. 114-118; 120-122; 125; 129; 130; 132-137; 151.
[4] Cf. Index, nn. 166-173.
[5] Cf. Index, nn. 51-71.

3. "ratio inferior" e "ratio superior"

Nell'*Expositio* al vangelo di Giovanni Eckhart fa esplicito riferimento all'autorità di Agostino per discutere il rapporto tra la "ragione inferiore" e la "ragione superiore"[6]:

> [...] intellectus, qui ortum habet a sensibus, umbra phantasmatum, per quae et in quibus intelligit, obumbratur. [...] lux hominum accipitur pro ratione inferiori, quae per mulierem caput habentem velatum intelligitur, Cor. 11. Vir autem non habens caput velatum, et est imago Dei, ratio superior, accipitur per tenebras, cum dicitur: *lux in tenebris lucet.* De hac duplici ratione et earum proprietate docet Augustinus specialiter De Trinitate l. XII c. 14, c. 15 et tribus libris sequentibus in pluribus locis.

Eckhart, che sta qui commentando il "lux in tenebris lucet" di Giovanni, fa un paragone tra la luce divina e quella *hominum.* La prima per essere accolta ha bisogno che l'uomo si liberi delle tenebre; la seconda, invece, ovvero l'intelletto dell'uomo, non può essere accolta, cioè compresa, senza il *velamen mulieris* della *ratio inferior.* Dunque, *ratio superior* e *ratio inferior* corrispondono qui rispettivamente all'intelletto dell'uomo e alla realtà sensibile, *umbra phantasmatum.*

Lo stesso tema ritroviamo nel *Liber parabolarum Genesis*[7]:

> Haec autem dicit Augustinus significata 1 Cor. 11, ubi dicitur quod 'vir caput est mulieris, viri caput Christus'; et infra: 'vir non debet velare caput suum, quoniam imago et gloria est dei', sed 'mulier debet velamen habere super caput'; 'verumtamen neque vir sine muliere, neque mulier sine viro in domino'. [...] qui vult conformari divinae et incommutabili veritati et in eius imaginem transformari, non debet habere 'velamen' inferiorum 'super caput mentis' et 'faciem'.

Il contesto cambia e il senso del motivo agostiniano, che è lo stesso, viene ribaltato: se l'uomo vuole "conformari divinae et incommutabili veritati et in eius imaginem transformari", non deve coprirsi il capo con il *velamen* della donna. L'elemento femminile è impedimento per l'uomo al raggiungimento del divino. Se, dunque, nel primo passo il *velamen* della *ratio inferior* era indispensabile all'intelletto per comprendere, qui esso risulta essergli solo d'intralcio.

Questa interpretazione è sostenuta e ulteriormente rafforzata da Eckhart nelle sue prediche tedesche, in particolare nei testi pubblicati dal Quint sotto i numeri 20a, 83 e 37.

[6] Eckhardus, *In Ioh.* n. 83-84, LW III, p. 72,1-8; Index, nn. 136; 152; 157; 191; 193.
[7] Eckhardus, *In Gen. II* n. 130, LW I/1, pp. 595,4-596,1; Index, nn. 121; 126.

Eckhardus, *Pred.* 20a Q, DW I, p. 337,12-16:

Diu sêle ist alzemâle man, dâ si ze gote gekêret ist. Dâ diu sêle her nider sleht, dâ heizet si vrouwe; aber dâ man got in im selber bekennet und got dâ heime suochet, dâ ist si der man. Nû was verboten in der alten ê, daz kein man vrouwenkleit an sich legete, noch vrouwen manneskleit. Denne ist si man, sô si einvalticlîche in got dringet sunder mittel.

L'anima è completamente 'uomo', ove essa è rivolta verso Dio. Ove l'anima si rivolge verso il basso, là si chiama 'donna'; ma là ove si conosce Dio in se stesso e si cerca Dio in casa, là ella è l'uomo. Ora, nell'antico Testamento era vietato che un uomo indossasse vesti femminili, o donne vesti maschili. Ella è uomo quando semplicemente si spinge in Dio, senza medio.

Eckhart sta parlando dell'anima, *sêle*, e dice che quando essa si rivolge *nider*, verso il basso, è *vrouwe*/donna, mentre è uomo quando è rivolta verso Dio, *ze gote gekêret*. Eckhart ricorre addirittura al divieto biblico secondo cui nessun uomo può indossare abiti femminili, "daz kein man vrouwenkleit an sich legete", né viceversa, "noch vrouwen manneskleit". Nulla è dunque cambiato: l'uomo può vedere Dio solo se si volge a lui senza medio, *sunder mittel*, e il *velamen* della donna è in questo senso un impedimento.

Eckhardus, *Pred.* 83 Q, DW III, p. 437,4-7:

Nû spricht augustînus das an dem obersten teile der selen, das *do mens* heiset oder gem*üe*te, da hat <got> geschepfet mit der sele wesen eine craft, die heisent die meistere ein sloz oder einen sch<r>in geis<t>licher formen oder formelicher bilde.

Ora, Agostino dice che nella parte suprema dell'anima, che si chiama *mens* ovvero 'mente', <Dio> ha creato con la sostanza dell'anima una virtù che i maestri chiamano un contenitore ovvero uno scrigno di forme spirituali ovvero di immagini formali.

Eckhardus, *Pred.* 37 Q, DW II, p. 211,13-15:

Daz vünkelîn der vernünfticheit, daz ist daz houbet in der sêle, daz heizet der 'man' der sêle und ist als vil als ein vünkelîn götlîcher natûre, ein götlich lieht, ein zein und ein îngedrücket bilde götlîcher natûre.

La scintilla dell'intellettualità, cioè il capo nell'anima, si chiama l''uomo' dell'anima ed è qualcosa come una scintilla di natura divina, una luce divina, un raggio e una immagine impressa di natura divina.

Qui Eckhart rileva che "an dem obersten teile der sele", nella mente dell'uomo, Dio ha creato *eine craft*, che è uno scrigno di forme spirituali, "ein sch<r>in geis<t>licher formen". E nella pr. 37 arriva chiaramente ad identificare l'"uomo" dell'anima, "der man der sele", ovvero il suo capo, "daz houbet in der sêle", con la scintilla dell'intellettualità, "daz vünkelîn der vernünfticheit".

La *ratio superior*, il *caput* privo di veli, diventa, dunque, da intelletto naturale dell'uomo, il luogo divino dell'anima che accoglie forme spirituali, *geistliche formen*, e una scintilla di natura divina, *vünkelîn götlîcher natûre*.

4. "imago dei"

Il secondo tema è quello dell'uomo capace di Dio e per questo sua *imago*[8]. È un tema noto, che discuterò qui solo brevemente.

L'assunto agostiniano in Eckhart diventa un *topos* ed è accolto nel senso che l'anima è capace di Dio e per questo fatto stesso ne è immagine. È però interessante notare come Eckhart associ spesso a questo passo un luogo del *De anima* di Aristotele (III 8, 431b21-23) in cui il Filosofo afferma che l'intelletto dell'uomo è tutto l'essere, cioè è potenzialmente ogni cosa. Cito, a solo titolo di esempio, il passo seguente[9]:

> Ut enim ait philosophus »anima quodammodo est omnia«, et »eo imago dei est quo capax dei est«, ut ait Augustinus.

L'esempio riportato mostra l'associazione tra i due passi, che permette ad Eckhart di spostare il senso della citazione agostiniana verso la concezione, a lui cara, dell'anima umana come pura recettività del divino e, ultimamente, sede del divino stesso[10].

In questo caso si rende, dunque, necessario incrociare le citazioni da Agostino con quelle dal Filosofo per riuscire a capire sino in fondo cosa Eckhart cercasse veramente di esprimere.

La fecondità di questo tema è confermata dalla predicazione in tedesco in cui Eckhart, attraverso altri passi agostiniani, specifica il suo pensiero: questa disposizione dell'anima, infatti, non è data una volta per tutte, ma necessita di un continuo sforzo dell'uomo per liberarsi della sua creaturalità. Questo è precisamente il senso della citazione successiva, che invita l'uomo ad abbandonare il sensibile.

5. "tolle hoc et illud ..."

Ma veniamo al caso su cui vorrei concentrare in particolare le mie osservazioni. È il tema del "tolle hoc et illud" e dell'essenzialità della virtù divina.

Secondo Eckhart il raggiungimento di Dio è possibile solo spogliandosi dell'*hic*

[8] Testo fondamentale di riferimento: AUG., *De Trin.*, XIV 8 n. 11; CCSL 50a, pp. 435,1-436,13.

[9] ECKHARDUS, *In Ioh.* n. 610, LW III, p. 532,12; Index, n. 170. Si veda anche l'Index di Aristotele, *De an.* n. 164-169 e il commento in proposito di Alessandra BECCARISI, *"Der hœhste under den meistern". Eckhart e il De anima di Aristotele,* supra, p. 24 sgg.

[10] Il passo eckhartiano sopra riportato è solo uno fra i molti in cui Eckhart lega le due citazioni: un altro esempio molto interessante è in *Expositio libri Genesis* n. 115, LW I/1, pp. 270,12-271,13 (Index, n. 158), ove Eckhart sta commentando *Faciamus hominem ad imaginem et similitudinem nostram* e si serve dei due passi, tra altri, per definire la distinzione tra *imago* e *similitudo*.

et nunc. I due temi, l'eliminazione del creaturale e l'intuizione del bene in sé, sono strettamente legati sia in Agostino che in Eckhart: allontanarsi dai beni terreni permette di vedere Dio nella sua essenzialità. Si tratta della citazione da Agostino più presente e più letterale in Eckhart, ma la formulazione più significativa è data nell'opera tedesca, e precisamente alla *Predica* 63 Q[11]:

nu leg ab das vnd das; das denn da beleibet, das ist luter got. der ain bilde malet an ain wand, so ist die wand ain enthalt des bildes. wer nun mynnet das bilde an der wand, der mynnet die wand dar mitte; der die wand danne<n> näme, der näme och das bild dannan. nun nement dannen die wand, also das das bilde beleibe, so ist das bilde sein selbs enthalt; wer dénn mynnet das bilde, der mynnet ain lauter bilde. nun mynnent alles, das mynneclich ist, vnd nit, an dem es mynneclich schinet, so mynnest du lauter got; das ist ane zweiuel war.

Ora, togli questo e quello; quello che lì rimane è puro Dio. Se uno dipinge una immagine su una parete, la parete è il sostegno dell'immagine. Ora, chi ama l'immagine sulla parete, ama con ciò anche la parete; chi togliesse la parete, toglierebbe anche l'immagine. Ora, se togliete la parete in modo che l'immagine resti, l'immagine è il sostegno di se stessa; chi allora ama l'immagine, ama una pura immagine. Ora, se amate tutto quello che è amabile, e non quello in cui amabilmente risplende, allora tu ami puro Dio; questo è indubitabilmente vero.

Josef Quint[12] indica correttamente in *De Trin.* VII c. 3 n. 4 la fonte implicita per l'espressione eckhartiana "nu leg ab das vnd das; das denn da beleibet, das ist luter got". Per quanto riguarda invece l'esempio della parete, addotto da Eckhart nella seconda parte del passo a documento della necessità di eliminare il superfluo per ritrovare la presenza di Dio nella creazione, il Quint commenta con un rinvio a *De Trin.* VI c. 10 n. 11 e soprattutto ad un luogo eckhartiano analogo[13]. Si tratta di un riferimento ai "nostri migliori maestri" contenuto in *Predica* 44 Q[14]:

Ez sprechent unser besten meister: ein bilde, daz in einem steine ist oder an einer want, enwære dar under niht zuogeleget, der ez næme, als ez ein bilde ist, daz bilde wære al ein mit dem, des bilde ez ist.

I nostri migliori sapienti dicono: se ad una immagine che sta in una pietra o su una parete non fosse posto sotto qualcosa, l'immagine, se la si prendesse in quanto è un'immagine, sarebbe completamente uno con quello di cui è immagine.

Un raffronto con il trattato *De visione beatifica* di Teodorico di Freiberg consente di far chiarezza in questa intricata matassa di intertestualità, e di individuare la

[11] ECKHARDUS, *Pred.* 63 Q, DW III, p. 78,5-11.

[12] Cf. DW III, p. 78 n. 1.

[13] Cf. DW III, pp. 78-79 n. 2: "Dieser Vergleich verdeutlicht einen andern Gedanken und wieder einen andern der Bild-Wand-Vergleich DW 2 S. 340,5ff.".

[14] ECKHARDUS, *Pred.* 44 Q, DW II, pp. 340,5-341,1.

fonte del primo dei due passi, quello relativo alla "parete", riferito nella *Predica* 63. Si tratta di *De Trin.* XV c. 22-23 n. 43, ove Agostino sviluppa il concetto di *imago trinitatis.* Di seguito riporto per intero il passo agostiniano[15]:

> Aliud est itaque trinitas res ipsa, aliud imago trinitatis in re alia, propter quam imaginem simul et illud in quo sunt haec tria, imago dicitur; sicut imago dicitur simul et tabula, et quod in ea pictum est; sed propter picturam quae in ea est, simul et tabula nomine imaginis appellatur. Verum in illa summa trinitate, quae incomparabiliter rebus omnibus antecellit, tanta est inseparabilitas, ut cum trinitas hominum non possit dici unus homo; in illa unus deus et dicatur et sit, nec in uno deo sit illa trinitas, sed unus deus.

Risulta da questo testo che secondo Agostino una cosa è la trinità in se stessa, un'altra l'immagine della trinità *in alio.* Agostino aggiunge che, a causa dell'immagine nel sostrato, è *imago* anche il sostrato. In altre parole: l'uomo non solo è fatto *ad imaginem dei*, ma è anche *imago dei* per il fatto di avere in sé un riflesso, *imago*, del divino stesso.

Vediamo ora come Eckhart nella Predica 63 interpreta questo passo:

1. La *trinitas res ipsa* dell'esempio di Agostino non ha corrispondenza nell'esempio di Eckhart;
2. L'*imago trinitatis in re alia* (*pictura* nell'esempio di Agostino, ripreso da Teodorico) corrisponde alla *bilde an der wand* (l'immagine nella parete) nell'esempio della predica 63 di Eckhart;
3. La *tabula* di Agostino (ciò in cui è l'*imago trinitatis*) è la *wand* della predica 63 di Eckhart.

Appare chiaro che, mentre nell'esempio di Agostino non è in questione la trinità in quanto tale, ma piuttosto il suo riflesso, ovvero l'*imago*, e il rapporto tra questa e il sostrato in cui si trova, nella ripresa di Eckhart, invece, tutta l'attenzione è concentrata sul valore assoluto dell'*imago*, dal che Eckhart conclude quanto segue:

1. togli la parete e togli anche l'immagine;
2. se togli la parete in modo che resti l'immagine, allora l'immagine è il sostegno di se stessa ("so ist das bilde sein selbs enthalt").

Cosa è accaduto nel testo della Predica 63? In realtà, Eckhart utilizza soltanto l'esempio di Agostino, tralasciando il tema della trinità divina (*trinitas res ipsa*), e ne assolutizza il termine *imago.* Mentre in Agostino *imago* si riferisce soltanto all'immagine concreta in un supporto, per Eckhart *imago* assume le caratteristiche attribuite da Agostino alla *trinitas res ipsa* ("ain lauter bilde" e "lauter got"), ovvero: *imago* del divino nell'uomo è il divino stesso. L'uomo ha in sé qualcosa di divino, non più solo una immagine sbiadita. La distanza da Agostino è evidente.

15 Aug., *De Trin..*, XV 22-23 n. 43; CCSL 50a, p. 520,27-4 (spaziato mio).

Per comprendere la complessità e l'originalità dell'interpretazione di Eckhart, è necessario considerare più da vicino un luogo di Teodorico, con cui Eckhart ha in comune il tema (ovvero l'*imago dei* nell'uomo) e, come già accennato, la fonte[16]:

Ad quod intelligendum, quod imago dicitur dupliciter: uno modo formaliter et per se et primo id videlicet, quod est vere et formaliter imago; alio modo dicitur imago id, quod ipsa imagine insignitum est, quod etiam propterea imago dicitur, puta homo, qui dicitur imago non secundum suam totalem substantiam, sed quia ipsa imagine Dei insignitus est, ut dicit Augustinus XV *De Trinitate* c. 66, et subdit ibi exemplum dicens: „Sicut imago dicitur simul et tabula et quod in ea pictum est; sed propter picturam, quae in ea est, simul et tabula nomine imaginis appellatur".

Il contesto è quello della trinità e non della presenza del divino nell'uomo come in Eckhart, e basta una pur cursoria lettura per comprendere che qui Teodorico si dimostra molto più fedele al testo agostiniano di quanto non lo sia Eckhart. Per Teodorico, infatti, *imago* è sia l'immagine nel sostrato che il sostrato stesso, come in Agostino. La differenza per Teodorico è che in un caso è "formaliter et per se et primo" (ovvero nell'intelletto agente), nell'altro è "id, quod ipsa imagine insignitum est" (ovvero *similitudo*, intelletto possibile). Il seguente passo dello stesso Teodorico, lì dove discute dell'intelletto agente e di quello possibile, conferma questa interpretazione[17]:

Quod ergo dicitur ad similitudinem, hoc pertinet ad exterius cogitativum seu intellectum possibilem et ea, quae sui dispositioni subsunt. Quod autem dicit ad imaginem, quae consistit in aeternitate et unitate trinitatis, refertur ad abditum mentis seu intellectum agentem, [...].

Dunque, mentre Dietrich divinizza l'intelletto agente e annulla quello possibile, pura *similitudo*, Eckhart identifica l'anima dell'uomo col divino e svuota di senso l'uomo biologico. Per Eckhart l'anima dell'uomo è la scintilla, lo scrigno di forme spirituali, mentre l'uomo in sé è pura disponibilità e ricettività del divino stesso e, per giungere a questo risultato, Eckhart non esita a modificare il testo di Agostino.

Veniamo ora alla Predica 44 Q. Eckhart sostiene che se ad una immagine che sta in una pietra o in una parete non fosse posto sotto qualcosa, l'immagine, se la si prendesse in quanto è una immagine, sarebbe completamente uno con quello di cui è immagine. Se con un esperimento mentale, dice Eckhart, si eliminasse il sostrato

[16] THEODORICUS DE VRIBERCH, *Se visione beatifica*, 1.2.2.4.1 (1), ed. Burkhard MOJSISCH (CPTMA, II,1), Hamburg 1977, pp. 49,27-50,34.

[17] THEODORICUS DE VRIBERCH, *De vis. beat.*, 1.1.1 (3), p. 15,22-25.

in cui si trova l'immagine ("ein bilde, daz in einem steine ist oder an einer want, enwære dar under niht zuogeleget"), questa sarebbe una con ciò di cui è immagine, sarebbe cioè in questo caso lo stesso principio divino ("daz bilde wære al ein mit dem, des bilde ez ist"). L'*in quanto* ("der ez næme, *als* ez ein bilde ist") segnala l'autonomia ontologica dell'immagine rispetto al suo sostrato. In questo contesto il sostrato passa in secondo piano.

L'affinità con l'esempio della Predica 63 è evidente, ma la citazione a ben vedere non è la stessa. Qui, infatti, Eckhart vuole sottolineare l'identità del Figlio col Padre, dell'anima con Dio. Infatti il testo della Predica 44 così prosegue[18]:

Swenne diu sêle tritet in daz bilde, dâ niht vremdes enist dan daz bilde, mit dem ez ein bilde ist, daz ist ein guot lêre. Swenne man gesetzet ist in daz bilde, dâ man gote glîch ist, dâ nimet man got, dâ vindet man got. Swâ iht ûzzerteilet ist, dâ envindet man got niht. Swenne diu sêle kumet in daz bilde und sich vindet in dem bilde aleine, in dem bilde vindet si got; und in dem, daz si sich vindet und got, daz ist al éin werk, daz ist âne zît: dâ vindet si got.

Quando l'anima perviene nell'immagine ove non c'è nulla di estraneo se non l'immagine, con la quale è una immagine, ha ben imparato. Quando si è posti nell'immagine, ove si è simili a Dio, là si prende Dio, là si trova Dio. Ove qualcosa è particolarizzato all'esterno, là non si trova Dio. Quando l'anima viene nell'immagine e si trova soltanto nell'immagine, in quell'immagine ella trova Dio; e nel trovare sé e Dio vi è una sola azione, che è senza tempo: là ella trova Dio.

Quando l'anima penetra nell'immagine, in cui non c'è niente di estraneo, ma solo l'immagine divina, con la quale essa è una sola immagine, allora riceve un buon insegnamento. Quando l'uomo è posto nell'immagine in cui è uguale a Dio, allora coglie Dio, allora lo trova. Se qualcosa è diviso verso l'esterno, allora non trova Dio. Quando l'anima giunge nell'immagine e si trova esclusivamente nell'immagine, allora trova Dio in questa immagine. Nel trovare se stessa e Dio vi è una sola opera, che è senza tempo: allora trova Dio.

Nel Commento al vangelo di Giovanni Eckhart elabora lo stesso principio e chiama in causa esplicitamente Averroè[19]:

Et quia effectus expressivus et repraesentativus semper est et verbum sui principii, hinc est quod verba praemissa *in principio erat verbum, et verbum erat apud deum, et deus erat verbum, hoc erat in principio apud deum* sexto modo possunt exponi de omni opere naturae et artis.

Constat enim primo quod in pictore sit forma figurae et imago eius, quod depingit foris in pariete, per modum formae inhaerentis. Et hoc est quod hic dicitur: *in principio erat verbum*.

[18] ECKHARDUS, *Pred.* 44 Q, DW II, p. 341,1-6.

[19] ECKHARDUS, *In Ioh.* n. 36-37, LW III, pp. 30,12-31,12. La citazione da Averroè proviene dal celebre commento 36 al libro XII della *Metafisica*.

Adhuc autem oportet secundo quod apud ipsum sit imago per modum exemplaris, secundum quod et ad quod aspiciens operatur. »Nihil autem ad rem pertinet, utrum foris habeat exemplar, ad quod referat oculos, an intus quod sibi ipse concipit«, ut ait Seneca in epistula quadam. Et hoc est quod hic dicitur: *verbum erat apud deum*.

Rursus tertio imago depicta in mente pictoris est ars ipsa, qua pictor est principium imaginis depictae. Et hoc est quod hic dicitur: *deus erat verbum*, principium scilicet sive causa effectus, balneum in anima et balneum in materia, ut ait commentator, figura in mente et figura in pariete.

Poche pagine dopo, Eckhart ritorna sulla citazione[20]:

Exempli gratia, quomodo scilicet generatio filii praecedit omnem actionem, et sine ipso nihil: in omni potentia sensitiva vel rationali nostra primo omnium necesse est gigni speciem, prolem obiecti, ita quod visus actu est alius, non aliud quam visibile actu, sed sunt unum, ut ait philosophus, parens visibile et proles in visu, pater et filius, imago ipsa et cuius est imago, et coaeterna sunt, in quantum huiusmodi, actu scilicet, sunt. Sic in arte: pictor enim aut scriptor ad hoc quod pingat vel scribat arte, oportet quod in mente artificis generetur et formetur proles, imago, filius a domo in anima formatur domus extra in materia: non aliud hinc inde, sed idem id ipsum sub alia proprietate distinguente. Nam, ut ait commentator, si non esset materia, idem esset balneum in anima et balneum extra animam.

L'effetto rispetto alla causa, poiché unito alla materia, è privo di fondamento se non perchè vi è sopra l'*imago*, l'*exemplar*, il *principium*. In entrambi i passi Eckhart sottolinea con il detto di Averroè che senza la materia *imago in mente* e *imago extra* coinciderebbero. Esattamente quanto Eckhart afferma nel passo della Predica 44 riportato sopra, che cioè "un'immagine su una pietra o una parete, se non fosse sostenuta da esse, se la si prendesse solo come immagine, sarebbe tutt'uno con ciò di cui è immagine".

Dunque: i due esempi delle prediche 44 e 63 sono vagamente associabili, ma in realtà fanno riferimento a due fonti differenti e il loro senso è sostanzialmente diverso. Nella seconda Eckhart vuole sottolineare la sostanzialità dell'immagine divina rispetto alla sua proiezione nel sostrato materiale, l'uomo. Nella Predica 44, invece, Eckhart vuole sottolineare l'identità tra immagine e suo doppio nel sostrato, dove quest'ultimo è l'ultimo ostacolo al riconoscimento che i due elementi sono la medesima cosa. Infatti, non è un caso che il secondo passo presentato del Commento al vangelo di Giovanni aggiunge il riferimento ad Aristotele, utile a confermare l'idea dell'unità tra *proles*, *imago*, *filius* e ciò che c'è "in mente artificis": "imago ipsa et cuius est imago" *unum sunt*, come nella pr. 44: "daz bilde wære al ein mit dem, des bilde ez ist".

Solo l'esempio della Predica 63, dunque, va inteso nel senso eckhartiano della divinizzazione della creatura, mentre l'esempio della Predica 44 va interpretato

[20] ECKHARDUS, *In Ioh.* n. 57, LW III, pp. 47,16-48,10.

come tentativo di spiegare la profonda unità tra *logos* e creazione. L'esempio agostiniano della *tabula* non solo è la fonte della prima delle due prediche eckhartiane qui in dicussione, ma anche l'origine della nuova interpretazione del Maestro domenicano.

INDEX

AUGUSTINUS

De Trinitate

Aurelii Augustini *De Trinitate libri XV*, ed. W. J. Mountain adiuvante F. Glorie (Corpus Christianorum. Series Latina 50-50A), Turnholti 1968.

1-3 I c. 2 n. 4/31,9-11 . . . . LW **3**,275,1; 650,1; **5**,94,4

[1] Praemissis consonat quod Augustinus I De trinitate c. 2 dicit »mentis humanae acies invalida in tam excellenti luce non figitur, nisi per iustitiam fidei nutrita vigoretur«. – [2] »Mentis enim humanae acies invalida in tam excellenti lumine non figitur, nisi per iustitiam fidei prius purius emundetur«, secundum Augustinum libro De trinitate. – [3] »Mentis enim humanae acies invalida in tam excellenti luce non figitur, nisi per iustitiam fidei nutrita vigoretur«, ut ait Augustinus De trinitate l. I c. 2.

4 I c. 3 n. 6/34,49-58 . . . . LW **5**,294,1

Qui error vel errores mihi imputari ab aemulis quibuscumque non possunt nec debent, secundum illud Augustini De trinitate l. I c. 3, ubi sic ait: »arbitror [non] sane non<nullos> tardiores in quibusdam locis librorum meorum opinaturos me sensisse quod non sensi aut non sensisse quod sensi. Quorum errorem mihi tribui non debere quis nesciat, si velut me sequentes neque apprehendentes deviaverunt in aliquam falsitatem, dum per quaedam densa et opaca cogor viam carpere, quandoquidem nec ipsis sanctis divinorum verborum auctoritatibus [n]ullo modo quisquam recte tribuat tam multos et varios errores haereticorum, cum omnes ex eisdem scripturis falsas et fallaces opiniones suas conentur defendere?«

5 I c. 7 n. 14/44,1-45,28 . . . . LW **3**,542,10

Expositum est hoc prius super illo: 'ostende nobis patrem'. Augustinus tamen De trinitate l. I c. 7 hoc esponit secundum 'formam servi' in qua filius minor est patre [...].

6 I c. 8 n. 17/50,80-95 . . . . LW **1/1**,434,1 (=**1/2**,318,16)

Super Iohanne parte tertia homilia 47 tractans Augustinus illud Ioh. 16 'Iterum autem videbo vos' sic ait: »ad fructum contemplationis cuncta officia referuntur actionis«. »Ad hunc refertur quidquid bene agitur, quia propter hunc agitur. Ipse autem non propter aliud, sed propter se ipsum tenetur et habetur. Ibi enim finis est, qui 'sufficit nobis'«.

Adhuc autem quarto Augustinus De trinitate l. I c. 8 hoc ipsum apertissime asserit et diffuse, tractans ad hunc sensum plures auctoritates Pauli et Iohannis in epistula.

Haec ad praesens ex Augustino sufficiant, quamvis in locis quasi innumeris hoc idem testetur.

7 I c. 8 n. 17/51,102-105 . . . . LW **3**,505,3

Augustinus tamen De trinitate l. I sic verbum praemissum exponit per illud Psalmi: »'adimplebis me laetitia cum vultu tuo, delectationes in dextera tua'; illa laetitia nihil amplius requiritur, quia nec erit quod amplius requiratur. Ostenditur enim vobis 'pater, et sufficit nobis'«.

8 I c. 8 n. 17/51,103-104 . . . . LW **4**,222,15

Ait ergo: 'laetatus sum' etc. Psalmus: 'adimplebis me laetitia cum vultu tuo'. Quod Augustinus tractans I De trinitate c. 8 sic dicit: »illa laetitia nihil amplius inquiretur, quia nec erit quod amplius requiratur«.

9 I c. 12 n. 27/67,133-139 . . . . LW **3**,358,11

Alia solutio brevis est Augustini qui ait: 'mea' secundum naturam dei, 'non mea' secundum formam servi.

10 I c. 13 n. 30/75,126-128 . . . . LW **3**,588,7

Rursus autem I De trinitate capitulo ultimo inter multa sic ait: »quid est vita aeterna nisi illa visio, 'ut cognoscant te unum deum verum'?«

11 II c. 9 n. 15/100,29-30. . . . . LW **4**,164,9

Perfectum est naturae oppositae illi defectui. Unde Tim. 6 solus deus habere immortalitatem dicitur, et secundum Augustinum omnis mutabilitas nonnulla mors est. Tu dic quod vera et sola mors est.

12 II c. 17 n. 28/118,27-29; 119,37-41 . . . . LW **2**,218,5

Augustinus l. II De trinitate c. 17, tractans hoc verbum praemissum, sic ait: »ipsa est« »species, cui contemplandae suspirat omnis, qui affectat diligere deum ex toto corde«, »ex tota anima«, »ex tota mente«; et infra: »illa est« »species, quae rapit omnem animam rationalem desiderio sui tanto ardentiorem, quanto mundiorem, et tanto mundiorem, quanto ad spiritualia resurgentem, tanto autem ad spiritualia resurgentem, quanto a carnalibus morientem«.

13-16 II c. 17 n. 28/119,37-41. . . . . LW **1/1**,592,9; **3**,266,8; 463,2; **4**,98,9

[13] Augustinus II De trinitate c. 17 loquens de visione divina et eius contemplatione sic dicit: »illa est species quae rapit omnem animam rationalem desiderio sui tanto ardentiorem, quanto mundiorem, et tanto mundiorem, quanto ad spiritualia resurgentem, tanto autem ad spiritualia resurgentem, quanto a carnalibus morientem«. – [14] 'Nicodemus nomine'. Nicodemus effluxio terrenitatis. Augustinus II De trinitate c. 17 dicit animam rationalem »tanto mundiorem, quanto ad spiritualia resurgentem; tanto autem ad spiritualia resurgentem, quanto a carnalibus« sive terrenis»morientem«. – [15] Et Augustinus De trinitate l. II c. 17 de spiritu dei sive facie loquens ait: »illa est species quae rapit omnem animam rationalem desiderio sui tanto ardentiorem quanto mundiorem, et tanto mundiorem, quanto ad spiritualia resurgentem, et tanto ad spiritualia resurgentem, quanto a carnalibus morientem«. – [16] Secundo nota quod appropinquando deo et secundum modum suum prope

essendo perficitur omnis creatura. Tanto autem est aliquid deo propinquius, quanto terrae, quae »prope nihil« est, fuerit remotius. Dic illud Augustini »species illa rapit omnem animam rationalem« etc.

17-18 III c. 4 n. 9/135,16-136,21.24-27 . .LW **1/1**,274,4 (=**1/2**,156,17); **3**,45,11

[17] Augustinus etiam III De trinitate c. 4 dicit quod »corpora crassiora« »per subtiliora« »quodam ordine reguntur«, et »omnia corpora per spiritum«, et spiritus inferiores per superiores, »ac« »universa creata per creatorem«. Et infra: »nihil fit visibiliter et sensibiliter, quod non de interiori, invisibili atque intelligibili aula summi imperatoris aut iubeatur aut permittatur«. Haec Augustinus. – [18] »Nihil enim fit visibiliter et sensibiliter, quod non de interiore invisibili atque intelligibili aula summi imperatoris aut iubeatur eut permittatur«, ut ait Augustinus III l. De trinitate c. 4.

19 IV prooem. n. **1**/159,1-6 . . . . .LW **5**,144,12

Unde Augustinus De trinitate l. IV in principio: »scientiam terrestrium atque caelestium rerum magni aestimare solet genus humanum, in quo profecto meliores sunt qui huic scientiae proponunt nosse semet ipsos. Unde probabilior laudabiliorque est animus cui infirmitas propria nota est quam qui ea non respecta vias siderum scrutatur, etiam cogniturus«. Unde Adam volebat multam rapere scientiam et perdidit eam.

20 IV c. 5 n. 9/172,7-8 . . . . .LW **2**,415,4

Notandum quod Augustinus dicit Libro 83 quaestionum et De trinitate l. IV c. 5 quomodo »decem menses parientibus feminis imputantur«.

21 IV c. 20 n. 28/198,80-199,84 . . . . .LW **3**,239,1

Notandum quod sicut materia est propter formam, corpus propter animam, femina propter virum – 'caput enim mulieris vir', Cor. 11 – sic 'verbum caro factum est', ut habitaret in nobis. Unde Augustinus l. IV De trinitate c. 20 ait: »quia in sapientia dei non poterat mundus cognoscere per sapientiam deum«, »placuit deo«, »ut verbum caro fieret et habitaret in nobis«.

22-25 IV c. 20 n. 28/199,87-91 . . . . .LW **3**,240,2; 385,4; 402,2; **5**,350,3

[22] Et De trinitate l. IV c. 20 sic ait Augustinus: 'verbum caro factum est'; »cum ex tempore cuiusque perfecta mente percipitur«, et »mitti quidem dicitur, sed non in hunc mundum«, »quia et nos, secundum quod mente aliquid aeternum, quantum possumus, capimus, non in hoc mundo sumus; et omnium iustorum spiritus etiam adhuc in hac carne viventium, in quantum divina sapiunt, non sunt in hoc mundo«. – [23] Docet de hoc Origenes pulchre et manifeste in glossa super illo: 'inventa est coniuratio', Ier. 11, et Augustinus <   > libro capitulo   : »in quantum aeternum aliquod mente concipimus, iam non in hoc mundo sumus« et libro   capitulo   dicit quod »opera bona« in deo facta »filii sunt«, partus et proles sunt animae sanctae. – [24] Et Augustinus De trinitate l. IV c. 20 ait: »nos, secundum quod mente aliquid aeternum quantum possumus capimus, non in hoc mundo sumus; et omnium iustorum spiritus etiam adhuc in hac carne viventium, in quantum divina sapiunt, non sunt in hoc mundo«. – [25] Et De trinitate l. IV c. 20 sic ait: »nos secundum quod mente aliquid aeternum quantum possumus capimus, non in hoc mundo sumus; et omnium iustorum spiritus adhuc in carne viventium <in>quantum divina sapiunt, non sunt in hoc mundo«.

26-29 IV c. 20 n. 29/200,121-122 . . . . . LW 3,495,9; 4,7,4; 11,15; DW 1,252,2

[26] Quinto, quia intellectus de sui ratione et proprietate accipit iuxta nomen intellectus rem in suis principiis – »pater autem principium est totius divinitatis«, ut ait Augustinus –, nec aliter intellectui sufficit, quousque cognoscat rem in suis principiis. Et hoc est quod in figura dicitur Ez. 17: 'aquila grandis venit ad Libanum et tulit medullam cedri summitatemque frondium eius avulsit'. – [27] Unde ibi scriptura in sui exordio trinitatem innuens nomen dei accipit in persona patris. Ratio, quia secundum Augustinum »pater principium est totius deitatis«. – [28] Dicit ergo: 'gratia domini nostri Iesu0 etc., ubi tria sunt praenotanda: primo, quod nomine dei pater hic intelligitur, eo quod »pater« secundum Augustinum »principium est totius deitatis«. – [29] Ich hab och me gesprochen von dem ersten begin vnd von dem lesten end. Der vater ist ain begin der gothait, wàn er begriffet sich selber in im selber. us dem gat das ewig wort inne belibend, vnd der hailig gaist flùsset von in beiden inne belibend vnd gebirt in nit, wàn er ain ende ist der gothait inne belibend vnd aller creaturen, da ain luter ruw ist vnd ain rasten alles des, das wesen ie gewan. Das begin ist durch des endes willen, wan in dem lesten end ruwet alles das, das vernùnftig wesen ie gewan.

30 V c. 1 n. 2/207,34-46. . . . . DW 4,188,155

Sant Augustînus gibet im manigen namen. Er sprichet, daz er wîse sî.

31-32 V c. 1 n. 2/207,39-44. .LW 2,57,11; DW 1,147,1

[31] Et Augustinus V De trinitate c. 1 sic ait: »intelligamus deum, quantum possumus, sine qualitate bonum, sine quantitate magnum«, »sine situ praesidentem, sine habitu omnia continentem, sine loco ubique totum, sine tempore sempiternum«. – [32] Sant Augustînus sprichet: got ist wîse âne wîsheit, guot âne güete, gewaltic âne gewalt.

33 V c. 11 n. 12/218,1-4. . . . . .LW 2,67,4

Sed tunc restat quaestio, quomodo Augustinus, Boethius, sancti et doctores concorditer dicunt in divinis esse duo praedicamenta, substantiae scilicet et relationis.

34 V c. 16 n. 17/227,60sqq. . . . . DW 5,416,8

Disen sin redet sant Augustînus in dem fünften buoche von der drîvalticheit in dem jüngesten capitel und sprichet alsô: »Deus autem« etc., daz ist als vil gesprochen: »nû enwelle got, daz ieman spreche, daz got ieman zîtlîche minne, wan bî im enist nihtes niht verloufen und ouch nihtes niht künftic und hât alle heiligen geminnet, ê diu werlt ie wart geschaffen, als er sie versehen hât. Und swenne ez kumet in die zît, daz er öuget in der zît, daz er in der êwicheit hât anegesehen, sô wænent die liute, got habe eine niuwe minne an sie geleget; und alsô, sô er zürnet oder etwaz guotes tuot, sô werden wir gewandelt und blîbet er unwandelbære, als der sunnen schîn tuot den siechen ougen wê und den gesunden wol, und blîbet doch der sunnen schîn unwandelbære an im selber«.

35 VI c. 8 n. 9/238,8-11 . . . . .LW 3,270,1

Et hoc est quod in De causis dicitur: »primorum omnium quaedam sunt in quibusdam« etc. Ad hoc facit quod in spiritualibus idem est maius quod melius, secundum Augustinum VI De trinitate c. 8.

36 VI c. 10 n. 11/241,12-16 . . . . LW **4**,424,8

Hinc tertio secundum Augustinum aequalitas est de perfectione imaginis.

37-38 VI c. 10 n. 11/241,21-23 . . . . LW **2**,343,8; **3**,12,17

[37] Res enim in ipso sunt rerum rationes, Ioh. 1: 'in principio erat verbum' sive logos, quod est ratio; et Augustinus dicit quod est »ars« »plena rationum omnium«. – [38] Ipse enim filius dei, verbum in principio, ratio est, »ars quaedam« »plena omnium rationum viventium incommutabilium, et omnes unum in ea«, ut ait Augustinus De trinitate l. VI capitulo ultimo.

39 VI c. 10 n. 11/241,24-28 . . . . LW **2**,250,8

Ubi Augustinus dicit quod hoc solum novit deus quod invenit et lucet in regulis aeternis incommutabilis veritatis. Sic enim et in nobis: nihil scimus specie hominis, nisi quod lucet et est in ipsa specie.

40 VI c. 10 n. 11/241,26-28 . . . . LW **4**,394,10

Secundo, quia deus et ipse videt et facit alios videre et aliud visibile. Deus enim non videt sicut nos intus suscipiendo, sed extra mittendo. Videndo enim efficit et efficiendo facit alios videre. Augustinus: mundus iste non esset, nisi deo notus fuisset. Nobis autem e contrario notus non esset, nisi prius fuisset.

41 VI c. 10 n. 12/242,45-50 . . . . LW **4**,422,10

'Primogenitus omnis creaturae', id est propositus omni creaturae ut exemplar, cui se assimilet, sicut pictor imaginem proponit discipulo, cui similem operetur. Unde similitudo secundum Augustinum est in omni creatura, imago vero solum in intellectuali. Vel 'primogenitus' etc. ante omne creatum.

42 VII c. 1 n. 2/248,136-144 . . . . LW **1/1**,154,6 (=**1/2**,26,10)

Augustinus VII De trinitate c. 1 praedictis alludens dicit: »sapientia« »sapiens est et se ipsa sapiens est. Et« »quaecumque anima participatione sapientiae fit sapiens si rursum desipiat, manet tamen in se sapientia, nec cum fuerit anima in stultitiam commutata, illa mutatur. Non ita est in eo qui ex ea fit sapiens, quemadmodum candor in corpore quod ex illo candidum est. Cum enim corpus in alium colorem fuerit commutatum, non manebit candor ille atque omnino esse desinet«.

43 VII c. 3 n. 4/252,41. 45 . . . . LW **1/1**,481,1

Filius enim et spiritus sanctus in divinis non sunt ex nihilo, sed »deus de deo« et »lumen de lumine«, »unum lumen, unus deus« cum patre, 1 Ioh. 5: 'hi tres unum sunt'.

44 VIII c. 2 n. 3/270,16 . . . . DW **1**,330,5

Sant Augustînus sprichet: waz man von gote sprichet, daz enist niht wâr, und waz man von im niht ensprichet, daz ist wâr.

45 VIII c. 2 n. 3/270,31-271,40 . . . . LW **5**,41,2

'Ego' ergo 'sum veritas'. Quod verbum tractat Augustinus VIII De trinitate c. 2. Unde patet veritatem ad intellectum pertinere sicut et verbum.

46-49 VIII c. 2 n. 3/271,32-33. 36-38 . . . . . LW **2**,24,8; **3**,602,5; **4**,60,13; 291,7

[46] Ad hoc facit quod Agustinus VIII De trinitate c. 2 sic ait: »cum audis, veritas est, noli quaerere quid sit veritas«. Et infra: »in ipso primo ictu, quo velut coruscatione perstringeris, cum dicitur veritas, mane si potes«. [47] Vel dicamus sexto quod ipsa quaestio se ipsam solvit. Cum enim dicitur 'quid est veritas', vera solutio est, ut dicatur: veritas est veritas. Et hoc est quod Agustinus dicit VIII De trinitate c. 2: »cum audis, veritas est, noli quaerere, quid sit veritas«; »in ipso primo ictu quo velut coruscatione perstringeris, cum dicitur veritas, mane si potes; si non potes, relaberis in ista solita atque terrena«. – [48] 'Qui manet', non in transitu aut passione, sed manet ut passibilis qualitas, secundum illud: 'pater in me manens ipse facit opera'. Secundo nota: 'qui manet in caritate', in dilectione boni simpliciter, non descendens ad hoc aut illud bonum, secundum illud Augustini VIII De trinitate: »in ipso primo ictu mane, si potes«. – [49] Item: 'qui manet in caritate', id est dilectione boni simpliciter, non descendens ad hoc aut illud bonum, secundum illud Augustini VIII De trinitate: »in ipso primo ictu mane, si potes« etc. Caritas ergo primum est inter fructus spiritus, et 'qui manet in caritate', habet gaudium continue, quod secundus fructus, quia timor, poena et omnis passio non habet locum in caritate.

50 VIII c. 3 n. 4/271,1-272,25 . . . . LW **5**,310,22

Non enim accipiunt esse a subiecto, sed subiectum accipit ab ipsis et per ipsas et in ipsis esse iustum, verum, bonum et huiusmodi, quae sunt priora suis subiectis et manent corruptis subiectis suis, sicut pulchre docet Augustinus De trinitate l. VIII c. 3.

51 VIII c. 3 n. 4/271,1-273,44 . . . . DW **4**,190,190

Sant Augustînus sprichet an einer stat ze einem meister: vil ist der sachen, waz got ist. Ein guot mensche; waz sol der guot mensche? Ein guot stein; waz sol der guot stein? Ein guot engel; waz sol der guot engel? Den engel abe, den stein abe, den menschen abe, drî ein abe; wâ ist danne daz blôz guot, daz got ist?

52-60 VIII c. 3 n. 4/272,14-17. . . . . LW **1/1**,170,7 (=**1/2**,44,3); 532,10; . . . . 635,11; **2**,615,4; **3**,534,1; **4**,457,9; **5**,336,9; DW **3**,78,5; **5**,25,1

[52] 'Hoc' inquit. Hoc enim et hoc non est nihil, rursus hoc et hoc non est deus. Augustinus VIII De trinitate: »tolle hoc et hoc«, et quod relinquitur deus est. – [53] Alia citra deum, utpote bonum hoc aut hoc, praecipiunt non bonum, sed bonum hoc aut hoc; Augustinus: »tolle hoc et hoc«. – [54] »Tolle hoc et hoc« in creaturis, »deum videbis«, ut ait Augustinus. – [55] In uno nulla negatio realis est, quin immo negatio et exclusio omnis negationis et multitudinis, quam sapit hoc et hoc. Augustinus De trinitate l. VIII c. 3 dicit: »bonum hoc et bonum illud; tolle hoc et illud et videbis deum«. – [56] Et Augustinus VIII De trinitate c. 3 ait: »vide ipsum bonum, si potes; ita deum videbis«, »bonum omnis boni«. – [57] Quarto, quia anima naturaliter fertur in bonum simpliciter et absolute. Nihil autem hoc et hoc est bonum simpliciter et absolute, ut dicit Augustinus VIII De trinitate; et hoc est quod idem Augustinus dicit I Confessionum loquens deo: »fecisti nos ad te, et inquietum est cor nostrum, donec requiescat inte«. – [58] Unde nusquam quaerendus est, sed potius longe super omnia et praeter omnia. Augustinus: »tolle hoc bonum et hoc« etc. – [59] nu leg ab das vnd das; das denn da beleibet, das ist luter got. – [60] Sant Augustînus sprichet: hebe ûf diz und daz guot, sô blîbet lûter güete in ir selber swebende in sîner blôzen wîte: daz ist got.

61-66 VIII c. 3 n. 4/272,17 .... LW **1/1**,317,12 (=**1/2**,202,12); **2**,430.8; 432,6; 432,8; **3**,190,3; 584,6

[61] Praeterea decimo quarto: dicendo deum quiescere docet quod solus deus bonus est, ut dicitur Luc. 18 et ut ait Augustinus VIII De trinitate: deus est bonus, »bonum omnis boni«. – [62] Ad quem enim venit deus, necessario veniunt omnia bona, tum quia ab ipso solo est omne bonum, in quantum bonum, sicut ab ipso solo est omne ens, in quantum ens – bonum enim et ens convertuntur, pari passu currunt –, tum etiam quia in ipso et cum ipso et per ipsum, quin immo ipse est omne bonum et »omnis boni bonum«, ut dicit Augustinus VIII De trinitate c. 3. – [63] Et hoc est quod quidam theologorum dicunt virtutes conecti in caritate. Caritas enim est amor boni, in quantum bonum, et hoc deus est, »bonum bonum«, »omnis boni bonum«, ut supra Augustinus dicit. – [64] Augustinus ubi supra: »tolle hoc et hoc«. Hoc enim et hoc laqueus est, quo quis iam non liber est, sed captus. – [65] Deus autem est »bonum omnis boni«, ut ait Augustinus VIII l. De trinitate. – [66] Primo modo accipiendo mundum docemur hic exemplo Christi relinquere mundum; ait enim Christus: 'relinquo mundum', ego, inquam, qui sum veritas, prius quarto decimo – et sic manet mundus fallax et mendosus, utpote relictus a veritate; ego, qui pax sum, Eph. 2 et Lucae 24: 'pax vobis, ego sum', id est ego sum vobis pax – et sic manet mundus procellosus et contentiosus; ego qui 'non mutor', Mal. 3 – et sic manet mundus instabilis et ruinosus; ego qui sum 'lux vera', supra primo, 'lux mundi', prius octavo – et sic manet mundus tenebrosus; ego qui bonus sum solus, Luc. 18, »omnis boni bonum«, ut ait Augustinus VIII De trinitate – et sic manet mundus malignus sive malitiosus, Iohannes: 'totus mundus in maligno positus est': ego qui 'fons' sum 'sapientiae', Eccli. 1 – et sic manet mundus stultus et odiosus; »omnes enim homines naturaliter scire desiderant«; ego, in quo 'princeps mundi huius non habet quidquam', supra quarto decimo – et sic manet mundus pater diaboli et inglorius; prius octavo de diabolo dicitur quod 'mendax est et pater eius', mendax scilicet.

67-71 VIII c. 3 n. 4/273,38-44.............. LW **1/1**,536,7; 536,8; **2**,365,7; **3**,141,6; 141,13

[67] Quinto sic: cum »animus fit bonus« vel sanctus, tamen non eodem fit animus quo sanctus vel bonus, necesse est quod »se convertat ad aliquid, quod ipse non est«. »Quo se autem convertat, ut fiat bonus animus, nisi ad bonum?«. A quo »si rursus se avertat fiatque non bonus« animus »hoc ipso quod se avertit a bono, nisi maneat in se illud bonum, unde se avertit, non est quo se iterum, si voluerit emendare, convertat«. Patet igitur quod bonum est ante bonum hoc nec desinit esse desinente esse hoc <bono> bonum. Et haec ratio trahitur ex Augustino De trinitate l. VIII c. 3. – [68] Quinto sic: cum »animus fit bonus« vel sanctus, tamen non eodem fit animus quo sanctus vel bonus, necesse est quod »se convertat ad aliquid, quod ipse non est«. »Quo se autem convertat, ut fiat bonus animus, nisi ad bonum?« A quo »si rursus se avertat fiatque non bonus« animus »hoc ipso quod se avertit a bono, nisi maneat in se illud bonum, unde se avertit, non est quo se iterum, si voluerit emendare, convertat«. Patet igitur quod bonum est ante bonum hoc nec desinit esse desinente esse hoc <bono> bonum. Et haec ratio trahitur ex Augustino De trinitate l. VIII c. 3. – [69] Praemissis manifeste consonat quod docet Augustinus VIII De trinitate c. 2, ubi sic dicit: cum »fit bonus animus, nisi se ad aliquid convertat quod ipse non est, non potest hoc assequi. Quo se autem convertat, ut fiat bonus animus, nisi ad bonum, cum hoc amat et appetit et adipiscitur? Unde se si rursus avertat fiatque non bonus hoc ipso quod se avertit a bono, nisi maneat in se illud bonum unde se avertit, non est quo se iterum, si voluerit emendare, convertat«. – [70] Iterum

etiam secundo: iustus testatur de iustitia, quod ipsa est post se iustum manens, non desinens; manet enim semper iustitia, etiam postquam iustus cadit ab illa, ut dicit Augustinus De trinitate l. VIII c. 3. – [71] Item tertio: iustus, in quantum iustus, perhibet testimonium de iustitia, quod ipsa fuit ante ipsum et prior ipso. Quomodo enim ab ipsa esset iustus, si ipsa non esset ante ipsum et prior ipso? Nam et ipsa albedo prior est albo, in quantum album est, nec posset intelligi quis albus, nisi prius intelligatur albedo. Rursus quomodo iustus, cadens a iustitia et desinens esse iustus, rediret ad iustitiam denuo, si ipso desinente esse iustus et ipsa iustitia desineret esse iustitia, sicut ait Augustinus De trinitate l. VIII c. 3? Unde Sap. 1 dicitur: 'iustitia perpetua est et immortalis'.

72 VIII c. 3 n. 4-5/272,24-25; 273,50-52; 274,61-62. . . . . LW **2**,22,10

Rursus etiam: 'sum qui sum' dictum est, sicut Augustinus VIII De trinitate c. 3 ait: »deus non bonus animus aut bonus angelus aut bonum caelum, sed bonum bonum«. Et infra: »cum audis hoc aut illud bonum«, »si potueris illis detractis per se ipsum perspicere bonum, perspexeris deum«. Et infra: »non enim est« aliud »aliquid quam ipsum bonum, ac per hoc etiam summum bonum«. Sic ergo »bonum bonum« significat bonum impermixtum et summum bonum in se ipso fixum, nulli innitens, super se ipsum »rediens reditione completa«. Sic li 'sum qui sum' impermixtionem esse et eius plenitudinem indicat, ut dictum est supra.

73 VIII c. 3 n. 4-5/272,31-274,80 . . . . LW **3**,330,8

Adhuc autem si bonum quod quis agit et amat, ego qui non ago plus amo, plus meum est illud et merces eius quam illius. Et hoc est quod Augustinus iam supra dixit: »tibi habet quicumque in illa aliquid habet«.

74-75 VIII c. 3 n. 5/273,52-54. . . . . LW **3**,331,2; 402,11

[74] Unde Augustinus De trinitate l. VIII c. 3 sic ait: »pudeat, cum alia non amentur nisi quia bona sunt, eis inhaerendo non amare ipsum bonum unde bona sunt«. – [75] Et secundum hoc optime dicit Augustinus quod anima verius est ubi amat quam ubi animat. Et iterum dicit quod bonum, utpote obiectum amoris, non habetur nisi amando, et pari modo intelligibile.

76 VIII c. 4 n. 6/275,6-9. . . . . LW **4**,429,6

Nota: »nihil amatur nisi cognitum«. Et quia deus appetit et vult a nobis et pro nobis diligi et amari, necessaria nostrae animae dei scientia et notitia.

77 VIII c. 6 n. 9/282,94-99. . . . . LW **3**,38,4

'In principio erat verbum, et verbum erat apud deum, et deus erat verbum. Hoc erat in principio apud deum'. Notandum ex Augustino De trinitate l. VIII c. 6 quod iustitia sive iustus animus videtur in animo non tamquam fictum aliquid extra ipsum animum, aut quasi aliquod absens, quomodo videtur Carthago vel Alexandria. Videtur quidem in animo ut praesens quoddam animo, sed tamen quasi foris stans ab ipsa iustitia, apud ipsam, similis quidem utcumque, nondum ipsam attingens.

78 VIII c. 6 n. 9/282,105-283,115 . . . . LW **3**,390,5

Docet hoc Augustinus De trinitate l. VIII c. 6 et in Soliloquiorum dicit quod deus neminem dimittit nisi qui ipsum dimittit. Adhuc autem tertio quod iustus, in quantum iustus, quaecumque facit semper placita sunt iustitiae; si quominus, iam non esset iustus. Unde et Augustinus dicit quod »virtute nemo male utitur«.

79 VIII c. 6 n. 9/283,115-130. . . . . LW **3**,402,11

Et secundum hoc optime dicit Augustinus quod anima verius est ubi amat quam ubi animat. Et iterum dicit quod bonum, utpote obiectum amoris, non habetur nisi amando, et pari modo intelligibile.

80 VIII c. 6 n. 9/283,127-284,140 . . . . LW **3**,330,8

Adhuc autem si bonum quod quis agit e amat, ego qui non ago plus amo, plus meum est illud et merces eius quam illius. Et hoc est quod Augustinus iam supra dixit: »tibi habet quicumque in illa aliquid habet«.

81 VIII c. 7 n. 11/285,35-286,62 . . . . DW **3**,228,11

Dâ von sprichet sant Augustînus: sît dem mâle daz got ein wâr lieht ist und der sêle ein enthalt und ir næher ist, dan diu sêle ir selber sî: swenne diu sêle gekêret ist von allen gewordenen dingen, von nôt muoz daz sîn, daz got in ir glenze und blicke.

82 VIII c. 7 n. 11/285,38-39. . . . . LW **4**,376,7

Ideo necesse habemus ipsum deum. Nam 'in illo movemur, vivimus et sumus', Act. 17. Et hoc contra primum. Item ipse secundum Augustinum illabitur animae et est intimior animae quam ipsa sibi. Hoc contra secundum.

83 IX c. 1 n. 1/292,9sqq.. . . . . LW **2**,288,3

Augustinus IX De trinitate c. 1, magis autem l. XV c. 2 tractat illud Psalmi: 'laetetur cor quaerentium dominum', et iterum: 'quaerite faciem eius semper', et ibi exponit quod hic dicitur: 'qui edunt me, adhuc esuriunt'.

84 IX c. 4 n. 4/297,17-19 . . . . LW **1/1**,544,8

Ex praemissis patet etiam quinta ratio, quod intellectus sit praestantior quam voluntas. Omne enim vivum praestantius est omni non vivo. Sed intellectus ex sui ratione vivus est, non autem voluntas. Igitur etc. Maior autem patet, et ipsam scribit Augustinus. Minor probatur: vivum enim est – quod distinguitur a non vivo – quod habet ex se ipso et in se ipso et ab intra motum, non ab alio extra.

85 IX c. 9 n. 14/305,1-306,26. . . . . LW **2**,173,1

Ad hoc facit quod Augustinus dicit quod plerumque, quamvis scitum non ametur nec placeat, placet tamen et amatur ipsa scientia et delectat.

86 IX c. 9 n. 14/305,1-3. 5-7 . . . . LW **2**,251,15

Augustinus etiam IX De trinitate c. 9 docet »conceptum verbum et natum« esse idem in spiritualibus, ut sint idem flos et fructus.

87 IX c. 9 n. 14/305,3-5 . . . . LW **3**,197,14

Et De trinitate l. IX Augustinus: »qui novit perfecte quam amat iustitiam, iam iustus est, etiamsi nulla exsistit forinsecus per membra corporis operandi necessitas«. Amare enim et velle iustus fieri est iustum fieri.

88 IX c. 9 n. 14/305,1. 3-4. 9-12 .... LW **3**,317,9

Adhuc autem quinto ex Augustino l. XI De trinitate c. 11: qui bibit ex hac aqua mundanae voluptatis, sitiet iterum, quia ipsa afficitur et dulcis est illi in animo et desiderio, et sic bibit; sitit autem adhuc, ut in opere compleatur: »non autem sufficit avaritiae nosse et amare aurum«, »nosse et amare vesci«, »neque nosse er amare honores et imperia, nisi proveniant. Quae tamen omnia nec adepta sufficiunt«, quia cum dolore et periculis possidentur. Secus de divinis. »Qui enim perfecte novit perfecteque amat iustitiam, iam iustus est, etiam si nulla exsistat« forinsecus operandi facultas. Hinc est quod in talibus, divinis scilicet, »idem est verbum conceptum et verbum natum«, flos et fructus – Eccli. 24: 'flores mei fructus' –, idem 'principium et finis', Apoc. 1 et ultimo -, et propter hoc verbum in talibus semper nascitur et semper natum est.

89 IX c. 9 n. 14/305,8 .... LW **2**,172,10

Quarto decimo ait: 'non concupisces'. Sciendum enim primo quod secundum Augustinum De trinitate l. IX c. 9 universaliter res concipitur quidem concupiscentia, sed »adipiscendo nascitur«, differenter tamen se habet in corporalibus et spiritualibus.

90 IX c. 10 n. 15/306,16-307,31 .... LW **2**,176,1

Ad hoc facit quod Augustinus dicit quod plerumque, quamvis scitum non ametur nec placeat, placet tamen et amatur ipsa scientia et delectat.

91 IX c. 10 n. 15/307,1-15 .... LW **4**,427,10

Adhuc autem sexto patet quod filius, utpote similitudo perfecta, spirat amorem, spiritum sanctum, qui et ipse utique increatus, utpote manens in imagine et haec in illo, ut docet Augustinus IX de trinitate c. <10>.

92-95 IX c. 10 n. 15/307,29-30 .... LW **2**,577,4; **3**,437,2; 440,14; **4**,451,12

[92] Rursus etiam sapientia dei »verbum«, secundum Augustinum, »notitia cum amore« est, nec verbum sine spiritu est secundum Damascenum. – [93] Adhuc autem: quia proles genita a cognoscibili verbum ipsius est, »cum amore notitia«, secundum Augustinum, nec posset esse sine amore, quia etiam eorum quae displicent notitia amatur et complacet, sequitur quod in ipsa specie sive imagine visibilis sive cognoscibilis generaliter ipsum cognoscibile sibimet complacet et in ipsa omnia sibi complacent, nihil sine illa. Et iterum tertio: ipsum in illa complacet omnibus quibus placet. – [94] Unde et Damascenus dicit quod »verbum non expers spiritus«, et Augustinus quod »verbum« cogitatum »notitia cum amore« est; semper enim notitia placet, etiamsi quod noscitur displiceat. Amor autem ille semper est homogeneus et consubstantialis principio ipsum spirante, sicut notavi prius super illo: 'quod natum est ex carne, caro est' etc. – [95] Secundo, quod sapientia dicit duo, scilicet lumen cum sapore. Ratione primi est in nobis, ratione secundi sumus in ipsa. Est enim »cum amore notitia«

96 IX c. 12 n. 17-18/308,1-309,38 .... LW **3**,590,4

Appetendo ergo voluntas nondum est beata, amando vero iam prius est beata; non ergo reperit deum qui est ipsa substantia beatitudinis, sed gaudet iam reperto. Propter quod amor, spiritus sanctus, in divinis non dicitur filius aut partus aut repertus nec genitus, notitia vero et filius dicitur et partus, genitus sive proles, ut docet Augustinus De trinitate l. IX capitulo ultimo.

97-104 IX c. 12 n. 18/309,26-38 . . . . LW **1/1**,346,11 (**1/2**,229,8); 697,11; **3**,91,14; 94,1; 435,14; **5**,297,2; 328,1; 339,12

[97] Et hoc ipsum esse dependet ab utroque, scilicet a sciente et scito, proles et utriusque; in ipso tamquam 'carne una' cognoscens et cognitum unum sunt. Et hoc est quod Augustinus V De trinitate c. 12 sic ait: »omnis res, quamcumque cognoscimus, congenerat in nobis notitiam sui. Ab utroque enim notitia paritur, a cognoscente et cognito«. Et hoc est quod hic parabolice dicitur: erunt duo in carne una, cognoscens et cognitum, activum et passivum, potentia et actus in uno esse, proles utriusque. – [98] Sic enim videmus quod in homine convertente faciem suam directe ad visibile formatur in oculo species quasi proles obiecti visibilis et visus, in qua homo videt et cognoscit visibile. Et hoc est quod Augustinus dicit IX l. De trinitate c. 11: »omnis res, quamcumque cognoscimus, congenerat in nobis notitiam sui. Ab utroque enim notitia paritur, a cognoscente et cognito«. Verba sunt Augustini. – [99] Unde Augustinus IX l. De trinitate c. 12 sic ait: »liquido tenendum est quod omnis res, quamcumque cognoscimus, congenerat in nobis notitiam sui.« Hoc Augustinus. Tolle ergo videre oculo, tollis videri obiecto. Et e converso: tolle videri obiecto, tollis videre oculo. Videre et videri unum sunt, idem, id est: simul incipiunt, stant, cadunt et resurgunt, simul oriuntur et moriuntur. Nec natura nec intellectus nec deus ista separare potest. – [100] Quarto notandum consequenter ex dictis quod obiectum, cognitum scilicet, gignit se ipsum vel speciem suam et parit in potentia cognoscente, et species genita est proles una communis obiecto cognito et potentiae cognoscenti, ut dictum est supra ex Augustino IX De trinitate. – [101] Secundum exemplum est directius ad propositum de visibili et vidente, potentia <et> obiecto. Constat enim, sicut et Augustinus IX l. De trinitate c. 3 dicit »quod omnis res quamcumque cognoscimus, congenerat in nobis notitiam sui. Ab utroque enim notitia paritur, a cognoscente et cognito«. Haec Augustinus. – [102] Ad secundum cum dicitur: »Generosus homo non est contentus« etc. Error est sicut sonat, nisi forsan velit dicere, sicut Augustinus De trinitate l. IX c. 12, quod a cognito et cognoscente fit proles quaedam communis cognoscenti et cognito, sicut etiam apparet de visibili et visu et universaliter de sensibili et sensu in actu, ut ait philosophus. – [103] Dicendum quod hoc verum est, secundum quod docet Augustinus De trinitate l. IX c. 12 de prole genita a cognoscibili et cognoscente. Et apostolus dicit: 'tunc cognoscam, sicut et cognitus sum', Cor. 13. – [104] Solutio. Dixi hoc quod Augustinus dicit libro De trinitate IX c. 12 quod inter rem cognitam et cognoscentem generatur proles communis utrique.

105 IX c. 12 n. 18/310,75-80 . . . . LW 4,427,9

Adhuc autem sexto patet quod filius, utpote similitudo perfecta, spirat amorem, spiritum sanctum, qui et ipse utique increatus, utpote manens in imagine et haec in illo, ut docet Augustinus IX de trinitate c. <10>.

106 X c. 1 n. 1-2/311,1-314,91. . . . . LW 4,429,6

Nota: »nihil amatur nisi cognitum«. Et quia deus appetit et vult a nobis et pro nobis diligi et amari, necessaria nostrae animae dei scientia et notitia.

107 X c. 10 n. 13/326,10-327,15 . . . . LW **1/1**,544,8

Ex praemissis patet etiam quinta ratio, quod intellectus sit praestantior quam voluntas. Omne enim vivum praestantius est omni non vivo. Sed intellectus ex sui ratione vivus est, non autem voluntas. Igitur etc. Maior autem patet, et ipsam scribit Augustinus. Minor probatur: vivum enim est – quod distinguitur a non vivo – quod habet ex se ipso et in se ipso et ab intra motum, non ab alio extra.

108-109 X c. 11 n. 18/330,29-331,63 . . . . .LW 4,302,7; DW 1,230,6

[108] Nota quod haec tria, primum, dives, per se, videntur se mutuo includere, sicut Augustinus docet de memoria, intellectiva et voluntate. – [109] De myster inde de heylgen sprechent gemeynlichen, dat de sele haue dri creften, dar an sy gelich sy der dryueildicheit. De eirsten craft is gehochnysse, de ment eyne heymeliche, verborgen konst; de *nennet* den vader. De ander craft heyscht inteligencia, dat is eyne intgegenwordicheit, eyn bekennen, eyne wysheit. Dey dirde crafte de heysset wylle, eyn vloit des heylgen geistes, hey by in wylen wir neit bleuen, want it in is neyt nuwe materie.

110-111 X c. 12 n. 19/332,6-12. . . . . LW 2,255,5; 429,3

[110] Intus igitur etiam in dormiente vigilat iustitia, Cant. 5: 'ego dormio, et cor meum vigilat'. Propter quod signanter dicitur: 'iustus ex fide vivit'. Augustinus docet quod in abdito mentis potentiae animae semper sunt in actibus suis. – [111] Ad hoc facit quod Plato probat animam eo esse immortalem, quo capax est et subiectum sapientiae. Et concordat Augustinus libro De immortalitate animae; item quod ipse Augustinus docet quod in abdito mentis semper lucet, quamvis lateat, lumen divinum. Hoc est igitur quod hic dicitur: 'inexstinguibile est lumen illius'.

112 XI c. 2 n. 2/334,12-335,18. . . . . .LW 2,253,2

Et hoc est aperte quod Augustinus dicit XI De trinitate c. 2, quod species visibilis in visu vel oculo proles concepta a visibili est ipsa visio.

113 XI c. 2 n. 5/339,141-148 . . . . LW 1/1,430,7 (=1/2,314,20)

Ad hoc facit quod Augustinus XI De trinitate c. 2 dicit quod »amor aut cupiditas aut libido corpus animantis vehementer afficit et, ubi non resistit pigrior duriorque materies, in similem speciem coloremque commutat. Licet videre corpusculum chamaeleontis ad colores quos videt facillima conversione variari. Aliorum autem animalium, quia non est ad conversionem facilis corpulentia, fetus plerumque produnt libidines matrum, quid cum magna delectatione prospexerint«.

114 XI c. 5 n. 8/344,25-41 . . . . .LW 4,422,10

'Primogenitus omnis creaturae', id est propositus omni creaturae ut exemplar, cui se assimilet, sicut pictor imaginem proponit discipulo, cui similem operetur. Unde similitudo secundum Augustinum est in omni creatura, imago vero solum in intellectuali. Vel 'primogenitus' etc. ante omne creatum.

115 XII c. 3-13/357,1sqq. . . . . LW 1/1,605,9

Rursus autem, sicut in corporalibus in generatione sub eadem specie est invenire duo, scilicet formam et materiam, activum et passivum, sic intellectuale in nobis distinguitur in superius et inferius, quae Avicenna vocat duas facies animae. Augustinus vero vocat ista rationem superiorem et rationem inferiorem.

116-117 XII c. 3 n. 3/357,1-358,20 . . . . LW 1/1,601,9; DW 2,211,13

[116] Hoc tamen ad praesens sufficiat, quod Augustinus XII De trinitate per ser-

pentem exponit moraliter sensitivum nobis commune cum pecoribus, per mulierem rationale intendens exterioribus, per virum autem rationale superius subhaerens deo. De peccatis autem et ipsorum punitione docet specialiter ibidem c. 8 et 9. – [117] Daz vünkelîn der vernünfticheit, daz ist daz houbet in der sêle, daz heizet der 'man' der sêle und ist als vil als ein vünkelîn götlîcher natûre, ein götlich lieht, ein zein und ein îngedrücket bilde götlîcher natûre.

118 XII c. 3 n. 3/357,8; 358,13-20 . . . . LW **1/1**,594,2

Et sicut »dictum est de« Adam et Eva: »'erunt duo in carne una', sic de« ratione superiore et inferiore »dici potest«: erunt »duo in mente una«. Distinctio enim haec non pertingit »ad unitatis divortium«, sed ad »coniugium« et »in auxilium societatis quasi derivatum«.

119 XII c. 3 n. 3/358,19-20 . . . . LW **1/1**,594,1

Et sicut »dictum est de« Adam et Eva: »'erunt duo in carne una', sic de« ratione superiore et inferiore »dici potest«: erunt »duo in mente una«.

120 XII c. 4 n. 4/358,14 . . . . LW **1/1**,595,2

His praemissis dicit Augustinus quod »una imago est tota illa« mentis »substantia«. Sed »ex qua parte conspectam contulit veritatem, imago dei est«; et »quantumcumque se extenderit in id quod aeternum est, tanto magis inde formatur 'ad imaginem dei', et« »non est cohibenda, ut se inde« »temperet«. »Ex qua vero« parte mens ipsa »quadam intentione derivatur ad actionem rerum temporalium« gubernandam et dirigendam, »etiamsi trinitas possit inveniri, non tamen imago dei«.

121 XII c. 7 n. 9/363,1-364,13 . . . . LW **1/1**,595,4

Propter quod »periculosa est nimia in inferiora progressio« et ideo »cohibenda«. Haec autem dicit Augustinus significata 1 Cor. 11, ubi dicitur quod 'vir caput est mulieris, viri caput Christus'; et infra: 'vir non debet velare caput suum, quoniam imago et gloria est dei', sed 'mulier debet velamen habere super caput'; 'verumtamen neque vir sine muliere, neque mulier sine viro in domino'.

122-123 XII c. 7 n. 10/364,14-365,48 . . . . LW **1/1**,506,9; DW **2**,218,2

[122] Octavo: 'caelum' et 'terra' est ratio et sensitivum in homine, de quo notavi infra super tertio capitulo de serpente, Eva et Adam. Vel dic quod 'caelum' et 'terra' est ratio superior et ratio inferior in uno homine, de quo Augustinus De trinitate l. XII c. 7 et 8 et l. XIII c. 1. – [123] Sant Augustînus sprichet – und mit im ein ander, heidenischer meister – von zwein antlützen der sêle. Daz ein ist gekêret in dise werlt und ze dem lîbe; in dem würket si tugent und kunst und heilic leben. Daz ander antlütze ist gekêret die rihte in got.

124-125 XII c. 7 n. 10/364,27-365,34 . . . . LW **1/1**,594,10; DW **5**,113,25

[124] His praemissis dicit Augustinus quod »una imago est tota illa« mentis »substantia«. Sed »ex qua parte conspectam contulit veritatem, imago dei est«; et »quantumcumque se extenderit in id quod aeternum est, tanto magis inde formatur 'ad imaginem dei', et« »non est cohibenda, ut se inde« »temperet«. »Ex qua vero« parte mens ipsa »quadam intentione derivatur ad actionem rerum temporalium« gubernandam et dirigendam, »etiamsi trinitas possit inveniri, non tamen imago dei«. – [125] Sant Augustînus sprichet: sô des menschen sêle sich zemâle ûfkêret in die êwicheit in got

aleine, sô schînet und liuhtet daz bilde gotes; swenne aber diu sêle sich kêret ûzwert, joch in die tugende ûzerlîcher üebunge, sô wirt alzemâle diz bilde bedecket.

126 XII c. 7 n. 10/365,41-44 .... LW **1/1**,595,3

Propter quod »periculosa est nimia in inferiora progressio« et ideo »cohibenda«. Haec autem dicit Augustinus significata 1 Cor. 11, ubi dicitur quod 'vir caput est mulieris, viri caput Christus'; et infra: 'vir non debet velare caput suum, quoniam imago et gloria est dei', sed 'mulier debet velamen habere super caput'; 'verumtamen neque vir sine muliere, neque mulier sine viro in domino'.

127 XII c. 7 n. 10/365,45-46 .... DW **5**,417,7

Den selben sin rüeret Augustînus in dem zwelften buoche von der drîvalticheit in dem vierden capitel und sprichet alsô: »Nam deus non ad tempus videt, nec aliquid fit novi in eius visione«, »got ensihet niht nâch zîtlîcher wîse und enstât ouch kein niuwe gesiht in im ûf«.

128 XII c. 7 n. 11/365,59 .... LW **5**,350,5

Docet de hoc Origenes pulchre et manifeste in glossa super illo: 'inventa est coniuratio', Ier. 11, et Augustinus < > libro capitulo : »in quantum aeternum aliquod mente concipimus, iam non in hoc mundo sumus« et libro capitulo dicit quod »opera bona« in deo facta »filii sunt«, partus et proles sunt animae sanctae.

129 XII c. 7 n. 11/365,59-60 .... LW **1/1**,663,1

Augustinus etiam XII De trinitate c. 7 dicit: »opera bona tamquam filii sunt vitae nostrae«.

130 XII c. 8 n. 13/368,1-18 .... LW **1/1**,506,9

Cf. n. 122.

131 XII c. 8-11/368,1-371,37 .... LW **1/1**,602,1

Hoc tamen ad praesens sufficiat, quod Augustinus XII De trinitate per serpentem exponit moraliter sensitivum nobis commune cum pecoribus, per mulierem rationale intendens exterioribus, per virum autem rationale superius subhaerens deo. De peccatis autem et ipsorum punitione docet specialiter ibidem c. 8 et 9.

132 XII c. 12 n. 17/371,1-372,23 .... LW **1/1**,330,9 (=**1/2**,214,13)

De serpente autem et temptatione primorum parentum et ipsorum peccato actis in paradiso tractat idem Augustinus De trinitate l. XII, et de hoc notabo infra mox super tertio capitulo.

133 XII c. 12 n. 17-18/371,1-373,56 .... LW **2**,175,9

Et per hoc solvitur quaestio, quae circa hoc moveri solet, pluribus scrupolosa et dubia. Solvitur etiam contrarietas, quae videtur esse circa hoc in verbis Augustini XII De trinitate c. 12. Videtur enim Augustinus ibidem sentire quod peccatum non sit mortale, quamdiu vir sive ratio non decernit opus extra, si assit facultas perpetrandi. Aliquando autem videtur sentire quod vir ipse sive ratio simul comedit cum muliere vetitum et peccat homo mortaliter, quotiens consentit etiam delectationi, quae est in cogitatione.

134 XII c. 13 n. 20/373,1-374,24 .... LW **1/1**,593,11

Nam, sicut Augustinus docet XII De trinitate diffuse et pulchre, specialiter c. 7, per costam Adae figuratur ratio superior animae, per mulierem vero inde formatam significatur ratio inferior. Et sicut »dictum est de« Adam et Eva: »'erunt duo in carne una', sic de« ratione superiore et inferiore »dici potest«: erunt »duo in mente una«. Distinctio enim haec non pertingit »ad unitatis divortium«, sed ad »coniugium« et »in auxilium societatis quasi derivatum«.

135 XII c. 13 n. 20/373,10-374,15 .... LW **1/1**,601,9

Hoc tamen ad praesens sufficiat, quod Augustinus XII De trinitate per serpentem exponit moraliter sensitivum nobis commune cum pecoribus, per mulierem rationale intendens exterioribus, per virum autem rationale superius subhaerens deo. De peccatis autem et ipsorum punitione docet specialiter ibidem c. 8 et 9.

136 XII c. 14-15 n. 21-25/374,1-380,68 .... LW **3**,72,7

Posset etiam satis convenienter dici quod 'lux hominum' accipitur pro ratione inferiori, quae per mulierem caput habentem velatum intelligitur, Cor. 11. Vir autem non habens caput velatum, et est imago dei, ratio superior, accipitur per tenebras cum dicitur: 'lux in tenebris lucet.'
De hac duplici ratione et earum proprietate docet Augustinus specialiter De trinitate l. XII c. 14, c. 15 et tribus libris sequentibus in pluribus locis.

137 XIII c. 1 n. 1-4/381,1-385,145 .... LW **3**,72,7

Cf. n. 136.

138 XIII c. 1 n. 2-4/381,8-385,145 .... LW **1/1**,506,9

Cf. n. 122.

139-140 XIII c. 3 n. 6/388,43-389,49 .... LW **4**,325,5; DW **2**,361,1

[139] Nota: tantum bonum est honor apud homines, ut, sicut narrat Augustinus, Ennius, inter antiquos famosus, hoc solum esse <dixerit> quod omnes volunt. – [140] Nû sprichet ein meister: alle liute begernt gelobet ze sînne.

141 XIII c. 3 n. 6/389,52-53 .... LW **4**,359,5

Nunc autem omnes volunt beati esse, secundum Augustinum De trinitate et X Confessionum.

142 XIII c. 3 n. 6/389,52-53 .... DW **2**,360,6

Nû sprichet unser herre: 'sælic dû bist!' Alle liute begernt sælicheit.

143 XIII c. 3 n. 6/389,52-56 .... LW **2**,262,2

Notandum autem quod invitans emptores ait: 'transite ad me omnes'. Augustinus docet non esse quippiam quod omnes velint, praeterquam esse beatum sive habere deum.

144 XIII c. 4 n. 7/389,1-390,19 .... LW **4**,429,6

Nota: »nihil amatur nisi cognitum«. Et quia deus appetit et vult a nobis et pro nobis diligi et amari, necessaria nostrae animae dei scientia et notitia.

145 XIII c. 5 n. 3/383,78-80 . . . . LW **4**,289,4

Idem De trinitate XIII c. 5: »rerum absentium praesens est fides, rerum quae foris sunt intus est fides, rerum quae non videntur videtur fides«.

146 XIII c. 5 n. 7seq./389,1seq. . . . . LW **3**,522,3

Isti consonat quod Augustinus De trinitate l. XIII c. 5 ex sententiis Ciceronis concludit non esse beatum qui vivit, ut vult, et habet, quod vult, nisi nihil mali velit, quin immo qui malum vult, tanto infelicior est quanto plus vivit, ut vult, et habet, quod vult.

147 XIII c. 5 n. 8/393,37-38 . . . . LW **3**,522,3

Cf. n. 146.

148 XIII c. 7 n. 10/394,1-11 . . . . LW **2**,262,2

Notandum autem quod invitans emptores ait: 'transite ad me omnes'. Augustinus docet non esse quippiam quod omnes velint, praeterquam esse beatum sive habere deum.

149 XIII c. 7 n. 10/394,13-14 . . . . LW **4**,81,1

Augustinus: »quod omnino felicissimum est, semper sic esse certum erit«.

150-151 XIII c. 8 n. 11/396,1 . . . . LW **4**,359,5; DW **2**,360,6

[150] Nunc autem omnes volunt beati esse, secundum Augustinum De trinitate et X Confessionum. – [151] Nû sprichet unser herre: 'sælic dû bist!' Alle liute begernt sælicheit.

152 XIII c. 19 n. 24/415,1-417,65 . . . . LW **3**,72,7

Cf. n. 136.

153-154 XIII c. 19 n. 24/416,32-33 . . . . LW **2**,269,9; **3**,240,15

[153] Unde etiam »in rebus per tempus ortis illa summa gratia est quod homo in unitate personae coniunctus est deo«, ut ait Augustinus XIII De trinitate c. 19. – [154] Augustinus De trinitate l. XIII c. 14 de his nuptiis ait: »in rebus per tempus ortis illa summa gratia est quod homo in unitate personae coniunctus est deo«, secundum illud supra primo: 'gratia et veritas per Iesum Christum facta est'.

155-156 XIII c. 20 n. 25/417,1. 4-5 . . . . LW **4**,359,5; DW **2**,360,6

[155] Nunc autem omnes volunt beati esse, secundum Augustinum De trinitate et X Confessionum. – [156] Nû sprichet unser herre: 'sælic dû bist!' Alle liute begernt sælicheit.

157 XIV c. 1 n. 1-3/421,1-424,80 . . . . LW **3**,72,7

Cf. n. 136.

158 XIV c. 4 n. 6/429,25-27 . . . . LW **1/1**,271,9 (=**1/2**,155,17)

Et Augustinus dicit quod anima »eo imago dei est, quo capax dei« est, capax perfectionum substantialium propriarum divinae substantiae, puta sapientiae, providentiae, gubernationis et presidentiae seu dominii super omnia, quae citra hominem et intellectum sunt. Hoc est ergo quod hic dicitur: 'faciamus hominem ad imaginem et similitudinem nostram'.

159-162 XIV c. 7 n. 9/433,19-434,26 LW **2**,255,5; 429,3; **3**,593,3: DW **1**,418,10

[159] Intus igitur etiam in dormiente vigilat iustitia, Cant. 5: 'ego dormio, et cor meum vigilat'. Propter quod signanter dicitur: 'iustus ex fide vivit'. Augustinus docet quod in abdito mentis potentiae animae semper sunt in actibus suis. – [160] Ad hoc facit quod Plato probat animam eo esse immortalem, quo capax est et subiectum sapientiae. Et concordat Augustinus libro De immortalitate animae; item quod ipse Augustinus docet quod in abdito mentis semper lucet, quamvis lateat, lumen divinum. Hoc est igitur quod hic dicitur: 'inexstinguibile est lumen illius'. – [161] Dicitur autem vita aeterna, quia secundum Augustinum De trinitate in abdito mentis anima semper meminit, semper intelligit, semper amat, et in libro De immortalitate animae dicit quod ex adhaesione rationis superioris, supremi scilicet et intimi animae, <cum regulis aeternis> sortitur et accipit anima humana suam immortalitatem. – [162] Ein meister sprichet, daz diz gote sô gegenwertic sî, daz ez sich niemer von gote gekêren müge und im got alzît gegenwertic und inne sî.

163-165 XIV c. 8 n. 11/435,1-436,13 ...... LW **4**,397,12; 422,10; DW **2**,325,12

[163] 'In vobis opus bonum'. Nota quomodo secundum Augustinum aliquid intimum nobis, scilicet animae, est, ubi nihil intrat corporale aut figuram habens corporis, quod soli deo dicatum est. – [164] 'Primogenitus omnis creaturae', id est propositus omni creaturae ut exemplar, cui se assimilet, sicut pictor imaginem proponit discipulo, cui similem operetur. Unde similitudo secundum Augustinum est in omni creatura, imago vero solum in intellectuali. Vel 'primogenitus' etc. ante omne creatum. – [165] Dar umbe sprichet ein meister: ez ist neizwaz gar heimlîches, daz dar über ist, daz ist daz houbet der sêle. Dâ geschihet diu rehte einunge zwischen gote und der sêle.

166 XIV c. 8 n. 11/436,5-7............................ LW **4**,421,8

Nota duo: primo quo 'imago' secundum Augustinum ibi quaerenda est, ubi anima vere lux est, non exstincta ex contagione ad corpus; item ubi nihil habens 'figuram huius mundi' admittitur; item ubi superius in anima, ubi vertex animae nectitur lumini angelico.

167-173 XIV c. 8 n. 11/436,11 .... LW **1/1**,271,9 (=**1/2**,155,17); **2**,428,8;
.... 593,7; **3**,532,12; **4**,6,1; 217,16; 242,1

[167] Et Augustinus dicit quod anima »eo imago dei est, quo capax dei« est, capax perfectionum substantialium propriarum divinae substantiae, puta sapientiae, providentiae, gubernationis et presidentiae seu dominii super omnia, quae citra hominem et intellectum sunt. Hoc est ergo quod hic dicitur: 'faciamus hominem ad imaginem et similitudinem nostram'. – [168] »Eo enim imago est, quo dei capax est«, ut ait Augustinus. Patet igitur ratio, quare lumen sapientiae hoc ipso est inexstinguibile, quo in intellectu recipitur. – [169] Notanda sunt sex ex quorum quolibet possunt verba praemissa exponi. Primum est quod Plato probat animam immortalem ex eo quod erat susceptiva et subiectum sapientiae immortalis, et Augustinus dicit quod anima »eo imago dei est, quo capax est eius«. Et hoc est quod hic dicitur: *nosse te* et

sequitur: *radix est immortalitatis*. – [170] Ut enim ait philosophus »anima quodammodo est omnia«, et »eo imago dei est quo capax dei est«, ut ait Augustinus. – [171] »Eo autem imago est, quo capax dei est«, deum suscipit in se. – [172] Eo enim domus dei quo capit deum, »eo autem capax dei est quo imago est dei«. – [173] Unde Augustinus dicit quod anima eo quod imago dei est capax.

174 XIV c. 12 n. 15/442,1-443,9 . . . . LW **1/1**,271,9 (=**1/2**,155,17)

Et Augustinus dicit quod anima »eo imago dei est, quo capax dei« est, capax perfectionum substantialium propriarum divinae substantiae, puta sapientiae, providentiae, gubernationis et presidentiae seu dominii super omnia, quae citra hominem et intellectum sunt. Hoc est ergo quod hic dicitur: 'faciamus hominem ad imaginem et similitudinem nostram'.

175 XIV c. 12 n. 15/442,1-443,22 . . . . .LW **5**,297,6

Et imago in nobis perfectior est, cum anima deum cognoscit, cogitat et amat, quam dum se ipsam cogitat et amat, ut vult Augustinus et doctores.

176 XIV c. 12 n. 16/444,31-34. . . . . .LW **2**,372,10

Praemissis consonat illud Augustini XIV De trinitate c. 12: in deo etiam »secundum corpus 'vivimus, movemur et sumus'« – nam quod non est in ipso, non est, quia 'ex ipso' 'et in ipso sunt omnia' – »secundum mentem« vero »excellentiore quodam non visibili sed intelligibili modo«.

177-182 XIV c. 12 n. 16/444,41-44. . . . . LW **2**,372,13; **3**,439,6;
. . . . : **4**,169,7; 280,11; DW **4**,132,66; 276,45

[177] Et infra: »magna hominis miseria est cum illo non esse, sine quo non potest esse. In quo enim est, procul dubio sine ipso non est«. Et hoc est quod infra quinto dicitur de iustis: 'cogitatio eorum apud altissimum'. – [178] Unde Augustinus De trinitate l. XIV c. 12 ait: qui dei »non meminit, eumque non intelligit nec diligit, cum eo non est«; et probat per illud Psalmi: 'convertantur in infernum omnes gentes quae obliviscuntur deum'. – [179] Idem XIV De trinitate c. 12 in fine: »magna hominis miseria est cum illo non esse, sine quo non potest <esse>. In quo enim est, procul dubio sine illo non est, et tamen si eius non meminit eumque non intelligit neque diligit, cum illo non est«. – [180] Unde Augustinus XIV De trinitate c. 12 in fine: »magna miseria hominis est cum illo non esse, sine quo non potest esse. In quo enim est, procul dubio sine illo non est. Et tamen, si eius non meminit eumque non intelligit neque diligit, cum illo non est«. – [181] Sant Augustînus sprichet: ez ist ein grôz tôrheit, daz diu sêle âne den ist, der allenthalben ist, und daz si mit dem niht enist, âne den si niht wesen enmac, daz si den niht enminnet, âne den si niht geminnen enmac. – [182] Waz tôrheit ist daz, daz man bî dem niht sîn enwil, âne den man niht sîn enmac!

183-185 XIV c. 14 n. 18/445,5-7. . . . . LW **2**,255,5; 429,3; DW **1**,418,10

[183] Intus igitur etiam in dormiente vigilat iustitia, Cant. 5: 'ego dormio, et cor meum vigilat'. Propter quod signanter dicitur: 'iustus ex fide vivit'. Augustinus docet quod in abdito mentis potentiae animae semper sunt in actibus suis. – [184] Ad hoc facit quod Plato probat animam eo esse immortalem, quo capax est et subiectum sapientiae. Et concordat Augustinus libro De immortalitate animae; item quod ipse Augustinus docet quod in abdito mentis semper lucet, quamvis lateat, lumen divi-

num. Hoc est igitur quod hic dicitur: 'inexstinguibile est lumen illius'. – [185] Ein meister sprichet, daz diz gote sô gegenwertic sî, daz ez sich niemer von gote gekêren müge und im got alzît gegenwertic und inne sî.

186-187 XIV c. 14 n. 18/445,12-13. . . . . LW 3,638,11; 4,274,9

[186] Nam ipse quem amat amor est, ut dicit Gregorius. Augustinus IV De trinitate c. 14 ait: »qui diligere se novit, deum diligit«. Vult dicere, quia deus dilectio est. – [187] Dilige 'proximum tuum sicut te ipsum' diligis, non quomodo te ipsum odis. Augustinus XIV De trinitate c. 14: »qui diligere se novit, deum diligit. Qui vero non diligit deum, etiam se non diligit, quod ei naturaliter inditum est. Unde non inconvenienter odisse se dicitur, cum id agit, quod sibi adversatur, et se ipsum tamquam inimicus suus insequitur«.

188-189 XIV c. 14 n. 18/446,26-31. . . . . LW 3,633,1; 4,274,12

[188] Secundum principale est quod ait: 'diligis me'? Augustinus De trinitate l. XIV c. 14: »cum deum diligit mens recte, illi de proximo suo praecipitur, ut eum sicut se ipsum diligat. Iam enim se non perverse, sed recte diligit, cum deum diligit«. – [189] »cum autem deum diligit mens«, »recte illi de proximo suo praecipitur, ut eum sicut se ipsum diligat. Iam <enim se> non perverse, sed recte diligit, cum deum diligit, cuius participatione imago illa non solum est, verum etiam ex vetustate renovatur, ex difformitate reformatur, ex infelicitate beatificatur«.

190 XIV c. 16 n. 22/452,17. 18. 24-26. 28-29. 32-34 . . . . LW 3,320,4

Quantum ad primum quod dicitur 'spiritus est deus' notandum primo quod secundum Augustinum XIV De trinitate c. 16 et Super Genesim l. XXII spiritus quinque modis accipitur. »Est enim spiritus deus«, ut hic dicitur. Item est »spiritus in homine« qui pertinet ad visionem imaginariam, quasi mediam inter visionem corporalem et intellectualem. Tertio »dicitur spiritus anima hominis, ut Ioh. 19: 'inclinato capitum tradidit spiritum'«. Quarto »dicitur spiritus pecoris«, »Eccl. 3c: 'quis scit si spiritus filiorum hominum'« etc., in eo quod sequitur. Quinto dicitur spiritus »ventus corporalis, in Psalmo: 'glacies et spiritus procellarum'«. Proprie tamen per se et principaliter accipitur spiritus pro deo, ut hic dicitur: 'spiritus est deus'.

191 XIV c. 19 n. 25-26/456,1-459,68. . . . . LW 3,72,7

Cf. n. 136.

192 XV c. 2 n. 2/460,1-462,32 . . . . LW 2,288,4

Augustinus IX De trinitate c. 1, magis autem l. XV c. 2 tractat illud Psalmi: 'laetetur cor quaerentium dominum', et iterum: 'quaerite faciem eius semper', et ibi exponit quod hic dicitur: 'qui edunt me, adhuc esuriunt'.

193 XV c. 5-9 n. 7-16/468,1-483,66. . . . . LW 3,72,7

Cf. n. 136.

194 XV c. 7 n. 13/478,112-479,122 . . . . LW 2,250,8

Ubi Augustinus dicit quod hoc solum novit deus quod invenit et lucet in regulis aeternis incommutabilis veritatis. Sic enim et in nobis: nihil scimus specie hominis, nisi quod lucet et est in ipsa specie.

195 XV c. 10 n. 17/483,11-12 . . . . LW 4,183,10

Unde Ioh. 8: 'quare loquelam meam non cognoscitis?' Animus perverse iudicans ipse est origo falsitatis, Augustinus De vera religione c. 58. Idem XV De trinitate c. 10: »falsa nemo novit, nisi cum falsa esse noverit«.

196 XV c. 13 n. 22/495,27-37 . . . . LW 4,394,10

Secundo, quia deus et ipse videt et facit alios videre et aliud visibile. Deus enim non videt sicut nos intus suscipiendo, sed extra mittendo. Videndo enim efficit et efficiendo facit alios videre. Augustinus: mundus iste non esset, nisi deo notus fuisset. Nobis autem e contrario notus non esset, nisi prius fuisset.

197 XV c. 15 n. 25/499,58-59 . . . . LW 3,85,7

Nam et ipsa potestas recipiendi eum ab illo est, sicut Augustinus de materia prima dicit quod ipsa sua capacitas a deo est, Confessionum l. XII, et De trinitate l. XV c. 15 dicit ipsam possibilitatem cogitandi verbum iam vocandam esse verbum.

198 XV c. 16 n. 26/501,26-28 . . . . LW 4,83,10

Unde secundum beatum Augustinum in beatis non sunt cogitationes volubiles. Non ergo amat aut quomodolibet plus amat deum propter sapientiam aut aeternitatem, sed ista amat, quia sunt deus; nihil aliud prorsus in istis. Ratio, quia omnia habet in illo, illud est ipsi omnia.

199 XV c. 18 n. 32/507,1-3 . . . . LW 4,338,1

De secundo Cant. 8: 'si dederit homo omnem substantiam suam pro dilectione' etc.; 'fortis est enim ut mors dilectio' etc. Iterum patet eius nobilitas eo quod sit primum donum, in quo et per quod dantur omnia, excellentius inter dona dei, ut dicit Augustinus, dividens inter filios dei et filios diaboli.

200 XV c. 19 n. 37/513,133-136 . . . . LW 4,26,7

Unde Ioh. 4: 'deus caritas est', 'deus', inquam, spiritus sanctus, 'caritas est', secundum Augustinum, et sic 'qui manet in caritate', id est in spiritu sancto, 'in deo manet, et deus in eo'.

ALESSANDRO PALAZZO

"Ez sprichet gar ein hôher meister": Eckhart e Avicenna

Introduzione

Anche se il nome di Avicenna ricorre con una certa frequenza negli scritti di Eckhart, fino ad oggi il rapporto tra questi due autori non sembra aver attratto più di tanto l'interesse degli studiosi. Indubbiamente l'analisi di singole opere o temi eckhartiani ha costretto a fare i conti con l'influenza del filosofo persiano – è il caso del commento di Loris Sturlese alla predica tedesca n. 17 ("*Qui odit animam suam in hoc mundo etc.*")[1] che contiene parecchie citazioni di Avicenna e sulla quale ritornerò nel corso di questo contributo –, tuttavia, se si eccettua un saggio di Carlos Ruta[2], non si segnalano contributi sulla recezione di temi specifici del pensiero avicenniano in Eckhart[3]. Manca inoltre uno studio complessivo e sistematico che dia conto tanto dell'assimilazione e rielaborazione di dottrine avicenniane da parte di Eckhart quanto delle sue, poche, critiche al pensiero avicenniano. Il recente volume di Kurt Flasch sulle fonti arabe della cosiddetta mistica tedesca è il primo tentativo fatto in questa direzione[4]. Lo studioso tedesco ha il merito di delineare quattro grandi

1 Loris STURLESE, *Seele und intellektueller Seelengrund auf Deutsch und Latein. Eine Lektüre von Pred. 17 Quint*, in: Loris STURLESE, *Homo divinus. Philosophische Projekte in Deutschland zwischen Meister Eckhart und Heinrich Seuse*, Stuttgart 2007, pp. 61-77 (apparso per la prima volta in: LE, I, pp. 75-96).

2 Carlos RUTA, *"Mundus intellectualis". El aporte de Avicenna al estudo del concepto de verdad en Meister Eckhart*, in: *A Recepcâo do pensamento Greco-Romano ärabe e Judaico peio Occidente Medieval*, ed. Luis Alberto DE BONI, Roberto HOFMEISTER PICH, Porto Alegre 2004, pp. 617-636, specialmente pp. 625-636.

3 Questa lacuna è fotografata dai più recenti cataloghi bibliografici. Oltre ai volumi di: *Medioevo Latino. Bollettino bibliografico della cultura europea da Boezio a Erasmo (secoli VI–XV)*, Niklaus LARGIER, *Bibliographie zu Meister Eckhart* (Dokimion, 9), Freiburg Schweiz 1989, che copre circa due secoli, 1800-1989; ID., *Recent Work on Meister Eckhart. Positions, Problems, New Perspectives, 1990-1997*, in: Recherches de Théologie et Philosophie médiévales, 65 (1998), pp. 147-167; Niklaus LARGIER, Georg STEER, Karl Heinz WITTE, Bibliographie, sito web della Meister-Eckhart-Gesellschaft, in: http://www.meister-eckhart-gesellschaft.de/Bibliogaphie.htm, che va dal 1997 fino ad oggi.

4 Kurt FLASCH, *Meister Eckhart. Die Geburt der «Deutschen Mystik» aus dem Geist der arabischen Philosophie*, München 2006, pp. 122-138 (per la relazione tra Eckhart ed Avicenna).

aree tematiche (l'ontologia generale, la filosofia della natura, la filosofia dell'anima e la teologia filosofica) e di individuare al loro interno singoli punti dottrinali ove l'*auctoritas* di Avicenna esercitò un rilevante influsso su Eckhart. Come Flasch stesso ammette, però, il volume non esaurisce la questione delle fonti arabe della mistica tedesca perché è circoscritto all'analisi delle sole "überprüfbare Zitate", e volutamente non tiene conto di "indirekte Beeinflussungen, stillschweigende Aneignungen e unvermeidliche terminologische Vorgaben"[5].

Lungi dal pretendere di essere esaustiva, la presente nota vuole offrire un contributo ulteriore alla chiarificazione dei rapporti tra Avicenna ed Eckhart e fornire, assieme al libro del Flasch, un'utile base di partenza per un futuro, più ampio e completo, studio nel quale si dovrà valutare analiticamente come e fino a che punto le dottrine avicenniane abbiano permeato e plasmato il pensiero di Eckhart. A questo scopo, questa nota si pone decisamente nella scia del libro del Flasch, di cui condivide l'imperativo metodico a partire dalle citazioni documentabili piuttosto che dalle idee generali: essa è pensata infatti come un commento all'elenco in forma tabellare delle citazioni avicenniane di Eckhart presentato alle pagine 97-111. È suddivisa in quattro parti: (I) nella prima le citazioni di Avicenna negli scritti eckhartiani vengono esaminate alla luce di alcuni criteri formali (numero, modalità di introduzione, lunghezza e letteralità); (II) nella seconda sono analizzati i temi ed i contesti di quelle citazioni; (III) nella terza vengono presentati due significativi nuclei di recezione di dottrine avicenniane – quelle relative alla conoscenza e alla profezia – da parte di Eckhart; (IV) nell'ultima parte viene esaminato un interessante passo contenuto nel trattato *Von abegescheidenheit*, che, come si vedrà, configura un caso interessante di citazione indiretta di Avicenna mediata da un luogo di Alberto il Grande.

I. Le citazioni avicenniane nelle opere di Eckhart. Elenchi e caratteristiche

Il numero delle citazioni fornisce una prima oggettiva misura dell'importanza di Avicenna per Eckhart. Le citazioni esplicite, ossia quelle esplicitamente attribuite ad Avicenna, ammontano a 102, tutte nelle opere latine eccetto una (*De an.* n. 33[6]). Se alle citazioni esplicite aggiungiamo quelle che nelle opere tedesche Eckhart ascrive ad un *meister* che è sicuramente Avicenna o a più *meister* tra i quali è anche il filosofo persiano, il totale delle citazioni avicenniane raggiunge la ragguardevole cifra di 122[7]. Le opere di Avicenna citate sono sette: *Liber de philosophia prima* (d'ora

[5] Kurt Flasch, *Meister Eckhart*, p. 137.

[6] Indico il passo secondo le sue coordinate nell'Index che segue l'articolo: la sigla *De an.* sta per *Liber de anima*. Per brevità, anche gli altri passi avicenniani citati da Eckhart saranno indicati con analoghe abbreviazioni.

[7] Dato che alcune di queste citazioni espongono una dottrina ricavabile da più passi

in poi *Metaph.*) il *Liber de anima* (*De an.*), il *Liber primus naturalium* o *Sufficientia* (*Suff.*), il *De animalibus* (*De animal.*), il *Liber Canonis* (*Canon*), la *Logyca* (*Log.*) e il *De diluviis* (*De dil.*). Di fatto, però, sono la *Metaph.* (68 LW+8 DW) e il *De an.* (18 LW+13 DW) a contribuire in maniera preponderante, fornendo complessivamente 107 citazioni; modesta la quota del *Suff.* (6 LW) e del *De animal.* (6 LW), che, insieme, coprono quasi il 10% dei casi.

Opere di Avicenna citate	LW	DW	Numero di citazioni
Metaph.	68	8	76
De an.	18	13	31
Suff.	6	0	6
De animal.	6	0	6
Canon	1	0	1
Log.	1	0	1
De dil.	1	0	1
Totale citazioni	101	21	122

Le citazioni introdotte con un esplicito riferimento ad Avicenna sono grosso modo equamente distribuite tra le maggiori opere latine di Eckhart, segno che Avicenna rappresenta un punto di riferimento costante durante la carriera del teologo domenicano. Il quadro diventerebbe ancora più omogeneo se si tenesse conto anche delle citazioni implicite: nel *Sermo Paschalis*, che è la prima opera conosciuta di Eckhart e risale al 1294, cioè al primo soggiorno parigino, sono infatti già presenti due citazioni implicite, una del *De an.* e l'altra del *De animal.* (cf. infra, p. 78).

delle opere di Avicenna, il numero dei luoghi effettivamente citati da Eckhart con l'esplicita menzione di Avicenna o per mezzo del titolo *meister* sale a 148. Per comodità, ho trascurato in questa nota tutte le citazioni implicite perché, sovrapponendosi a passi citati anche esplicitamente, non allargano il fronte della recezione di Avicenna negli scritti di Eckhart. Non ho tenuto conto, inoltre, delle citazioni esplicite indeterminate (attribuite a *quidam*, *aliqui*, ecc.) delle opere latine che, teoricamente, sarebbero equivalenti a quelle tedesche riferite ad un *meister*: in realtà, data la riluttanza di Eckhart a menzionare Avicenna nelle opere tedesche, l'appellativo *meister*, quando il *meister* in questione è Avicenna, segnala di fatto un riferimento al filosofo persiano molto meno indeterminato di quello espresso dai pronomi latini *aliqui*, *quidam*, ecc. Entrambi questi due gruppi di citazioni, però, andranno considerati all'interno di uno studio sistematico della fortuna di Avicenna in Eckhart.

Opere di Eckhart	Numero di citazioni
Expositio s. Evangelii secundum Iohannem	20
Sermones	19
Expositio Libri Sapientiae	17
Expositio Libri Exodi	12
Expositio Libri Genesis	12[8]
Liber parabolarum Genesis	11
Responsio ad articulos sibi impositos	4
Prologus generalis in Opus tripartitum	3
Prologus in Opus propositionum	1
Sermones et lectiones super Ecclesiastici	1
Quaestiones Parisienses	1
Von abegescheidenheit	1
Totale citazioni	102

Significativo è anche il dato relativo alla modalità di introduzione delle citazioni esplicite. Eckhart si limita a menzionare Avicenna, senza fornire le coordinate del passo a cui fa riferimento, 48 volte; cita esplicitamente il titolo dell'opera avicenniana in 11 casi; informa sul libro o sulla parte dell'opera avicenniana da cui cita 9 volte; fornisce precise coordinate del passo citato (titolo, libro o parte, e addirittura capitolo) in 34 circostanze.

	Nessuna indicazione	Titolo	Titolo e libro/parte	Titolo libro /parte e capitolo
Canon	1	0	0	0
De animal.	3	2	1	0
De an.	11	1	2	5
Metaph.	30	5	6	27
Log.	1	0	0	0
Suff.	2	3	0	1
De dil.	0	0	0	1
Totale citaz.	48	11	9	34

Poco meno di un terzo delle citazioni esplicite sono citazioni letterali (29 = *Metaph.* [22], *De an.* [5], *De animal.* [2][9]), la maggior parte delle quali lunghe più

[8] Una citazione (*De animal.* n. 4) ricorre solo nella recensio L (=Cod. Oxford, Bodleian Library, Laud misc. 222) dell'*Expositio Libri Genesis.*

[9] Considero letterali anche le citazioni costituite da più brani letterali, separati da commenti di Eckhart e/o il cui originario ordine nella fonte avicenniana è stato invertito.

di due righe e alcune molto più lunghe.

Il dato relativo alla letteralità e l'estrema precisione con cui Eckhart introduce una buona parte delle sue citazioni esplicite rivelano che egli ebbe accesso diretto alla *Metaph.*, al *De an.* e al *De animal.*

I riferimenti ad Avicenna contenuti nelle opere tedesche sono solo 21. Come già detto, ad eccezione di un solo caso (*De an.* n. 33), che esaminerò dettagliatamente in seguito, nelle opere tedesche Avicenna non è mai citato per nome, preferendo Eckhart qualificarlo con l'epiteto di *meister*.

Sempre ad eccezione del passo *De an.* n. 33, tutte le citazioni nelle opere tedesche sono presenti anche nelle opere latine. Coerentemente con la vaghezza dell'attribuzione, le citazioni tedesche sono generalmente poco letterali; talvolta accade che un passo avicenniano sia riportato fedelmente in latino, mentre in una forma libera in tedesco (*De an.* nn. 19, 30; *Metaph.* nn. 85, 87-89): l'unica eccezione è, da questo punto di vista, la citazione *Metaph.* n. 86 che, anche se non perfettamente letterale, è piuttosto fedele all'originale[10]:

Metaph. n. 86 = ECKHART, *Pred.* 17, DW I, pp. 288,7-289,2	AVICENNA, Metaph. IX 7, ed. VAN RIET, Louvain-Leiden 1980, p. 510,72-73[11]
Ein meister sprichet: der sêle natûre und natiurlichiu volkomenheit ist, daz si in ir werde ein vernünftigiu werlt, dâ got in sie gebildet hât aller dinge bilde	... sua perfectio animae rationalis est ut fiat saeculum intelligibile, et describatur in ea forma totius

La differenza di stile citatorio in latino ed in tedesco è una questione di estremo interesse e coinvolge problemi di ordine più generale, quali la cronologia relativa delle opere latine e tedesche, la possibile diversa funzione delle citazioni in quelle tedesche, la diversità del pubblico, etc. In quanto tale, la questione esorbita lo studio delle sole citazioni avicenniane e solo un esame approfondito di almeno tutte le citazioni filosofiche in tedesco potrebbe fornire risposte soddisfacenti.

[10] Loris STURLESE, *Seele und intellektueller Seelengrund*, p. 73, ha documentato la fedeltà della citazione tedesca in un'analoga sinossi e ha ipotizzato (p. 74) che la resa di "perfectio animae rationalis" con la formula "der sêle natûre und natiurlichiu volkomenheit" dipenda dal fatto che Eckhart, diversamente da Avicenna, sarebbe più interessato al principio essenziale fondante l'anima piuttosto che al suo processo di perfezionamento. La frase che segue immediatamente il passo sopra riportato (DW I, p. 298,2-5: "Swer dâ sprichet ... sint in gote") e che Sturlese include nella sua sinossi, non può essere considerata una citazione letterale, ma una libera rielaborazione di AVICENNA, *Liber de philosophia prima,* V-X, ed. Simone VAN RIET, Louvain-Leiden 1980, IX 7, p. 511,78-83.

[11] Il luogo avicenniano è citato letteralmente da Alberto due volte nelle opere latine: cf. *Metaph.* nn. 84, 90.

II. I contenuti e i contesti delle citazioni

L'indice che segue a questa nota evidenzia una certa costanza di Eckhart nel citare determinati passi e, quindi, specifiche dottrine di Avicenna. Il *De an.* è citato in riferimento all'innominabile *grunt* o essenza dell'anima (nn. 1-10), ai rapporti tra i sensi e l'intelletto (nn. 12-13, 18-19, 36-39), alle due *facies* o *antlütze* dell'anima (nn. 14-17), agli effetti corporei delle rappresentazioni dell'immaginazione (nn. 28-31), alla profezia (nn. 25-27, 32-33) e alla distinzione nell'uomo, ma non in Dio, tra l'atto del concepire e quello del produrre (nn. 34-35).

La *Metaph.* è invece citata in relazione alla distinzione tra *quo est* e *quod est* (*esse* ed *essentia*) nelle creature (nn. 4-8, 14-22), alle proprietà di Dio (essere incausato, necessità, identità di *quiditas* ed *anitas*, indefinibilità, ineffabilità, unicità, autosufficienza, perfezione, bontà: nn. 9, 26-39, 55-59), alla perfezione e desiderabilità dell'essere (nn. 40-53), al *dator formarum* (nn. 60-63, 72-76), alla creazione divina e al ruolo della prima intelligenza (nn. 66-71) e alla perfezione dell'anima razionale (nn. 82-93).

La lettura eckhartiana delle opere di Avicenna fu pertanto selettiva e orientata ad alcuni ben definiti nuclei tematici; ad Eckhart non interessava tutto Avicenna, ma solo ciò che di Avicenna era funzionale al suo discorso e poteva dare un effettivo contributo al suo pensiero. Questo significa che le citazioni avicenniane sono un indicatore importante perché segnalano quasi sempre un'effettiva adesione di Eckhart alle dottrine avicenniane; l'unica vera eccezione a questa regola è data dai passi (*Metaph.* nn. 66-71) che tramandano la dottrina dell'emanazione mediante l'intelligenza prima, criticata perché secondo Eckhart avrebbe messo in pericolo l'esclusiva prerogativa divina di dare l'essere alle creature[12].

Un altro elemento caratteristico della recezione eckhartiana di Avicenna, coerente con l'approccio funzionale appena descritto, è il fatto che Eckhart associ determinati passi avicenniani tra loro o ad altre fonti, creando costellazioni compatte di *auctoritates* su alcuni temi specifici. Un esame dei contesti immediati delle citazioni avicenniane rivela alcune di queste costellazioni – è molto probabile, però, che

[12] *Metaph.* n. 69 = ECKHARDUS, *Pred.* 8, DW I, pp. 130,9-131,4: "Ein meister sprichet, daz etlîche crêatûren sô nâhe gote sint und hânt sô vil gedrücket in sich götlîches liehtes, daz sie andern crêatûren wesen gebent. Daz enist niht wâr, wan wesen ist sô hôch und sô lûter und gote sô sippe, daz nieman wesen geben enmac wan got aleine in im selber. Gotes eigenschaft ist wesen". La condanna non è però senza appello, perché Eckhart trova anche un aspetto positivo in questa dottrina: cf. *Metaph.* n. 70 = ECKHARDUS, *Pred.* 18, DW I, pp. 300,3-301: "Ez sprichet gar ein hôher meister, daz der oberste engel der geiste sô nâhe sî dem êrsten ûzbruche und sô vil in im habe götlîcher glîchnisse und götlîcher maht, daz er habe geschaffen alle dise werlt und dar zuo alle die engel, die under im sint. *Hie liget guotiu lêre ane*, daz got sô hôch ist und sô lûter und sô einvaltic, daz er würket in sîner obersten crêatûre, daz diu würket in sînem gewalte, als ein truhsæze würket in des küniges maht und berihtet sîn lant". Il corsivo è mio.

l'analisi di sezioni più ampie di testo consenta di riconoscere ulteriori coalizioni e "famiglie" più larghe di fonti a cui le citazioni avicenniane appartengono.

Il filosofema delle due *facies-antlütze* dell'anima umana (Avicenna, *De an.* nn. 14, 16; Augustinus, *De trinitate* XII 7) e il concetto dell'eternità delle essenze create e la loro indipendenza dall'esistenza concreta (Avicenna, *Metaph.* nn. 4, 6; Augustinus, *De immortalitate animae* 4 6) sono, per esempio, punti dottrinali sui quali si delinea un'alleanza Avicenna-Agostino. Eckhart inoltre connette l'idea avicenniana della desiderabilità dell'essere (*Metaph.* nn. 46, 48) con un passo delle *Confessiones* (I 6 10) in cui Agostino definisce Dio, in quanto sommamente essere, come l'origine da cui scorre ogni vena dell'essere[13].

In altre circostanze il desiderio universale dell'essere teorizzato da Avicenna (*Metaph.* nn. 44, 52) conferma che la morte, in quanto privazione di vita e, quindi, di essere, è, come sostiene Aristotele (*Eth. Nic.* III 9, 1115a26), "finis omnium terribilium", il culmine delle cose che suscitano timore.

La tesi che gli esseri superiori si comunichino completamente a quelli inferiori – che sono incapaci però di accogliere questo flusso nella sua integralità – è supportata con il riferimento alla triade Avicenna (*De an.* nn. 25-27) - Platone (*Timaeus* 29E) - *Luc.* 12,2.

Molto caratteristico e concettualmente notevole è il nesso tra la celebre definizione aristotelica dell'intelletto possibile come "quo est omnia fieri", capace di diventare tutto (*De anima* III 5, 430a14-15), e la descrizione avicenniana della perfezione intellettuale come trasformazione dell'anima razionale in "saeculum intelligibile" (*Metaph.* nn. 84, 87). Di questa costellazione concettuale fa parte anche il passo aristotelico secondo cui l'anima è in qualche modo tutte le cose (*De anima* III 8, 431b21), passo che compare nel contesto della citazione *Metaph.* n. 84. La solidarietà dei due passi aristotelici e di quello avicenniano è confermata dalla citazione *Metaph.* n. 85, che condensa i tre luoghi[14].

Avicenna è presentato come una delle parti nella disputa sul ruolo del seme maschile nel processo di fecondazione (*De animal.* nn. 3-5) e in quella sulla natura del "due" (*Metaph.* nn. 11-13); nel primo caso il passo di Avicenna è contrapposto a un luogo del *De generatione animalium* di Aristotele (I 21 729b12-17), mentre nel secondo caso alle *Quaestiones in Heptateucum* di Agostino (V 42) e ai *Moralia in Iob* di Gregorio Magno (I 14 18).

13 L'accordo tra Avicenna ed Agostino è una questione che merita di essere approfondita. In particolare, Eckhart sembra leggere le dottrine avicenniane delle due *facies* e dell'essenza dell'anima alla luce di Agostino: su questi temi si potrebbe addirittura parlare di un "avicennismo agostinizzante" di Eckhart.

14 *Metaph.* n. 85 = ECKHARDUS, *Pred.* 3, DW I, pp. 49,4-50,1: "Ez sprechent etlîche meister, diu sêle sî gemachet von allen dingen, wan si eine mügelicheit hât alliu dinc ze verstânne". Per ciò che concerne la *Pred.* 17, STURLESE, *Seele und intellektueller Seelengrund*, p. 75, aveva già messo in luce la rilevanza di questa combinazione di fonti.

Nel commento al cap. 30 dell'*Expositio libri Genesis* (*De an.* n. 31-*De animal.* n. 2) e in un luogo del *Sermo Paschalis*[15] compare il binomio tra la dottrina avicenniana del *De an.* sull'efficacia corporea delle rappresentazioni immaginative e il racconto, tratto dal *De animal.* di Avicenna, relativo ad una gallina che assume le caratteristiche fisiche e comportamentali di un gallo, dopo averlo sconfitto in combattimento.

III. Avicennismo eckhartiano: noetica e profetologia

Per ragioni di spazio in questa sede non è possibile un esame dettagliato di tutti i contenuti delle citazioni avicenniane, procederò pertanto per accenni soffermandomi su due aspetti, tra i più significativi, della recezione eckhartiana di Avicenna, ossia sulla dottrina dell'anima e della sua perfezione da un lato e sulla dottrina della profezia dall'altro.

Dalle citazioni avicenniane emerge una complessa antropologia che descrive l'uomo nella sua integralità, celebrandone le potenzialità intellettive, ma non dimenticando il vincolo con il corpo e la dipendenza dai sensi, e che traccia la dinamica del suo perfezionamento intellettuale.

L'anima umana è ancipite, ha due volti, afferma a più riprese Eckhart sulla scorta di un filosofema di matrice agostiniano-avicenniana (*De an.* nn. 14-17). Il volto inferiore dell'anima è rivolto a "questo mondo" e al corpo ed in esso l'anima opera virtù, scienza e vita santa e governa i sensi; il volto superiore, al di sopra del tempo e dello spazio, contempla invece sempre Dio ed in esso la luce divina è senza interruzione e opera interiormente[16].

La *facies* superiore è il supremo dell'anima, che sta nell'eternità e nel quale è occultata la luce splendente dello Spirito santo[17]; è la parte più nobile dell'anima,

[15] Eckhardus, *Sermo paschalis* n. 4, LW V, p. 139,7-12: "Videmus, quando mater infantem vult provocare ad comedendum et medicus infirmum ad sumendum medicinam, uterque utrumque commendat, quia opinio bona de his ut plurimum proficit, *et talis imaginatio prima boni plus quandoque confert quam medicus per instrumenta. Unde visum est, ut ipsi referunt, quod gallina ex sola imaginatione quantum ad exteriorem dispositionem se transfiguravit in gallum*". Il corsivo è mio.

[16] *De an.* n. 15: "Die meister sprechent, diu sêle habe zwei antlütze, und daz ober antlütze schouwet alle zît got, und daz nider antlütze sihet etwaz her abe und berihtet die sinne ..."; *De an.* n. 16: "Sant Augustînus sprichet – und mit im ein ander, heidenischer meister – von zwein antlützen der sêle. Daz ein ist gekêret in dise werlt und ze dem lîbe; in dem würket si tugent und kunst und heilic leben. Daz ander antlütze ist gekêret die rihte in got; in dem ist âne underlâz götlich lieht und würket dar inne, aleine".

[17] Eckhardus, *Pred.* 26, DW II, p. 30,3-7: "... und daz oberste antlütze daz ist daz oberste der sêle, daz stât in êwicheit und enhât niht ze schaffenne mit der zît und enweiz niht von der zît noch von dem lîbe; und hân etwenne gesprochen, daz in dem liget bedecket als ein ursprunc alles guotes und als ein liuhtende lieht, daz alle zît liuhtet, und als ein brinnender brant, der alle zît brinnet, und der brant enist niht anders dan der heilige geist".

spesso definita da Eckhart scintilla (*vünkelîn*) o fondo (*grunt*); è il luogo ove avviene eternamente la *Gottesgeburt*[18]. È ancora Avicenna l'autorità filosofica che garantisce l'esistenza di questo qualcosa nell'anima, un qualcosa che nella sua assoluta semplicità sfugge alle definizioni e alle denominazioni umane e nel quale Dio è presente[19]. La parentela del *grunt* dell'anima con Dio è resa manifesta dal fatto che entrambi sono inesprimibili[20]. Il passo della *Metaph.* in cui Avicenna afferma l'impossibilità di definire Dio, di delimitarlo concettualmente[21], va senza dubbio annoverato tra le fonti della dottrina eckhartiana dell'inesprimibilità di Dio.

L'orientamento della *facies* inferiore dell'anima a "questo mondo" e al proprio corpo e, quindi, il ricorso ai sensi sono un riflesso dello statuto ontologico dell'intelletto umano: occupando la "posizione" più bassa nella "regione" intellettuale, esso ha bisogno di rappresentazioni sensibili per attivare il processo conoscitivo[22]. L'indispensabile servizio reso dai sensi all'anima che cerca di elevarsi ad una dimensione compiutamente intellettuale è un concetto espresso da Eckhart per mezzo di varie *auctoritates*, tra le quali è anche il passo avicenniano secondo il quale dai sensibili i sensi ritornano all'anima con i loro guadagni[23].

[18] ECKHARDUS, *Pred.* 37, DW II, p. 219,3-6: "Daz vünkelîn der vernünfticheit ... Dâ geschihet diu geburt, dâ wirt der sun geborn. Diu geburt engeschihet niht eines in dem jâre noch eines in dem mânôte noch eines in dem tage, mêr: alle zît ...".

[19] *De an.* n. 3: "Einez ist in der sêle, in dem got blôz ist, und die meister sprechent, ez sî namelôs, und ez enhabe keinen eigenen namen." Come detto, il *grunt* o essenza dell'anima rientra tra i temi sui quali Eckhart ama citare Avicenna: cf. *De an.* nn. 1-10.

[20] ECKHARDUS, *Pred.* 17, DW I, p. 284,4-6: "Got, der âne namen ist – er enhât enkeinen namen –, ist unsprechelich, und diu sêle in irm grunde ist si ouch unsprechelich, als er unsprechelich ist"; ECKHARDUS, *Pred.* 38, DW II, p. 237,1-3: "Diu sêle enhât ouch keinen namen; als wênic als man gote eigenen namen vinden mac, als wênic mac man der sêle eigenen namen vinden, aleine dâ grôziu buoch von geschriben sîn. Aber dâ si ein ûzluogen hât ze den werken, dâ von gibet man ir namen. Ein zimberman daz enist sîn name niht, mêr: den namen nimet er von dem werke, des er ein meister ist". Il secondo luogo riportato è una ripresa implicita di AVICENNA, *Liber de anima seu sextus de naturalibus* I-III, ed. Simone VAN RIET, Louvain-Leiden 1972, I 1, pp. 26,24-27,32. Il passo è citato da Eckhart altre volte, sia nelle opere latine che nelle tedesche. Con l'espressione "grôziu buoch" Eckhart allude verosimilmente al *De anima* di Aristotele e ai commenti a quest'opera, specialmente alla parafrasi di Avicenna.

[21] *Metaph.* n. 35: "De primo ait Avicenna, ubi supra, VIII Metaphysicae c. 5: primus non habet genus nec quiditatem nec qualitatem nec quantitatem nec quando nec ubi nec contrarium nec diffinitionem nec demonstrationem nec simile sibi, et non est communicans ei quod est ab ipso".

[22] ECKHARDUS, *In Gen. II* n.113, LW I/1, p. 579,6-10: "Sed quia intellectus hominis infimum locum tenet in regione intellectuali, sicut materia prima in corporalibus, ideo necessarium est ipsi intellectui humano adiutorium, sensitivum scilicet. Nam »sine phantasmate« accepto a sensu »non est intelligere«". Eckhart allude alla nota dottrina aristotelica che teorizza come necessario ad ogni atto di intellezione un fantasma sensibile: cf. ARISTOTELES, *De memoria et reminiscentia* 1 449b31; *De anima* III 7 431a16-17.

[23] *De an.* n. 12: "Unde et Avicenna dicit quod sensus a sensibilibus redeunt ad animam cum suis lucris".

Dal momento che il processo del conoscere avviato a livello sensibile culmina nella riscoperta del fondo dell'anima e della sua connaturalità con Dio, di fatto anche l'orientameno a "questo mondo" proprio della *facies* inferiore è funzionale all'orientamento a Dio della *facies* superiore. Avicenna fornisce ad Eckhart una formula efficace con cui esprimere questa situazione: l'anima è vincolata al corpo – e conseguentemente si serve dei sensi – affinché l'intelletto sia perfezionato, santificato e purificato[24]. In altri termini, lungi dall'essere una mera distrazione dal tentativo di riappropriarsi del fondo dell'anima, l'attività dei sensi è un mezzo attraverso cui l'anima raggiunge quel fondo elevandosi alla "regio intellectualis". Perché ciò avvenga, è necessario però che si purifichi da una vita divisa e che entri in una vita unitaria[25], che significa trascendere la molteplicità dispersa dell'esperienza sensibile ripensandola secondo una prospettiva unitaria: i dati sensoriali, gli affetti, le inclinazioni verso il proprio corpo, le volizioni individuali, le azioni interessate, in una parola, tutto ciò che costituisce la sfera del vivere quotidiano e del conoscere sensibile è caratterizzato dalla molteplicità, dalla dispersione, dallo sparpagliamento; quando però l'anima arriva alla luce dell'intelletto, alla "regio intellectualis", non conosce più alcuna opposizione[26].

Come Eckhart si figuri quest'unificazione dell'esperienza sensibile emerge da un luogo della *Metaphysica* di Avicenna, da lui citato svariate volte (*Metaph.* nn. 82-90). In esso si afferma che la perfezione dell'anima razionale consiste nel divenire un mondo intelligibile sul quale si delinea la forma del tutto, l'ordine intellettuale del tutto e il bene fluente nel tutto e, quindi, nella sua conversione "in similitudinem" della sostanza della Bellezza e Bontà assoluta dell'Universo[27]. Nel suo commento alla *Pred.* 17, Loris Sturlese ha colto dietro alla metafora del mondo intelligibile l'originario significato scientifico: il *saeculum intellectum* sarebbe infatti la formula

[24] *De an.* n. 18: "Et hoc Avicenna De anima p. I capitulo ultimo dicit: obligatio corporis cum anima est propter hoc, ut perficiatur intellectus contemplativus et sanctificetur et mundetur"; *De an.* n. 19: "Ein meister sprichet: diu sêle ist dar umbe dem lîbe gegeben, daz si geliutert werde".

[25] Eckhardus, *Pred.* 8, DW I, p. 136,11-12: "Dar ane liget der sêle lûterkeit, daz si geliutert ist von einem lebene, daz geteilet ist, und tritet in ein leben, daz vereinet ist".

[26] Eckhardus, *Pred.* 8, DW I, p. 136,15-16: "Swenne diu sêle kumet in daz lieht der vernünfticheit, sô enweiz si niht widersatzunge".

[27] Cf. Avicenna, *Liber de philosophia prima* V-X, ed. Simone Van Riet, IX 7, pp. 510,72-511,83. In un caso (*Metaph.* n. 90), la citazione di Eckhart contiene il passo in questione nella sua intierezza con il seguito nella fonte avicenniana (pp. 511,84-512,10): si tratta di una citazione lunghissima (25 righe) che, come ha osservato Loris Sturlese, *Seele und intellektueller Seelengrund*, 72, costituisce un unicum "im ganzen Predigtbuch Eckharts". La dottrina della sapienza come trasformazione dell'anima in un mondo intelligibile è presente anche in altre opere avicenniane: cf. Olga Lizzini, *L'epistola sulle divisioni delle scienze intellettuali di Avicenna. Alcune note sulla definizione e la collocazione della profetologia e della psicologia*, in: *«Ad Ingenii Acuitionem» Studies in Honour of Alfonso Maierù*, edd. Stefano Caroti, Ruedi Imbach, Zénon Kaluza, Giorgio Stabile, Loris Sturlese (Textes et études du Moyen âge, 38), Louvain-la-Neuve 2006, pp. 228-229.

del mondo, elaborata per via di investigazione scientifica, formula che sintetizza la molteplicità dell'esperienza in un principio unitario superiore, Dio[28]. In quella predica il passaggio dalla molteplicità dispersa alla prospettiva unitaria è chiaramente delineata: bisogna odiare l'anima in questo mondo per salvarla per la vita eterna[29], il che significa trascendere sia l'anima intesa come principio funzionale motorio, come mera somma delle facoltà e delle loro attività, sia la realtà intesa come un coacervo di esperienze distinte, per riscoprire il fondamento ontologico (*grunt*) della funzione anima e in esso ri-comprendere la totalità della realtà secondo la purezza originaria con cui è stata concepita da Dio[30].

La profetologia è un altro ambito privilegiato dell'influenza avicenniana su Eckhart: come si è detto, 5 citazioni (*De an.* nn. 25-27, 32-33) alludono, a luoghi ove Avicenna espone le sue concezioni in materia di profezia; in 4 casi (*De an.* nn. 28-31) Eckhart riprende le descrizioni dei fenomeni di autosuggestione che Avicenna stesso, in *De an.* IV 4, presenta come affini alla profezia cosiddetta operativa. Non solo, l'interesse per questi temi e, quindi, per le relative trattazioni avicenniane copre tutto l'arco della produzione di Eckhart: è infatti già manifesto nella sua prima opera conosciuta, il *Sermo Paschalis*, come testimoniano le due citazioni implicite, cui prima si è fatto riferimento[31], riguardanti proprio le potenzialità autosuggestive della mente; raggiunge l'acme in un'opera tarda, l'*Expositio s. Evangelii secundum Iohannem*, ove il commento del versetto 1,48 è la sede di una lunga riflessione sul tema della profezia e della conoscenza divinatoria in genere.

Il contesto di *Giov.* 1,48 è quello della costituzione del primo nucleo degli apostoli di Gesù: Giovanni, Andrea, Simon Pietro e Filippo. Proprio Filippo racconta a Natanaele di aver trovato il Messia di cui hanno parlato Mosè ed i profeti e lo esorta a seguirlo per conoscerlo personalmente. Visto Natanaele avvicinarsi, Gesù dimostra di conoscerlo già perché lo definisce un Israelita in cui non alberga l'inganno. Natanaele, sbalordito, gli chiede come faccia a conoscerlo e Gesù risponde di averlo visto sotto il fico prima che Filippo lo chiamasse.

Eckhart articola l'esegesi di questo versetto (1,48: "Priusquam te Philippus vocaret, cum esses sub ficu, vidi te") in quattro sezioni. Per prima cosa (sezione 1), egli spiega, attraverso lo schema giustizia-giusto, come Dio conosca qualcosa prima

[28] Loris STURLESE, *Seele und intellektueller Seelengrund*, pp. 72-73.

[29] ECKHARDUS, *Pred.* 17, DW I, p. 281,7-9: "... swer sie (*i.e.* la propria anima) aber hazzet, als si tœtlich ist und in dirre werlt ist, der behüetet sie in daz êwige leben".

[30] ECKHARDUS, *Pred.* 17, DW I, p. 289,7-9: "Dâ (*i.e.* nel fondo dell'anima) nimet si (*i.e.* l'anima) alliu dinc in gote, niht in der lûterkeit, als sie in ir natiurlîcher lûterkeit sint, mêr: in der lûtern einvalticheit, als sie sint in gote". Mette conto osservare che in *Metaphysica* IX 7 Avicenna descrive la felicità intellettuale ottenuta dal filosofo dopo la morte, quando l'anima si separa completamente dal corpo; per questa ragione il passo ben si adatta alla concezione eckhartiana della perfezione intellettuale come morte a questo mondo, cioè alla sfera dell'esteriorità e della molteplicità dispersa, e come rinascita nel mondo intelligibile.

[31] Vedi sopra n. 15.

che accada: la giustizia, ossia Dio, conosce il giusto perché quest'ultimo è tutto nella giustizia, anzi è ciò che essa stessa è. Non solo, dal momento che è prima del giusto, Dio, in quanto giustizia, vede il giusto prima che questo sia, così come, essendo l'essere stesso ("ipsum esse"), Dio vede ogni ente prima che sia. Eckhart precisa che la giustizia non è soggetta a variazioni temporali: essa è indifferente al passato, presente e futuro e contiene tutto ciò che partecipa dell'essere, non solo ciò che è presente, ma anche ciò che non è più o non è ancora, come presente[32].

Quindi (sezione 2) Eckhart desume conferme alla prescienza divina da alcuni passi biblici e illustra quanto detto sulla preconoscenza che la giustizia ha del giusto con argomenti tratti dall'ambito della filosofia della natura[33].

Le ultime due sezioni (pp. 213-228) dell'esegesi eckhartiana costituiscono una lunga "digressione" sulle capacità divinatorie dell'uomo, che sono prima documentate attraverso una serie di esempi tratti da fonti bibliche, patristiche (Agostino) e classiche (Cicerone) (sezione 3) e di cui poi sono illustrate le cause (sezione 4). Estremamente interessante è il fatto che, nella sezione 3, Eckhart combini riferimenti ai profeti biblici con episodi di divinazione naturale tramandati da Agostino e Cicerone[34]: dal suo punto di vista sembra esservi una sostanziale omogeneità tra la profezia sovrannaturale di ispirazione divina e la previsione naturale fondata sulla congettura per mezzo degli astri, dei sogni, delle visioni e dei segni.

La sezione 4 è "ad alta densità avicenniana": contiene infatti in poco più di undici pagine (pp. 217-228) sei esplicite citazioni di Avicenna (*De an.* nn. 25, 26, 32, *De animal.* n. 1, *Metaph.* n. 39, *Suff.* n. 6), che sono tratte da quattro diverse opere avicenniane e tre delle quali letterali e più lunghe di due righe (*De an.* n. 25, *De animal.* n. 1, *Metaph.* n. 39).

La centralità di Avicenna non è però una questione di numeri. Le sue opere forniscono infatti argomenti chiave all'analisi eckhartiana delle cause e delle modalità dei fenomeni di divinazione illustrati nella sezione precedente. Prima di valutare

[32] ECKHARDUS, *In Ioh.* n. 252, LW III, p. 210,1-4: "... iustitia ut sic nihil cognoscit nisi se ipsam et iustum ... quin immo nec ipsa iustitia iustum cognosceret, nisi iustus ut sic se toto esset in iustitia et esset id ipsum quod illa ..."; n. 253, LW III, p. 210,12-16: "... iustitia ... prior est et prius quam iustus sive iustum ... Ex quibus mox concluditur quod deus, utpote ipsa iustitia, cognoscit sive videt iustum, priusquam iustus sit, et eodem modo et pari ratione omne ens, utpote ipsum esse"; n. 254, LW III, p. 211,1-9: "Tertio notandum quod iustitia indifferenter se habet et prorsus aequaliter ad praeteritum, praesens et futurum ... in se nuda est et praesens omni tempori et enti ... per inclusionem et continentiam omnium quae sunt et esse participant, sic praeteritum et futurum sicut praesens, quin immo praeteritum solum non habet, sed praehabet, eminentius habet, quia ipsum pro praesenti, et in ipso praeteritum est ipsummet praesens".

[33] ECKHARDUS, *In Ioh.* nn. 255-256, LW III, pp. 211,11-213,11.

[34] Sono citati in particolare il *De cura pro mortuis gerenda* ed il *De Genesi ad litteram* di AGOSTINO, il *De divinatione* ed il *De natura deorum* di CICERONE, il *Commento* di HALY al *Centiloquium* pseudo-tolemaico: cf. ECKHARDUS, *In Ioh.* nn. 257-261, LW III, pp. 214,8-216,15.

l'effettivo contributo di Avicenna, è opportuno ripercorrere il ragionamento sviluppato da Eckhart.

Eckhart inserisce la sua spiegazione dei fenomeni di previsione del futuro all'interno di un contesto di ordine metafisico. Dall'accordo di una nutrita e composita schiera di fonti egli desume tre principi generali:

a) i superiori naturalmente comunicano e infondono se stessi agli inferiori[35];

b) tale comunicazione è recepita da ciascun inferiore in proporzione alle proprie capacità[36];

c) gli inferiori, nella loro "parte somma", sono in contatto con la "parte infima" dei superiori[37].

Da queste tre premesse discende che d) la proprietà del superiore è comunicata all'inferiore e che l'inferiore, nella sua parte somma, conosce la proprietà del superiore per quanto ne è capace[38].

Eckhart applica questa conclusione generale, valida per ogni tipo di proprietà, al caso specifico della profezia: precontenere in sè, come nella causa prima, tutte le cose che sono e conoscere le cose future prima che avvengano, è infatti una proprietà di Dio; pertanto, in conformità ai principi metafisici prima enunciati, Dio comunica la proprietà di prevedere il futuro a tutti gli inferiori, a ciascuno secondo il suo grado e la sua differenza[39].

Nell'ottica eckhartiana, perciò, i processi divinatori e profetici risultano essere una manifestazione tra le tante di una dinamica metafisica più ampia, che è quella caratterizzante i rapporti tra il Creatore ed i creati.

Quale l'apporto di Avicenna a questa teoria? Del novero delle fonti di vario tipo mobilitate a sostegno delle tre tesi metafisiche (a, b, c) che costituiscono le premesse della spiegazione eckhartiana, fanno parte anche alcuni testi avicenniani.

Un lungo escerto dal *De an.* (IV 2) di Avicenna, in particolare, spicca su tutte le altre fonti citate. Vi si sostiene che le anime umane hanno maggiore affinità con le sostanze angeliche che con i corpi sensibili, e che lì, ossia tra le sostanze

[35] ECKHARDUS, *In Ioh.* n. 264, LW III, p. 218,13-14: "Ex praedictis patent duo: primo quod superiora naturaliter se communicant et trasfundunt se totis suis inferioribus ...".

[36] ECKHARDUS, *In Ioh.* n. 264, LW III, p. 219,3-4: "Secundo patet quod talis communicatio recipitur ab inferiori secundum capacitatem sive proprietatem illius ...".

[37] ECKHARDUS, *In Ioh.* n. 265, LW III, p. 219,9-10: "His duobus praemissis addo tertium, scilicet: inferiora sui supremo attingunt infima superiorum".

[38] ECKHARDUS, *In Ioh.* n. 266, LW III, pp. 220,12-221,2: "Ex his arguo: proprietas superioris communicatur inferiori et ipsum inferius sui supremo sapit proprietatem superioris, secundum sui inferioris virtutem scilicet et capacitatem".

[39] ECKHARDUS, *In Ioh.* n. 266, LW III, p. 221,2-7: "Sed praehabere in se ipso, utpote in causa prima, omnia quae sunt et scire futura, priusquam fiant, est proprium deo ... Ergo hoc ipsum, scilicet praesagire futura, communicatur a deo omnibus inferioribus, unicuique tamen aliter et aliter secundum uniuscuiusque gradum et differentiam ...".

angeliche, non c'è alcun occultamento (*occultatio*) nè avarizia, che l'occultamento dipende invece dai riceventi, ossia dalle anime umane, perché sono infuse in corpi o sono contaminate dalle cose in cui sono sprofondate. Quando le loro anime si liberino da tali attività, gli uomini sono degni di contemplare ciò che è presso le sostanze angeliche a cominciare da ciò che li riguarda più direttamente[40]. Questo testo è particolarmente denso e, per ammissione di Eckhart stesso, basterebbe da solo, se esaminato con attenzione, a rendere ragione dei fenomeni divinatori[41]; in altre parole, esso contiene l'essenziale della dottrina eckhartiana sull'argomento. In particolare, il passo coglie esplicitamente due dei tre principi metafisici che Eckhart pone a fondamento dell'esperienza profetica, ossia: a) quello della naturale disposizione dei superiori a comunicarsi agli inferiori ("et non est illic occultatio aliqua neque avaritia") e b) quello della proporzionalità nella recezione del flusso proveniente dai livelli superiori ("sed occultatio est secundum receptibilia").

Le altre citazioni avicenniane confermano la centralità dell'insegnamento del filosofo persiano sul tema della profezia. È questo il caso del passo tratto da *Metaph.* VIII 6, ove Avicenna definisce Dio Essere Necessario, più che perfetto e Bontà Pura perché è sovrabbondante del suo essere che egli effonde agli enti[42]. Il luogo è tra quelli citati da Eckhart a dimostrazione del primo principio metafisico enunciato (a). Vengono inoltre chiamati in causa: *De causis* prop. 21 (§ 20), ove Dio è detto "dives per se"; *Timeo* I (29E), ove il "conditor rerum" è definito ottimo e pertanto del tutto privo di invidia; e *Fons vitae* III 14, ove Avicebron asserisce che il primo fattore è costretto per sua stessa natura a darsi e a conferire la sua forma allorché trova una materia adatta a riceverla[43]. Sia queste tre fonti che il passo tratto dalla *Metaph.* di Avicenna illustrano la diffusività divina, ossia la tendenza di Dio, in quanto Primo Principio e perciò sommo tra i superiori, a comunicarsi alle realtà a lui inferiori. Mentre però le altre fonti si limitano a registrare quella tendenza semplicemente come una qualità ("dives", "optimus") o una disposizione della natura ("compellitur in natura sua") di Dio, il passo avicenniano spiega la naturale bontà di Dio mettendone in luce il fondamento ontologico: in quanto Dio è Essere Neces-

[40] *De an.* n. 25: "Et Avicenna VI Naturalium parte 4 c. 2 sic ait: »animae humanae maiorem habent comparationem« sive colligationem »cum substantiis angelicis quam cum corporibus sensibilibus, et non est illic occultatio aliqua neque avaritia, sed occultatio est secundum receptibilia, aut quia sunt infusa corporibus aut quia sunt inquinata ab his, quibus deprimuntur deorsum. Cum autem otiantur ab his actionibus, merentur videre quod est illic. Primum autem quod videtur, est id quod pertinet ad illum hominem vel ad suos vel ad suam terram vel ad suam civitatem vel ad suum clima«".

[41] ECKHARDUS, *In Ioh.* n. 262, LW III, p. 217,15-16: "Hucusque verba Avicennae ubi supra. Quae si sollerter inspiciantur, possent sufficere ad evidentiam praemissorum".

[42] *Metaph.* n. 39: "... Avicenna VIII Metaphysicae c. 6 ait: »necesse esse«, deus scilicet, »est plus quam perfectum, quoniam ipsum esse, quod est ei, non est et tantum, immo etiam omne esse est exuberans ab eius esse et est et fluit ab ipso, et ipsum est pura bonitas«".

[43] ECKHARDUS, *In Ioh.* n. 262, LW III, p. 217,3-7, n. 263, LW III, p. 218,5-12.

sario, ossia *ipsum esse*, è il sostrato di tutti gli enti, che per esistere hanno bisogno di ricevere l'effusione del suo essere.

Un altro riferimento ad Avicenna compare anche tra gli esempi che Eckhart adduce a sostegno del terzo principio (c), secondo il quale la "parte somma" di un inferiore è in contatto con la "parte infima" di un superiore. Che i diversi livelli del reale siano tra loro solidali è evidente in certi animali, come il cane, l'ape e il ragno, che per certi loro comportamenti partecipano in qualche modo della ragione e, secondo alcuni, possiederebbero ragione ed intelletto, come sostiene Avicenna[44].

Esiste una gerarchia non solo dei diversi livelli del reale, ma perfino dei singoli enti all'interno di ciascun livello, e tale gerarchia, prosegue Eckhart con un evidente, sebbene implicito, riferimento ad Avicenna, è determinata proprio dalla loro maggiore o minore vicinanza al Primo che è l'Essere e la Bontà Pura[45]. Nel caso della profezia, gli esseri umani più vicini all'Essere sono coloro che sono astratti dal mondo esterno e sono orientati al loro essere interiore: Dio e la Trinità sono infatti presenti nella parte recondita dell'anima ("abditum mentis"). Con una mossa audace, Eckhart combina su questo punto il "noli foras ire" agostiniano con la spiegazione naturalistica che Aristotele, ed anche Avicenna, danno delle visioni che hanno luogo specialmente durante il sonno, quando la mente, affrancata dall'esercizio dei sensi esterni, è più sensibile alle percezioni interiori[46].

Nella parte finale della sezione 4 Eckhart dichiara che il meccanismo metafisico di comunicazione dal superiore all'inferiore sopra descritto è la radice su cui si fondano la profezia naturale, la fascinazione e tutte le altre tecniche divinatorie naturali (la piromanzia, l'aeromanzia, l'idromanzia, la geomanzia, una parte della scienza delle immagini e la fisiognomica)[47]. Questa asserzione esplicita quanto è già implicitamente suggerito nella sezione 3, ove di fatto Eckhart, presentando una vasta gamma di esempi di conoscenza del futuro che va dalle profezie bibliche alle caute previsioni astrologiche del commento al *Centiloquium* pseudotolemaico, allude ad una sostanziale identità tra la profezia sovrannaturale divinamente ispirata e la divinazione di origine naturale[48]. Dal punto di vista di Eckhart, infatti,

[44] *Suff.* n. 6: "Sic animalia bruta participant aliquid rationis, puta canis, apis, aranea, in tantum quod aliqui putarent ista habere rationem vel intellectum, ut dicit Avicenna".

[45] Eckhardus, *In Ioh.* n. 267, LW III, p. 222,15-17: "Sed in quolibet praedictorum graduum est accipere differentias, iuxta quod unumquodque plus vel minus elongatur a materia, quae est mater non-entium, et appropinquat ad primum, quod est esse et »bonitas pura« ...".

[46] Eckhardus, *In Ioh.* n. 267, LW III, p. 223,4-10: "... in die enim et vigilia distrahitur et occupatur anima circa exteriora, et motus maiores et multiformes depellunt et non sinunt animam percipere motus interiores, ut ait philosophus. Et Augustinus dicit quod praesentiam dei et trinitatis in abdito mentis non percipit, qui foris est ... Unde De vera religione consulit dicens: »noli foras ire, in te ipsum redi, in interiori homine habitat veritas«".

[47] Eckhardus, *In Ioh.* n. 268, LW III, pp. 224,3-225,1.

[48] Su questo punto il pensiero eckhartiano si differenzia piuttosto nettamente da quello di Alberto il Grande, che invece opera una netta distinzione tra il piano soprannaturale e

la profezia di Daniele, la previsione di un astrologo, i versi ed i comportamenti di alcuni animali, la confezione di un'immagine astrologica, sono tutti epifenomeni diversi della medesima radice, del medesimo processo metafisico di diffusione della proprietà divina di conoscere il futuro, proprietà che viene variamente recepita a seconda delle capacità dei recettori, che possono essere umani, animali e materiali[49], e pertanto attuata in forme diverse. Il superamento della rigida separazione tra la sfera della rivelazione e della Scrittura e quello della natura e della filosofia, enunciato programmaticamente nel proemio all'*Expositio* al *Vangelo* di Giovanni[50] e vero e proprio filo conduttore dell'intera produzione eckhartiana, è compiutamente messo in atto nell'ambito profetologico: sono principi metafisici, desunti da un esame della tradizione filosofica, entro la quale un ruolo preminente su questi temi spetta ad Avicenna, quelli a cui Eckhart ricorre per illustrare il perché ed il come dei fenomeni di preveggenza e, quindi, anche delle profezie bibliche.

Il nome di Avicenna compare nella parte finale della sezione 4 altre due volte: nel primo caso, egli è, con Algazel, l'unica fonte citata in relazione alle pratiche della profezia naturale, in particolare della fascinazione, il che conferma il suo primato, agli occhi di Eckhart, sulle altre fonti filosofiche su questioni attinenti alla profezia[51]; c'è poi un lungo escerto letterale (3 righe) tratto dal *De animalibus*, in cui si narra l'episodio di un uomo di Constantinopoli diventato ricco predicendo i venti per mezzo del suo riccio. Questo tipo di animale, spiega infatti Avicenna, ha la proprietà di avvertire i venti settentrionali e meridionali prima che questi incomincino a soffiare[52]. Il passo è inserito da Eckhart tra gli esempi riguardanti il secondo dei tre modi in cui una cosa può essere presagio di un'altra nell'ambito delle realtà corporee, cioè il modo in cui si prevede che una cosa avverrà perché la si vede nelle sue cause: di questo tipo sono, per esempio, i *prognostica* dei medici.

Quest'ultima citazione, apparentemente poco significativa, acquisisce una certa importanza in quanto è la tessera che completa il mosaico della recezione di Avicenna in Eckhart sul tema della conoscenza profetica. Per Eckhart, infatti, Avicenna è voce estremamente autorevole in materia di profezia, ma questa autorevolezza non

quello naturale: ALBERTUS, *De somno et vigilia*, ed. Auguste BORGNET (Ed. Paris., 9), Parisiis 1890, III 1 12, p. 193b: "Est autem et aliud genus visionis et prophetiae secundum altissimos theologos quid de divinis loquuntur inspirationibus, de quibus ad praesens nihil dicimus omnino: eo quod hoc ex physicis rationibus nullo modo potest cognosci: physica enim tantum suscepimus dicenda ...".

[49] ECKHARDUS, In Ioh. n. 266, LW III, p. 221,10-11: "Aliter tamen intellectualia, aliter rationalia, aliter sensitiva et viva, aliter corporalia ...".

[50] ECKHARDUS, *In Ioh.* n. 2, LW III, p. 4,4-6, n. 3, LW III, p. 4,14-17.

[51] *De an.* n. 32.

[52] *De animal.* n. 1: "Ad hoc autem exemplum est quod ponit Avicenna in libro De animalibus, ubi ait: »ericii sentiunt ventum septentrionalem et austrinum, antequam fiant, et intrant petras, ne percutiantur a vento. Et erat quidam homo apud Constantinopolim et habebat ericium et per ipsum praedixit ventos et per ipsum factus est dives«. Verba sunt Avicennae. Vult dicere quod per pecuniam a nautis acceptam, ut ventum praediceret, ditatus est".

gli deriva solo dalle sue analisi del fenomeno profetico a livello psicologico e noetico. Dalla concezione avicenniana dei rapporti tra l'Essere Necessario e gli enti contingenti, Eckhart desume anche la dinamica metafisica che sottostà a tale fenomeno. Da osservazioni avicenniane sui comportamenti di certi animali, Eckhart ricava conferme all'immagine dell'universo come gerarchia di livelli tra loro tangenti; non solo, sempre dalle ricerche etologiche avicenniane, egli trae esempi concreti di alcune modalità di divinazione naturale: è questo il caso del racconto sull'uomo che fece fortuna grazie al suo riccio.

IV. *Von abegescheidenheit*

L'unica citazione esplicita di Avicenna (*De an.* n. 33) all'interno delle opere tedesche compare nel trattato *Von abegescheidenheit*[53]. Si tratta di un passo importante perché contribuisce a definire il distacco (*abegescheidenheit*), vero e proprio punto focale del pensiero di Eckhart. Secondo quanto riportato da questo passo, Avicenna asserirebbe che lo spirito distaccato (*abegescheiden*) è così nobile che egli contempla ciò che è vero e che i suoi desideri e la sua volontà trovano soddisfazione; non solo, è in grado addirittura di costringere Dio a venire al suo essere e, potesse permanere senza forma e senza alcun accidente, potrebbe addirittura assumere l'essere di Dio[54].

[53] L'autenticità di questo trattato non è unanimemente accettata: a sostegno si sono espressi in particolare Eduard SCHÄFER, *Meister Eckeharts Traktat "Von Abegescheidenheit"*, Bonn 1956, pp. 97-147, Josef QUINT, *Das Echtheitsproblem des Traktats «Von Abegescheidenheit» (Fr. Pfeiffer, Meister Eckhart, Traktat Nr. IX, S. 483-493)*, in: *La mystique rhénane. Colloque de Strasbourg 16-19 mai 1961*, Paris 1963, pp. 39-57, e, di recente, Markus ENDERS, *Abgeschiedenheit des Geistes – höchste "Tugend" des Menschen und fundamentale Seinsweise Gottes. Eine Interpretation von Meister Eckharts Traktat: Von abegescheidenheit*, in: Theologie und Philosophie, 71 (1996), pp. 63-64. Dal QUINT il trattato è stato pubblicato come numero 3 nel quinto volume dei Deutsche Werke: ECKHARDUS, *VAb*, DW V, pp. 400-437. Ha contestato invece l'attribuzione ad Eckhart, tra gli altri, anche Kurt RUH, *Meister Eckhart. Theologe, Prediger, Mystiker*, München [2]1989, pp. 165-166, che parla di "autenticità limitata", ma che, sulla base delle analogie dottrinali con le opere sicuramente autentiche, ritiene si tratti di materiale eckhartiano e ipotizza che l'opera sia nata dalla rielaborazione di appunti di Eckhart da parte di qualcuno a lui molto vicino. Più di recente, Kurt RUH, *Geschichte der abendländischen Mystik*, III: *Die Mystik des deutschen Predigerordens und ihre Grundlegung durch die Hochscholastik*, München 1996, pp. 349-351, 356-357, ha abbandonato ogni dubbio e ha disconosciuto l'attribuzione del trattato ad Eckhart. Per un dettagliato commento di quest'opera, cf. Erwin WALDSCHÜTZ, *Meister Eckhart. Eine philosophische Interpretation der Traktate* (Studien zur Germanistik, Anglistik und Komparatistik, 71), Bonn 1978, pp. 194-244.

[54] La citazione è uno dei passi del *Von abegescheidenheit* che sono stati assorbiti nel *Von der sel wirdichait vnd aigenschafft*. Pubblicato già in MEISTER ECKHART, *Predigten, Traktate*, hrsg. v. Franz PFEIFFER, Darmstadt 1991 (ripr. facs. dell'ed. Leipzig 1857), pp. 394-416 e ripubblicato recentemente in edizione diplomatica con documentazione di luoghi paralleli

È possibile sintetizzare la descrizione di Avicenna in cinque punti:

1) la nobiltà dello spirito distaccato;
2) il suo distacco;
3) la contemplazione da parte sua di ciò che è vero;
4) l'obbedienza ai suoi desideri e alla sua volontà;
5) l'assunzione dell'essere di Dio.

Josef Quint, editore del trattato *Von abegescheidenheit*, segnala come fonte del luogo in questione l'ultima parte di *De an.* IV 4, in cui Avicenna descrive la profezia operativa, quella propria delle virtù motive, che consiste nel compimento di prodigi da parte del profeta con la sola forza del pensiero e della volontà, quali guarire gli infermi, far ammalare i malvagi, tramutare gli elementi l'uno nell'altro, provocare piogge e rendere fertile la terra[55]. La fonte avicenniana effettivamente insiste sulla nobiltà dell'anima del profeta[56] (punto 1) e ripetutamente sottolinea che la materia del mondo obbedisce alla sua volontà allorché egli opera prodigiose trasformazioni[57] (punto 4 – nel testo citato nel *Von abegescheidenheit*, la docilità della materia alla mente del profeta viene reinterpretata come "obbligo" per Dio di farsi presente allo

in Freimut Löser, *Meister Eckhart in Melk. Studien zum Redaktor Lienhart Peuger. Mit einer Edition des Traktats >Von der sel wirdichait vnd aigenschafft<* (Texte und Textgeschichte, 48), Tübingen 1999, pp. 325-497, questo trattato è una compilazione di luoghi tratti da opere di Eckhart o ritenute tali dal compilatore, Lienhart Peuger, che nell'abbazia benedettina di Melk aveva copiato e rielaborato numerosi scritti eckhartiani e pseudo-eckhartiani, tra i quali c'era appunto anche il *Von abegescheidenheit*, da lui trascritto in cinque diversi manoscritti.

La citazione si legge alle pp. 370,20-372,15 dell'edizione Löser (=Pfeiffer pp. 398,39-399,11): "Awff das spricht Maister vincencius der geist der abgeschaidenleichen stet des adel ist als gras was er peschawt das ist war vnd was er will des ist er gewert vnd was er pewt des mues man im geharsam sein. Man sol auch wizzen, wann der frey geist in rechter abgeschaidenhait stet von allen tzeitleichen dingen, so twingt er got zw seim wesen. vnd möcht es formleich an zwͤaͤl pesten so naͤm er gots aigenschafft gantz an sich, aber das mag got nyembt geben dann im selber. Dar vmb mac im got nicht mer tuen, dann das er sich im selber geb. vnd ein solher wirt als verre in dy ewichait erhaben, das in chain tzeitleich ding pewegen mag das er ichts leipleichs enphind. vnd haist der welt tod da von paulus spricht Jch leb nicht, sunder christus lebt in mir". L'attribuzione del passo ad un fantomatico maestro Vincenzo invece che ad Avicenna è un errore tipico dei manoscritti di Peuger: Freimut Löser, *Meister Eckhart in Melk*, p. 373, n.15.

[55] Avicenna, *Liber de anima seu sextus de naturalibus* IV-V, ed. Simone Van Riet, Louvain-Leiden 1968, IV 4, pp. 65,48-66,51: "... sanet infirmos et deibilitet pravos et contingat privari naturas et permutari sibi elementa, ita ut quod non est ignis fiat ei ignis, et quod non est terra fiat ei terra, et pro voluntate eius contingant pluviae et fertilitas".

[56] Avicenna, *Liber de anima*, ed. Van Riet, IV 4, p. 65,38-39: "... cum anima fuerit constans, nobilis, similis principiis"; 65,45: "anima nobilis et fortissima".

[57] Avicenna, *Liber de anima*, ed. Van Riet, IV 4, p. 65,39: "... oboediet ei materia"; p. 66,51: "... et pro voluntate eius"; p. 66,55-57: "... nam materia oboedit ei naturaliter et fit ex ea secundum quod videtur eius voluntati; materia etenim omnino est oboediens animae".

spirito distaccato[58] –). Inoltre, il prerequisito per i *mirabilia* della profezia operativa, ossia il fatto che l'anima umana non sia imprigionata nella materia del suo corpo, ma presieda ad esso e che, in particolare, quella del profeta non sia sommersa dal suo attaccamento al corpo[59], adombra il distacco (punto 2).

Nel capitolo 4 di *De an.* IV, però, non c'è nulla che possa essere riferito ai punti 3) e 5) della citazione del *Von abegescheidenheit*. Tutti e cinque gli elementi, invece, compaiono nel cap. 6 del primo trattato del terzo libro del *De somno et vigilia* di Alberto il Grande, che contiene la ricostruzione albertina della dottrina avicenniana della profezia. Dalla sinossi in cui riporto i due passi appare così evidente che la fonte diretta del *Von abegescheidenheit* non è il *De an.* di Avicenna, ma il *De somno et vigilia* di Alberto, e che pertanto il passo in questione, più che una citazione esplicita di Avicenna, va considerato una citazione implicita di Alberto che a sua volta cita esplicitamente Avicenna. Questo fatto potrebbe spiegare la singolarità di questa citazione avicenniana, che, come si è detto in precedenza, è l'unica tra quelle presenti nelle opere tedesche a non essere attribuita ad un generico *meister*.

De somno et vigilia III 1 6;
Borgnet 184b-185b

Avicenna et Algazel ... dicunt enim quod *intellectus* in homine de natura intellectus est agentis, et est proprius ejus effectus: et ideo *est separatus* et non mixtus corpori ... Addunt etiam gradus esse in hujusmodi anima intellectuali: quia quidam sortiuntur *animas altiores*, et quidam inferiores. Altiores quidem quanto fuerint *abstractiores*, et intellectus eorum agentiores universaliter ... Hi autem qui superiores animas sortiuntur, aliquando ita *separati sunt intellectus* eorum, quod per conformitatem superioribus intelligentiis congruunt: et ex illa congruentia imprimunt in eis lumen suum, per quod

Von abegescheidenheit;
DW V, pp. 410,7-411,10

Ein meister heizet Avicenna, der sprichet: des *geistes*, der *abegescheiden stât*, des *adel* ist alsô grôz, *swaz er schouwet, daz ist wâr, und swes er begert, des ist er gewert, und swaz er gebiutet, des muoz man im gehôrsam sîn*. Und solt daz wizzen vür wâr: swenne der vrîe geist stât in rehter *abegescheidenheit*, sô *twinget er got ze sînem wesene*; und möhte er gestân formelôsiclich und âne alle zuovelle, *sô næme er gotes eigenschaft an sich*. Daz enmac aber got niemanne geben dan im selber; dâ von enmac got niht mêr getuon dem *abegescheidenen geiste*, wan daz er sich selben im gibet. Und der mensche,

[58] Markus Enders, *Abgeschiedenheit des Geistes*, pp. 72-73, osserva che la costrizione esercitata dallo spirito distaccato su Dio è in realtà condizionata dall'essere stesso di Dio: in altri termini, sarebbe la sua stessa natura a costringere Dio a comunicarsi allo spirito distaccato. Commentando i *Reden*, Loris Sturlese, *Meister Eckhart: ein Porträt*, in: Id., *Homo divinus*, pp. 17-21 (il contributo è apparso per la prima volta in "Eichstätter Hochschulreden" 90, Regensburg 1993), si sofferma sull' "Abgeschiedenheits-Theorem" e spiega questo processo, culminante nella divinizzazione dell'uomo, alludendo ad una necessità metafisica (p. 20).

[59] Avicenna, *Liber de anima*, ed. Van Riet, IV 4, p. 65,41-42: "anima humana ... non est impressa in materia sua, sed est providens ei"; p. 65,45-47: "non est mirum si anima nobilis

illuminantur ad *sciendum ea quae disposita sunt fieri in universo*, et sine medio corpore fit, *et in tantum exaltant nobilitatem hujus intellectus*, quod invenitur *anima quae omnia scit per seipsam*, ut dicunt: et est *quoad intellectum quasi Deus incarnatus*, qui perfectionem habet ad *omnia scienda* ex seipso ...

Talem autem *separationem intellectus agentis* dicunt etiam sequi potentiam animae operativam. Cum enim ipsa (ut dicunt isti) non sit immixta corpori, erit elevata super naturam corporis sui et naturam aliorum corporum. Omnis autem motor elevatus supra naturam, *agit in eam et mutat eam sicut intelligentiae mutant orbem et totam naturam generabilium et corruptibilium*: et hujus signum dicunt esse festinationem et virtutes magicas, in quibus (ut asserunt) *anima unius operatur in corpus alterius hominis et animam*, et impedit operationes ejus et imprimit suas ... in tantum enim *posse animae* dicunt aliquando congruere intelligentiae coelesti, quod *mutabit materias corporum sicut voluerint*: et tunc faciet ille homo mirabilia ...

der alsô stât in ganzer *abegescheidenheit*, der wirt alsô gezücket in die êwicheit, daz in kein zergenclich dinc bewegen enmac, daz er nihtes niht enpfindet, daz lîplich ist, und heizet der werlte tôt, wan im smacket niht, daz irdisch ist. Daz meinet sant Paulus, dô er sprach: ich lebe und lebe doch niht; Kristus lebet in mir.

Come in *De an.* IV 4, nel passo albertino si menziona la nobiltà (punto 1 – lin. 18-19: *nobilitatem hujus intellectus*) e si fa riferimento alla capacità dell'anima nobile di imporre la propria volontà alla realtà, trasformando la materia e compiendo prodigi (punto 4 – lin. 40-43: *posse animae ... mutabit materias corporum sicut voluerint*)[60].

A differenza della fonte avicenniana, però, nel passo albertino:

et fortissima trascendat operationem suam in corpore proprio ut, cum non fuerit demersa in affectum illius corporis vehementer ...".

60 Mentre nel *De somno et vigilia*, come del resto nelle fonti avicenniane, la nobiltà dell'anima è per nascita, il distacco eckhartiano è frutto della grazia: Eckhardus, *VAb*, DW V, pp. 412,8-413,3: "Diu (*i.e.* la Abgeschiedenheit) ziuhet danne den menschen in lûterkeit und von der lûterkeit in einvalticheit und von der einvalticheit in unwandelbærkeit, und diu bringent eine glîcheit zwischen gote und dem menschen; und diu glîcheit muoz beschehen in gnâden, wan diu gnâde ziuhet den menschen von allen zîtlîchen dingen und liutert in von allen zergenclîchen dingen". Questa è un'altra rielaborazione del testo albertino.

a) il distacco non è solo abbozzato, ma espresso chiaramente e ripetutamente per mezzo degli aggettivi *separatus* e *abstractus* (punto 2 – lin. 2-4: *intellectus ... et ideo est separatus*; 7-9: *animas altiores ... abstractiores*; 12: *separati sunt intellectus*)[61];

b) si descrivono le conseguenze teoretiche del distacco (punto 3) perché Alberto descrive l'anima nobile come capace di conoscere tutto (lin. 16-17: *ad sciendum ea quae disposita sunt fieri in universo*; 20: *anima quae omnia scit per seipsam*). Non solo, queste potenzialità conoscitive sono fatte dipendere da Alberto direttamente dalla nobiltà dell'intelletto distaccato (punto 1), proprio come nel passo del *Von abegescheidenheit* la contemplazione del vero è una diretta conseguenza della nobiltà dello spirito distaccato, al punto che si può parlare di una ripresa quasi letterale:

De somno et vigilia (lin. 18-20)	*Von abegescheidenheit* (lin. 2-4)
... in tantum exaltant nobilitatem hujus intellectus, quod invenitur anima quae omnia scit per seipsam ...	... des geistes, der abegescheiden stât, des adel ist alsô grôz, swaz er schouwet, daz ist wâr ...

c) l'anima nobile è capace di imporre la propria volontà alla realtà (punto 4) per effetto del distacco (*separatio*) dell'intelletto agente (lin. 25-27: *Talem autem separationem intellectus agentis dicunt etiam sequi potentiam animae operativam*), proprio come nella citazione del *Von abegescheidenheit* lo spirito distaccato può vedere soddisfatti i suoi desideri ed "imporre" a Dio di farsi presente in virtù della sua condizone di distacco;

d) c'è, infine, l'assunzione dell'essere divino (punto 5) da parte dell'anima nobile, che Alberto definisce, mercé la sua perfezione conoscitiva, una sorta di Dio fatto carne (lin. 21-22: *et est quoad intellectum quasi Deus incarnatus*). Non c'è traccia però in *De an.* IV 4 di questa definizione del profeta come Dio incarnato; questo concetto è infatti attinto da Alberto ad un altro luogo avicenniano[62]. Riproponendo la connessione tra la definizione della *Metaph.* e la descrizione della profezia operativa del *De an.*, Eckhart tradisce chiaramente la sua dipendenza dal *De somno et vigilia* di Alberto.

La profetologia avicenniana è pertanto recepita da Eckhart non solo attraverso una lettura diretta dei testi di Avicenna, come si è detto nel cap. III, ma anche attraverso la fondamentale mediazione del *De somno et vigilia* di Alberto, un testo che

[61] Josef QUINT, *Anmerkungen* zu: ECKHARDUS, *VAb*, DW V, p. 439, riporta una serie di altri luoghi eckhartiani in base ai quali il corrispettivo latino di *abegescheiden* risulta essere *separatus*. L'editore nota però che nella lista delle proposizioni condannate (II lista, art.55) l'espressione "abegescheidenen geistes" della *Pred.* 10 (DW I, p. 162,3) è tradotta con "abstracti spiritus" (LW V, p. 244,12). L'accostamento dei due termini (*separatus* e *abstractus*) nel passo albertino del *De somno et vigilia* "legittima" la traduzione adottata dai censori.

[62] AVICENNA, *Liber de philosophia prima* V-X, ed. VAN RIET, X 5, p. 553,16: "... fortasse fiet Deus humanus".

godette di straordinaria fortuna anche al di fuori della cerchia dei dotti latini, come, oltre al *Von abegescheidenheit,* confermano anche le citazioni dantesche[63].

È possibile anche un'influenza del *De intellectu et intelligibili*, un testo di Alberto largamente ispirato da Avicenna, nel quale affiorano, in luoghi diversi, i cinque concetti caratteristici della citazione del *Von abegescheidenheit* attribuiti all'insegnamento di Avicenna[64]; nell'ultimo capitolo, il *De intellectu et intelligibili* delinea la condizione dell'anima umana che ha assunto l'essere divino (punto 5) in maniera molto più esplicita di *De somno et vigilia* III 1 6, ma manca in questo caso il rimando ad Avicenna:

> ... anima sic reducta ... stat igitur substantiata et formata in esse divino in esse perfecta ..."[65].

Configurando una precisa intertestualità, il passo del trattato *Von abegescheidenheit* corrobora la convinzione, largamente diffusa tra gli studiosi, che Eckhart si sia ispirato alla dottrina dell'intelletto di Alberto, convinzione che raramente però si è tradotta in qualcosa di più probante della registrazione di affinità di contenuti e di comunanza di ispirazione[66]. Alain de Libera, in particolare, sostiene che l'*abe-*

[63] La storia della fortuna di questo scritto meriterebbe uno studio specifico. Bruno NARDI, *Raffronti tra alcuni luoghi di Alberto Magno e di Dante*, in: ID., *Saggi di filosofia dantesca*, Firenze ²1967, p. 67, ha documentato nel *Convivio* (IV, xxi, 2-3, 10) alcune citazioni di *De somno et vigilia* III 1 6, che è proprio il paragrafo citato anche nel *Von abegescheidenheit.* Altre osservazioni su questi passi nonché, più in generale, sull'uso di questo scritto albertino fatto da Dante sono in Bruno NARDI, *La conoscenza umana*, in: ID., *Dante e la cultura medievale* (Biblioteca Universale Laterza, 128), Roma-Bari 1990, pp. 149-152 (pubblicato per la prima volta nel 1942, poi pubblicato in un'edizione rivista e accresciuta nel 1949) e Bruno NARDI, *Dante profeta*, in: ID., *Dante e la cultura medievale*, pp. 288-292.

[64] Il distacco dell'intelletto (2) e le sue potenzialità conoscitive (3) emergono in ALBERTUS, *De intellectu et intelligibili*, ed. BORGNET (Ed. Paris., 9), Parisiis 1890, I 3 3, p. 501b: "Secundum autem facultatem naturae intellectualis quae est in hominibus, causatur quaedam intellectus divisio, de qua quidam philosophi faciunt mentionem, et praecipue Aristoteles et *Avicenna* ... Est enim quidam *intellectus* plus continuo et tempori ... immixtus: quidam autem plus *separatus* ... Secundi autem quasi per se aut ex parva doctrina *nati sunt intelligere omnia* ... anima intellectualis *cuncta operatur*". La deificazione dell'intelletto (5), secondo la formula tratta dalla *Metaphysica* di Avicenna, compare in ALBERTUS, *De intellectu et intelligibili*, ed. BORGNET, II 9, p. 517a: "Propter quod dicit *Avicenna*, quod aliquando illi lumini vere permixtus *intellectus* futura praeordinat et praedicit, et *quasi Deus quidem esse perhibetur*". La nobiltà, o eccellenza, (1) e la capacità di imporsi sulla materia modificandola (4) sono presenti in un altro passo: ALBERTUS, *De intellectu et intelligibili*, ed. BORGNET, II 11, p. 519b: "... et hoc etiam modo *animae excellentium virorum* plura ambiunt quam corpora propria ... et ideo aliquando *obediunt* eis *transmutationes exteriorum* ... et hi sunt de quibus *philosophi* dicunt, quod *operantur mirabilia in conversionibus* hominum et naturarum". I filosofi cui l'ultimo testo allude sono chiaramente Avicenna ed Algazel. I corsivi sono miei.

[65] ALBERTUS, *De intellectu et intelligibili*, ed. BORGNET, II 12, p. 520b.

[66] Sturlese ha insistito a più riprese sulla continuità di alcuni motivi noetici e antro-

gescheidenheit eckhartiana è una cristianizzazione dell'*intellectus sanctus-assimilatus-divinus* di Alberto e dello stato di elevazione dell'anima del profeta di Avicenna e allega a sostegno di questa tesi proprio il luogo del *Von abegescheidenheit* appena esaminato[67]. Lo studioso francese coglie indubbiamente nel segno, non identifica tuttavia la fonte diretta di quel luogo. L'analisi testuale qui condotta conferma la sua intuizione individuando nel *De somno et vigilia* un canale effettivo attraverso cui la noetica albertino-avicenniana raggiunse Eckhart.

Dall'analisi svolta, inoltre, emerge che la spiegazione oggi prevalente dell'origine della *abegescheidenheit* eckhartiana è parziale: infatti, finora gli studiosi hanno visto nell'intelletto possibile descritto da Aristotele in *De anima* III 4 (429a10-430a10) sulla base della concezione anassagorea – l'intelletto è separato, incommisto, semplice, senza alcunché in comune con qualcos'altro –[68] il paradigma secondo il quale Eckhart ha elaborato il filosofema della *abegescheidenheit*[69]. La componente albertino-avicenniana è invece rimasta sostanzialmente in ombra.

pologici, in particolare sulla comune enfasi sulla divinità dell'intelletto umano: cf. Loris STURLESE, *Meister Eckhart: ein Porträt*, pp. 21-24, 32; ID., *Von der Würde des unwürdigen Menschen. Theologische und philosophische Anthropologie im Spätmittelater*, in: *Homo divinus*, pp. 35-45, spec. 38, 43 (apparso per la prima volta in: *Mittelalterliche Menschenbilder*, hrsg. v. Martina NEUMEYER [Eichstätter Colloquium, 8], Regensburg 2000, pp. 21-34). Emilie ZUM BRUNN, *La doctrine albertinienne et eckhartienne de l'homme d'après quelques textes des «Sermons allemands»*, in: *Albert der Große und die deutsche Dominikanerschule. Philosophische Perspektiven*, hrsg. v. Ruedi IMBACH, Christoph FLÜELER (Sonderdruck aus der Freiburger Zeitschrift für Philosophie und Theologie 32 [1985], Heft 1/2), Freiburg Schweiz 1985, osserva che Eckhart fa propria la concezione albertina – e avicenniana – dell'anima come sostanza autonoma e per natura tendente all'Uno, ma la supera in una prospettiva negativa insistendo sull'inconoscibilità della stessa. La rilevanza del passo del *Von abegescheidenheit* è accresciuta inoltre dal fatto che le poche citazioni esplicite di Alberto contenute nell'*Opera omnia* di Eckhart non riguardano, ad eccezione di una – la seconda di quelle contenute nella *Pred.* 80 – la dottrina dell'intelletto: cf. Bernhard GEYER, *Albertus Magnus und Meister Eckhart*, in: *Festschrift Josef Quint anläßlich seines 65. Geburtstages überreicht*, hrsg. v. Hugo MOSER, Rudolf SCHÜTZEICHEL, Karl STACKMANN, Bonn 1964, pp. 121-126; Loris STURLESE, *Albert der Grosse und die deutsche philosophische Kultur des Mittelalters*, in: *Homo divinus*, pp 7-9 (pubblicato originariamente in: Freiburger Zeitschrift für Philosophie und Theologie, 28 [1981], pp. 133-147); Kurt RUH, *Geschichte der abendländischen Mystik*, III, pp. 126-129.

67 Alain DE LIBERA, *Raison et foi. Archéologie d'une crise d'Albert le Grand à Jean-Paul II*, Paris 2003, pp. 330-333.

68 L'aggettivo separato (χοριστός) compare in relazione all'intelletto possibile in ARISTOTELES, *De anima* III 4, 429b5.

69 Bernhard WELTE, *Meister Eckart als Aristoteliker*, in: ID., *Auf der Spur des Ewigen. Philosophische Abhandlungen über verschiedene Gegenstände der Religion und der Theologie*, Freiburg-Basel-Wien, pp. 197-210, spec. 199-201; Josef QUINT, *Anmerkungen* zu: ECKHARDUS, *VAb*, DW V5, pp. 439-440; Niklaus LARGIER, *Stellenkommentar*, in: MEISTER ECKHART, *Werke. Texte und Übersetzungen*, 2 voll., hrsg. v. Niklaus LARGIER (Bibliothek des Mittelalters, 20-21), Frankfurt a.M. 1993, II, pp. 806-807; Markus ENDERS, *Abgeschiedenheit des Geistes*, pp. 82-85; Erik Alexander PANZIG, *gelâzenheit und abegescheidenheit – zur Verwurzelung bei-*

La *abegescheidenheit* è un concetto complesso. Esso designa da un lato il processo di affrancamento dai vincoli della creaturalità e della temporalità, di superamento dell'io come complesso di rappresentazioni e intenzioni orientate a sè, dall'altro indica l'avanzare dell'anima verso Dio e il farsi presente di Dio all'anima, in una parola la *Gottesgeburt*[70]. Si tratta di due facce della stessa medaglia, di un processo simbiotico – lo svuotarsi dai vincoli terreni e dall'*eigenschaft* coincide con il riempirsi di Dio – che solo in astratto è possibile suddividere in due componenti.

Il modello concettuale alla base della dinamica della liberazione da materia, tempo e immagini è l'intelletto possibile aristotelico-anassagoreo che, essendo separato ed incommisto, è pura apertura e recettività. In quanto per essenza intelletto, l'uomo è capace di separarsi da tutto ripristinando così la sua natura di intelletto che è in potenza tutte le cose, ma che proprio per questo non si identifica con alcuna[71]. La noetica di matrice albertino-avicenniana, invece, fornisce l'armamentario concettuale per descrivere l'incontro con Dio nel fondo dell'anima: il sintagma *Deus incarnatus* e l'obbedienza della materia al profeta, opportunamente reinterpretati, significano l'unione con Dio e l'inevitabilità della presenza di Dio nel distacco[72].

der Theoreme im theologischen Denken Meister Eckharts, in: *Meister Eckhart in Erfurt*, hrsg. v. Andreas SPEER, Lydia WEGENER (Miscellanea Mediaevalia, 32), Berlin-New York 2005, pp. 344-355, spec. 345-348; Erik Alexander PANZIG, *Lateinische und deutsche Terminologie in der Theologie Meister Eckharts*, in: *Meister Eckhart aus theologischer Sicht*, hrsg. v. Volker LEPPIN, Hans-Jochen SCHIEWER (Meister-Eckhart-Jahrbuch, 1), Stuttgart 2007, pp. 161-164, spec. 162. Secondo Niklaus LARGIER, *Penser la finitude. Création, détachement, et les limites de la philosophie dans l'oeuvre de Maître Eckhart*, in: Revue de sciences religieuses, 71 n° 4 (1997), p. 464, l'*abegescheidenheit* eckhartiana farebbe riferimento ad Aristotele ed Anassagora, ma soprattutto ad Avicenna; lo studioso svizzero rimanda alla *Pred.* 15, in cui Eckhart però non menziona Avicenna.

70 Josef QUINT, *Anmerkungen* zu: ECKHARDUS, *VAb*, DW V, p. 438; Erik Alexander PANZIG, *gelâzenheit und abegescheidenheit*, pp. 347-349.

71 ECKHARDUS, *In Ioh.* n. 318, LW III, pp. 265,12-266,7: "... homo ab intellectu et ratione homo est. Intellectus autem abstrahit ab hic et nunc et secundum genus suum nulli nihil habet commune, impermixtus est, separatus est, ex III De anima ... Esto talis: humilis, scilicet subiectus deo, separatus a tempore et continuo, impermixtus, nulli nihil habens commune: venis ad deum, et deus ad te". Il riferimento al modello aristotelico-anassagoreo è presente anche nel *Von abegescheidenheit* con l'immagine della *tabula rasa* (ARISTOTELES, *De anima* III 4 429b31-430a1). ECKHARDUS, *VAb*, DW V, pp. 425,5-426,5, sostiene infatti che Dio può operare solo sullo spirito davvero distaccato, separato dal questo e dal quello, sul quale non sia scritto niente. Sull'intelletto possibile in Eckhart, cf. Burkhard MOJSISCH, *Meister Eckhart. Analogie, Univozität und Einheit*, Hambug 1983, pp. 126-130.

72 Come si è detto nel capitolo III, anche la dottrina del "saeculum intelligibile" tratta da *Metaphysica* IX 7 è applicata da Eckhart alla "fase dell'incontro" con Dio, ossia al processo di ricomprensione unitaria della realtà nella purezza originaria dell'intelletto divino che coincide con il fondo dell'anima.

Conclusioni

Tra le fonti eckhartiane Avicenna occupa un posto di primo piano. Il numero di citazioni ed altri elementi formali, quali la precisione nell'indicazione dei passi citati, la lunghezza e la letteralità di un buon numero di citazioni, rivelano che il domenicano tedesco ebbe grande familiarità con gli scritti del filosofo persiano.

Non si tratta però solo di questo. Da quanto detto emerge un interesse reale per alcune dottrine avicenniane; quella di Eckhart fu una lettura selettiva, orientata ad alcuni luoghi dell'opera di Avicenna, ma proprio per questo ognuna delle sue citazioni acquista un valore particolare, segnalando generalmente un'adesione alle teorie avicenniane. Anche nel caso di dissenso – la dottrina dell'emanazione dalla Causa Prima per mezzo delle intelligenze – Avicenna fu per Eckhart un interlocutore autorevole, fu un "hôher meister".

Per esigenze di spazio in questa sede ho esaminato solo le citazioni riguardanti la teoria della conoscenza e quelle relative alla profezia. I risultati sono di estremo interesse: concetti e dottrine chiave della riflessione eckhartiana – le due *facies* dell'anima, il *grunt* o fondo dell'anima, il ruolo decisivo dei sensi, la condizione di perfezione intellettuale, la dottrina della profezia e i suoi presupposti metafisici, la *abegescheidenheit* – affondano le loro radici anche, e talvolta prevalentemente, in alcuni passi avicenniani. Alla luce dei luoghi esaminati non mi pare esagerato parlare di un "avicennismo" di Eckhart su questi temi.

Estendere l'analisi alle citazioni non studiate in questo contributo – quelle di carattere metafisico appaiono altrettanto rilevanti –, andare alla ricerca di citazioni implicite non ancora documentate, cogliere integralmente la portata ma anche le contraddizioni dell'influenza avicenniana, ricostruirne i nessi e le commistioni con altre fonti (Agostino ed Aristotele su tutte), in sintesi definire con nettezza i contorni dell'avicennismo eckhartiano, anche in ambiti diversi da quelli noetico e profetologico, appare un'esigenza irrinunciabile degli studi eckhartiani.

INDEX

AVICENNA

1. De animalibus

Avicennae perhypatetici philosophi ... *Opera in lucem redacta ... De animalibus*, Venetiis 1508 (ripr. facs. Leuven 1961).

1 VIII c. 4/38va31-35 . . . . LW **3**,227,6

Ad hoc autem exemplum est quod ponit Avicenna in libro De animalibus, ubi ait: »ericii sentiunt ventum septentrionalem et austrinum, antequam fiant, et intrant petras, ne percutiantur a vento. Et erat quidam homo apud Constantinopolim et habebat ericium et per ipsum praedixit ventos et per ipsum factus est dives«. Verba sunt Avicennae. Vult dicere quod per pecuniam a nautis acceptam, ut ventum praediceret, ditatus est. Sic enim videmus apud nos quod ingeniosiores concipiunt et vident conclusiones in causis universalibus, quas non vident tardiores.

2 VIII c. 7/40va30-35 . . . . LW **1/1**,430,1 (=**1/2**,315,14)

Rursus in libro suo De animalibus l. VII in fine sic dicit Avicenna: »de mirabilibus animalium est, quando gallina vincit gallum in pugna, eirigit quasi esset gallus et elevat caudam suam et percutit suis alis in sua luxuria sicut gallus, et aliquando nascitur cornu in crure suo quasi gallo. Et in hoc potest percipi oboedientia naturae in cogitationibus animae, quando propter suam cogitationem post pugnam nascebatur ei cornu in crure«. [Eckhart si riferisce a questo passo nella *Tabula auctoritatum libri Genesis*: LW 1/1, p. 145,12-13: "Ibi invenies multa ex Avicenna et Augustino de virtute, qua natura oboedit imaginationi"]

3-5 IX c. 1/41ra36-45. . . . . LW **1/1**,591,11; **1/2**,227,12; **2**,417,6

[5] Vult enim philosophus De animalibus quod semen patris non transit materialiter in substantiam prolis, sed se habet ad sanguinem matris de quo formatur sicut carpentarius sive ars carpentandi ad ligna, de quibus formatur domus. Avicenna tamen De animalibus vult quod ex semine patris formetur proles et fiunt sive transeunt materialiter in spiritus vitales pueri.

6 IX c. 5/44ra59-64. . . . . LW **1/1**,663,11

Unde secundum Avicennam mas communiter non generat post septuaginta annos neque mulier post quinquaginta fecundatur.

2. Liber Canonis

AVICENNA *Liber Canonis*, Venetiis 1507 (ripr. facs. Hildesheim-Zürich-New York 1998).

Avicenna dat tres causas sive utilitates cancellationis nervorum opticorum, quarum haec est una, ut impedito vel clauso uno oculo virtus visiva in ipsa cancellatione concurrens tota convertatur ad alium.

3. Liber de anima seu Sextus de naturalibus

AVICENNA LATINUS, *Liber de anima seu Sextus de naturalibus,* ed. Simone VAN RIET, Louvain-Leiden. 1968-1972. I rinvii a edizioni precedenti sono stati aggiornati.

1-3 I c. 1/15,78-16,80 .... LW **4**,458,5; DW **1**,281,10; 417,8

[1] ... odire debet, quia 'anima', quia 'sua', quia 'in hoc mundo'. Primum propter duo: primo, quia secundum Avicennam non est nomen essentiae in se. – [2] Ez sprichet ein meister: daz wort sêle daz enmeinet den grunt und die natûre der sêle enrüeret ez niht. – [3] Einez ist in der sêle, in dem got blôz ist, und die meister sprechent, ez sî namelôs, und ez enhabe keinen eigenen namen.

4 I c. 1/26,24-27,36 .... DW **1**,281,12

Dâ von sprichet ein meister: swer dâ schrîbet von bewegelîchen dingen, der enrüeret die natûre noch den grunt der sêle niht. Swer nâch der einvalticheit und lûterkeit und blôzheit die sêle, als si in ir selber ist, nennen sol, der enkan ir enkeinen namen vinden. Sie sprechent ir sêle: daz ist, als der einen zimberman nennet, der ennennet in niht einen menschen noch Heinrîch noch niht nâch sînem wesene eigenlîche, mêr: man nennet in nâch sînem werke.

5-7 I c. 1/26,26-27,29 .... DW **1**,53,2; 281,10; 417,8

[5] Diu sêle ist als edel an irme hœhsten und lûtersten, daz ir die meister keinen namen enkünnen vinden. Sie sprechent ir sêle, dâ si dem lîbe daz wesen gibet.

8-9 I c. 1/26,27-27,32 .... LW **3**,459,8; **4**,459,2

[8] Anima enim, ut dicit Avicenna circa principium libri VI suorum Naturalium, non est nomen naturae, sed officii, inquantum scilicet animat corpus, puta si quis dicatur artifex esse, aedificator scilicet, pictor et huiusmodi.

10 I c. 1/26,27-27,36 .... DW **1**,288,1

Ein meister sprichet: als wênic daz ouge ze tuonne hât mit dem gesange und daz ôre mit der varwe, als wênic hât diu sêle in ir natûre ze tuonne mit allem dem, daz in dirre werlt ist.

11 I c. 5/83,56-90,63 .... LW **3**,611,1

Primum est quod secundum Avicennam VI Naturalium p. 4 quinque sunt sensus interiores in homine, quibus annumeratis quinque sensibus exterioribus fiunt decem potentiae animae sensitivae, quibus adiunctis intellectu et voluntate habentur duodecim potentiae cognitivae in homine iuxta numerum duodecim apostolorum.

12-13 I c. 5/86,94-96 . . . . LW **1/1**,382,2 (=**1/2**,267,16); DW **2**,138,2

[12] Unde et Avicenna dicit quod sensus a sensibilibus redeunt ad animam cum suis lucris. – [13] Ein meister sprichet, daz »die krefte der sêle mit grôzer vruht wider süln loufen ze der sêle«; als sie ûzgânt, sô bringent sie ie etwaz wider în.

14-16 I c. 5/94,8-14 . . . . LW **1/1**,605,8; DW **2**,30,1; 218,3

[14] ... sic intellectuale in nobis distinguitur in superius et inferius, quae Avicenna vocat duas facies animae. Augustinus vero vocat ista rationem superiorem et rationem inferiorem. – [15] Die meister sprechent, diu sêle habe zwei antlütze, und daz ober antlütze schouwet alle zît got, und daz nider antlütze sihet etwaz her abe und berihtet die sinne ... – [16] Sant Augustînus sprichet – und mit im ein ander, heidenischer meister – von zwein antlützen der sêle. Daz ein ist gekêret in dise werlt und ze dem lîbe; in dem würket si tugent und kunst und heilic leben. Daz ander antlütze ist gekêret die rihte in got; in dem ist âne underlâz götlich lieht und würket dar inne, aleine.

17 I c. 5/94,10-12 . . . . DW **1**,275,7

18-19 I c. 5/100,85-87 . . . . LW **1/1**,579,12; DW **1**,136,3

[18] Et hoc Avicenna De anima p. I capitulo ultimo dicit: »obligatio corporis cum anima« »est propter hoc, ut perficiatur intellectus contemplativus et sanctificetur et mundetur«. – [19] Ein meister sprichet: diu sêle ist dar umbe dem lîbe gegeben, daz si geliutert werde.

20 II c. 4/150,76-80; 152,12-153,21.23-25 . . . . LW **3**,614,1

Unde narrat Avicenna VI Naturalium p. 2 c. 6 quod tigrides post stragem magnam factam in Graecia venerunt a quingentis leucis ad cadavera interfectorum, eo quod aves illae volant in altissimis et sint visus actui valde. Propter quod poterat esse quod sic a remotis viderent corpora interfectorum, aut etiam ut venti validi commoventes aera detulerunt vaporem cadaverum ad loca viciniora avibus illis.

21 III c. 1/173,46-57 . . . . LW **3**,397,11

Exemplum est secundum Avicennam de colore in pariete qui concaptus non potest se multiplicare in medio nisi adiutus ex lumine exteriori; est enim color lux imperfecta.

22 III c. 2/184,3-5 . . . . LW **3**,397,11

23 IV c. 1/1,4-11,50 . . . . LW **3**,611,1

24 IV c. 2/28,87-29,92; 29,1-30,4; 32,41-44 . . . . DW **1**,275,7

25 IV c. 2/28,87-29,94 . . . . LW **3**,217,7

Et Avicenna VI Naturalium parte 4 c. 2 sic ait: »animae humanae maiorem habent comparationem« sive colligationem »cum substantiis angelicis quam cum corporibus sensibilibus, et non est illic occultatio aliqua neque avaritia, sed occultatio est secundum receptibilia, aut quia sunt infusa corporibus aut quia sunt inquinata ab his, quibus deprimuntur deorsum. Cum autem otiantur ab his actionibus, merentur videre quod est illic. Primum autem quod videtur, est id quod pertinet ad illum hominem vel ad suos vel ad suam terram vel ad suam civitatem vel ad suum clima«. Hucusque verba Avicennae ubi supra. Quae si sollerter inspiciantur, possent sufficere ad evidentiam praemissorum.

26 IV c. 2/29,89 . . . . LW **3**,219,1

27 IV c. 2/29,89-91 . . . . LW **3**,555,13

28-30 IV c. 4/64,20-24 . . . . LW **4**,385,11; 397,8; DW **4**,782,18

[28] Avicenna dicit et probat exemplis quod ad curam plus valet fiducia quam medicus et sua instrumenta. – [30] Dar umbe sprechent etlîche meister, daz der begrif der sêlê mê würket an dem lîbe dan der arzât und alliu ...

31 IV c. 4/64,20-29 . . . . LW **1/1**,429,5 (=**1/2**,315,5)

... Avicenna VI Naturalium p. IV c. 4 sic ait: »attende dispositionem infirmi, cum credit se convalescere, aut dispositionem sani, cum credit se aegrotare. Multotiens contingit ex hoc, ut, cum corroboratur forma in anima eius, patiatur ex ea ipsius materia et proveniat ex hoc sanitas aut infirmitas. Et est actio haec efficacior quam id quod agit medicus instrumentis suis et mediis. Et propter hoc homo potest ambulare super trabem, quae est in media via; sed si posita fuerit pons super aquam profundam, non audebit ambulare super eam, eo quod imaginatur in anima eius forma cadendi vehementer impressa, cui oboedit natura eius et virtus membrorum eius«. [Eckhart si riferisce a questo passo nella *Tabula auctoritatum libri Genesis*: LW I/1, p. 145,12]

32 IV c. 4/64,31-65,38 . . . . LW **3**,224,4

Haec est radix, super quam fundant sapientes prophetiam naturalem et futurorum praecognitionem, iterum Avicenna in VI Naturalium parte 4 et Algazel in fine Physicae suae fascinationem.

33 IV c. 4/65,38-66,59 . . . . DW **5**,410,7

Ein meister heizet Avicenna, der sprichet: des geistes, der abegescheiden stât, des adel ist alsô grôz, swaz er schouwet, daz ist wâr, und swes er begert, des ist er gewert, und swaz er gebiutet, des muoz man im gehôrsam sîn. Und solt daz wizzen vür wâr: swenne der vrîe geist stât in rehter abegescheidenheit, sô twinget er got ze sînem wesene; und möhte er gestân formelôsiclich und âne alle zuovelle, sô næme er gotes eigenschaft an sich. Daz enmac aber got niemanne geben dan im selber; dâ von enmac got niht mêr getuon dem abegescheidenen geiste, wan daz er sich selben im gibet. Und der mensche, der alsô stât in ganzer abegescheidenheit, der wirt alsô gezücket in die êwicheit, daz in kein zergenclich dinc bewegen enmac, daz er nihtes niht enpfindet, daz lîplich ist, und heizet der werlte tôt, wan im smacket niht, daz irdisch ist.

34-35 V c. 1/77,14-19 . . . . LW **1/1**,514,10; DW **2**,397,2

[34] Exemplum Avicennae est in domificatore, cuius dicere sive concipere practice domum non est producere domum ex imperfectione, qua partes domus et materia sunt extra artificem et habent esse ab alio. Deus autem, utpote prima causa et

omnium – extra ipsum nihil est, ‘et sine ipso factum est nihil’ – in ipso necessario dicere sive concipere quippiam est illud producere sive facere. – [35] Ein meister sprichet: ein zimberman, der ein hûs machet, der hât ez ê in im gebildet; und wære daz holz genuoc undertænic sînem willen, als snelle er ez wölte, als snelle wære ez; und wære der materie abe, sô enwære dâ niht mê underscheides dan daz gebern und daz gâhes geborne. Sehet, alsô enist ez in gote niht, wan kein zît noch stat in im enist; dar umbe sint sie ein in gote und enist niht underscheides dan entgiezunge und entgozzenheit.

36 V c. 2/89,97-98 . . . . LW 4,93,7

Circa quod nota quomodo secundum Avicennam semel tactum condicione corporali nunquam recipitur nec in intellectu aut sensu, <sed> virtute luminis intellectualis exuitur his omnibus antequam recipiatur.

37-38 V c. 3/102,97-99 . . . . LW **1/1**,382,2 (=**1/2**,267,16); DW **2**,138,2

39 V c. 6/134,41-44 . . . . LW 4,93,7

4. Liber de philosophia prima sive de Scientia divina

Avicenna Latinus, *Liber de philosophia prima sive de Scientia divina,* ed. Simone Van Riet, Louvain-Leiden 1977-1980. I rinvii a edizioni precedenti sono stati aggiornati.

1-3 I c. 5/31,2-32,4 . . . . LW **1/1**,154,5 (=**1/2**,27,10); **2**,35,5; 147,10

[2] ... ens est primum, quod in intellectu cadit, ut ait Avicenna.

4-8 I c. 5/34,55-35,64 . . . . LW **1/1**,159,1 (=**1/2**,31,22); 502,9; 534,4; **2**,341,6; **5**,292,1

[5] ... omne enim quod ab alio est et creatum est, habet esse sive quo est ab alio, id autem quod est sive quiditatem non habet ab alio, ut ait Avicenna. – [6] Avicenna etiam ponit quod quid est sive quiditatem, quae et ratio est, non esse ab alio. [Eckhart si riferisce alla citazione n. 6 nella *Tabula auctoritatum Libri parabolarum Genesis*: LW I/1, p. 465,7-8: "... tertio ex dictis Augustini, Platonis, Boethii, Avicennae, Chrysostomi ..."]

9 I c. 7/48,39-55,55 . . . . LW **2**,451,8

Hinc est enim quod deus, cum sit eodem »deus et hic deus«, utpote simplex, convincitur esse unus deus, sicut probat Avicenna I Metaphysicae capitulo paenultimo ...

10 II c. 4/98,42; 102,23-103,35 . . . . LW **1/1**,498,6

Tertio sciendum quod non obstante hoc, quod materia est propter formam, nihilominus tamen forma substantialis non plus potest esse sine materia quam materia sine forma, ut docet Avicenna in Metaphysica l. III.

11 III c. 5/137,55-56 . . . . LW **1/1**,249,11 (=**1/2**,133,7)

Unde Avicenna III Metaphysicae de quiditate numeri sic ait: »quidam dixerunt dualitatem non esse aliquem« numerum sive »de numeris«.

12-13 III c. 5/137,55-138,79 . . . . LW **1/1**,250,1 (=**1/2**,133,12); **2**,121,8

[13] Patet ex hoc quod apud Augustinum binarius non est numerus, sed quaternarius est primus par numerus, sicut primus impar est ternarius. Gregorius in hoc concordat l. I Moralium cum Augustino. Sed Avicenna III Metaphysicae de hoc disputans secus sentit.

14-18 V c. 1/233,33-39 . . . . LW **1/1**,159,1 (=**1/2**,31,22); 502,9; 534,4; **2**,341,6; **5**,292,1

est, ab eo est, et non est communicans ei quod est ab ipso. Ipse vero est <omne quod est>, et tamen non est aliquid ex his«.

37 VIII c. 6/412,55-56.59-62 . . . . .LW **4**,428,3

Oportet enim prius se toto bullire quidpiam et sic tandem ebullire, ut sit in se toto perfectum, exuberans plus quam perfectum. Vide Avicennam, VIII Metaphysicae c. 6 in principio.

38-39 VIII c. 6/412,59-62 . . . . .LW **2**,27,10; **3**,218,1

[39] ... Avicenna VIII Metaphysicae c. 6 ait: »necesse esse«, deus scilicet, »est plus quam perfectum, quoniam ipsum esse, quod est ei, non est et tantum, immo etiam omne esse est exuberans ab eius esse et est et fluit ab ipso, et ipsum est pura bonitas«.

40-41 VIII c. 6/412,63 . . . . LW **5**,289,1; 311,16

42-43 VIII c. 6/412,63-65 . . . . LW **2**,558,4; 589,7

[42] Et hoc est quod dicit Avicenna VIII Metaphysicae c. 6: »id quod desiderat omnis <res> est esse et perfectio esse, inquantum est esse. Privatio vero, inquantum est privatio, non desideratur nisi inquantum eam sequitur esse«.

44 VIII c. 6/412,63.65-66 . . . . LW **1/1**,569,2

45-52 VIII c. 6/412,63-66 . . . . LW **1/1**,153,9 (=**1/2**,27,4); 319,13 . . . . (=**1/2**,205,7); 487,12; **2**,273,9; 512,12; **3**,347,8; 474,6; **4**,165,6

[48] Et hoc est quod dicit Avicenna VIII Metaphysicae c. 6: »id quod desiderat omnis res est esse et perfectio esse, inquantum est esse«. »Illud igitur quod vere desideratur est esse«. [Il luogo avicenniano è citato anche negli *Acta* del *Processus contra magistrum Echardum*: LW V, p. 212,2]

53 VIII c. 6/412,63.66 . . . . LW **1/1**,387,6 (=**1/2**,271,26)

54 VIII c. 6/414,5-14 . . . . .LW **4**,426,13

55 VIII c. 7/429,21-430,29.32-34 . . . . .LW **2**,42,6

Secundo accipiatur verbum Avicennae VIII Metaphysicae capitulo ultimo, ubi dicit: »quod prima proprietas de deo est quia est«, id est esse. In »aliis autem proprietatibus« in quibusdam est »esse cum relatione«, in quibusdam vero est »esse cum negatione«, cuius ratio est, ut dicit, quia »nulla harum duarum proprietatum facit in dei essentia debere esse multitudinem ullo modo nec variationem«. Verbi gratia, cum dicitur deus esse »substantia«, »negatur« ab ipso »esse in subiecto. Dum dicitur deus unus, non intelligitur« »nisi negata ab eo omni divisione«. Cum dicitur quod deus »est primus, non intelligitur in eo nisi relatio sui esse ad omne« vel ad omnia. Et sic de similibus.

56 IX c. 1/434,3-4 . . . . .LW **2**,27,10

57 IX c. 1/434,3-4.6-9.12-13 . . . . LW **2**,620,4

Et hoc est quod dicit Avicenna IX Metaphysicae in principio: »manifestum est quod universitas habet principium quod est necesse esse«, »nec est aliquid simile sibi nec communicans, eo quod ipsum non est divisibile in partes nec effectu nec positione nec aestimatione nec intellectu«, »et ideo propter unitatem est impar«.

58-59 IX c. 1/434,11-13 . . . . LW **2**,124,7; DW **1**,216,2

[58] Minor probatur ex Avicenna IX Metaphysicae c. 1 qui ait et ostendit quod deus non habet parem. – [59] Nû sprichet ein heidenischer meister, der mit natiurlîchen sinnen dar zuo kam: got enmac als wênic glîch lîden, als wênic er niht gelîden enmac, daz er got niht ensî.

60-63 IX c. 2/456,48-457,51 . . . . LW **2**,367,4; **3**,124,8; **4**,113,8; 179,8

[61] Nam apud philosophos eadem erat diversitas opinionum circa generationem formarum substantialium et virtutum, et Avicenna ponit virtutes esse a datore formarum sicut formas rerum substantiales, adaequans has illis. – [62] Nota quomodo Avicenna nullam formam dicit esse ab agente cum motu et tempore, sed solum disponi, formam autem propter sui perfectionem et simplicitatem – sicut et scientiam – a datore intelligentia supra tempus et motum.

64 IX c. 2/458,74-77 . . . . LW **3**,180,12

65 IX c. 2/458,74-79 . . . . LW **2**,119,7

Hinc est quod Avicenna signanter dicit caelum esse et moveri in ubi. Ubi enim accipitur ex loco quidem, non considerato tamen ordine partium in loco.

66 IX c. 4/476,37-488,95 . . . . LW **1/1**,194,5 (=**1/2**,69,9)

[Eckhart si riferisce a questa citazione nella *Tabula auctoritatum libri Genesis*: LW I/1, p. 133,12: "... secundo ex Avicenna ..."]

67-70 IX c. 4/479,4-480,11; 481,43-484,99 . . . . . . LW **1/1**,202,3 (=**1/2**,77,10);
. . . . 2,356,9; DW **1**,130,9; 300,3

[68] Sunt enim qui putant, ut Avicenna et sui sequaces, quod a primo sit primo et immediate creata intelligentia et ab illa deinceps alia. Dicendum est enim quod totum universum tamquam unum totum, sicut ipsum nomen indicat, quod dicitur universum tamquam unum, est ab uno simplici, unum ab uno, primo et immediate. – [69] Ein meister sprichet, daz etlîche crêatûren sô nâhe gote sint und hânt sô vil gedrücket in sich gôtliches liehtes, daz sie andern crêatûren wesen gebent. – [70] Ez sprichet gar ein hôher meister, daz der oberste engel der geiste sô nâhe sî dem êrsten ûzbruche und sô vil in im habe götlîcher glîchnisse und götlîcher maht, daz er habe geschaffen alle dise werlt und dar zuo alle die engel, die under im sint.

71 IX c. 4/481,43-484,99 . . . . LW **4**,314,7

Vide in primo angelo, utpote deo proximo; sic similis procedit, ut innectatur et divinae sit consors naturae – adeo, ut Avicenna primam intelligentiam dicat omnium sequentium creatricem.

72-75 IX c. 5/493,94-95 .... LW **2**,367,4; **3**,124,8; **4**,113,8; 179,8

76 IX c. 5/494,6-10 .... LW **2**,367,6

Hinc est quod Avicenna in Metaphysica sua dicit iustitiam et virtutem esse a datore formarum, accidentia vero corporalia dicit esse per actionem qualitatum activarum corporis alterantis.

77-78 IX c. 6/498,6-8 .... LW **4**,68,10; 330,12

[78] Seneca dicit quod »nullum in alto malum est«, et Avicenna dicit quod supra sphaeram lunae malum non invenitur.

79 IX c. 6/499,31-39 .... LW **4**,187,3

80 IX c. 6/499,33-37 .... LW **3**,366,11

81 IX c. 6/505,66-69 .... LW **2**,533,3

Et hoc est quod Avicenna docet IX Metaphysicae c. 6 diffuse, ubi quasi in fine capituli sic ait: »neglectum fuit hoc« »ut, si non esset sic, ordo universitatis non esset perfectus«. »Dictum est enim in lege: creavi istos ad infernum, non curo; creavi istos ad paradisum, non curo«. Verba sunt Avicennae.

82-83 IX c. 7/510,72; 511,79-80 .... LW **4**,106,1; 228,1

84 IX c. 7/510,72-73; 511,78-80.83 .... LW **1/1**,270,13 (=**1/2**,155,6)

Unde Avicenna IX Metaphysicae c. 7 sic ait: »sua perfectio animae rationalis est, ut fiat saeculum intelligibile et describatur in ea forma totius«, »quousque perficiatur in ea dispositio esse universitatis et sic transeat in saeculum intellectivum, instar esse totius mundi«. Hinc est quod homo procedit a deo »in similitudinem« divinae »substantiae« ... [Il passo eckhartiano contenente questa citazione sembra essere stato citato da Teodorico di Freiberg: cf. Loris Sturlese, *Dietrich di Freiberg lettore di Eckhart?*, in: Giornale critico della filosofia italiana 85 [87] (2006), pp. 437-457, spec. pp. 444-446]

85-89 IX c. 7/510,72-511,80 .... DW **1**,49,5; 288,7;
.... 291,2; **2**,220,2; **4**,216,36

[85] Ez sprechent etlîche meister, diu sêle sî gemachet von allen dingen, wan si eine mügelicheit hât alliu dinc ze verstânne. – [86] Ein meister sprichet: der sêle natûre und natiurlichiu volkomenheit ist, daz si in ir werde ein vernünftigiu werlt, dâ got in sie gebildet hât aller dinge bilde. – [87] Ein ander (*i.e.* meister) sprichet: niemer ist diu sêle komen in ir blôze natûre, si envinde alliu dinc in ir gebildet in der vernünftigen werlst, diu unbegrîfelich ist ... – [88] Nû sprichet ein heidenischer meister: »diu sêle hât in dirre kraft mügelicheit, alliu dinc ze werdenne geistlîche«. – [89] Wan ein heidenisch meister sprichet: alliu volkomenheit der sêle liget dar ane, daz si habe glîchnisse gotes, engel und aller crêatûren ... [La prima parte della citazione n. 85 ("diu sêle sî gemachet von allen dingen") è di origine aristotelica (*De an.* III 8, 431b21: "... omnia quae sunt, quodammodo est anima"), mentre la seconda ("wan si eine mügelicheit hât alliu dinc ze verstânne") è composita: "mügelicheit" e "alliu

dinc" chiaramente fanno pensare a un altro luogo aristotelico (*De an.* III 5, 430a14-15: "intellectus, quo omnia fiunt"); ma "alliu dinc ze verstânne" richiama la perfezione dell'anima razionale descritta da Avicenna come trasformazione in un *saeculum intelligibile* e conseguimento della *forma totius*]

Rursus quanto maior unio convenientium, tanto maior voluptas; propter quod Avicenna probat in sua Metaphysica operationem intellectus longe esse suaviorem omni operatione sensibili.

[92] Adhuc et est illud Avicennae IX Metaphysicae c. 7: »non sentimus« nec »inquirimus nec allicimur« ad secretiora et divina, »nisi prius deposuerimus a cervicibus nostris iugum voluptatis et irae et sorores earum«.

5. Logica

AVICENNAE PERHYPATETICI PHILOSOPHI ... *Opera in lucem redacta* ... *Logyca*, Venetiis 1508 (ripr. facs. Leuven 1961)

1 p. I/9va54-60 . . . . LW **2**,68,2

Albedo enim quamvis sit in subiecto et accidens sive inhaerens subiecto, non tamen significat albedinem per modum inhaerentis, sicut hoc nomen »albus solam quidem qualitatem significat«, sicut albedo et subiectum consignificat sive connotat, et proper hoc significat ipsam per modum accidentis et inhaerentis. Unde et Avicenna dicitur sensisse li album significare principalius subiectum et posterius accidens.

6. Sufficientia

Avicenna Latinus, *Liber primus naturalium,* ed. Simone Van Riet, Louvain-Leiden 1992. I rinvii a precedenti edizioni sono stati aggiornati.

1 I c. 4/43,7-45,34 .... LW **1/1**,168,11 (=**1/2**,43,11)

Ad hoc facit quod Parmenides et Melissus, I Physicorum, ponebant tantum unum ens; ens autem hoc et hoc ponebant plura, puta ignem et terram et huiusmodi, sicut testatur Avicenna in libro suo Physicorum, quem Sufficientiam vocat.

2 I c. 5/51,37-38.51,49-52,52 .... LW **1/1**,511,3

Unde araneam telam texere et apes operari naturaliter ex hoc apparet, quia semper uno modo operantur, ut ait Avicenna in Sufficientia.

3 I c. 5/51,50-52,52 .... LW **3**,655,7

Secundo habes quod tam intellectus est principium alicuius quam natura. »Opus enim naturae« est »opus intelligentiae«, et tota natura agit tamquam rememorata a causis altioribus, ut ex Themistio inducit commentator XII Metaphysicae et Avicenna probat in sua Sufficientia ex operibus araneae et formicae et apis.

4 I c. 10/91,95-10 .... LW **5**,82,13

Secundo: de elementis dicendum quod Avicenna I Sufficientiae suae c. 10 ponit quod manent in formis substantialibus, Commentator autem in fine Caeli et mundi et super I Physicorum quod formae elementorum possunt intendi et remitti propter appropinquitatem ad materiam.

5 I c. 13/110,71-119,47 .... LW **3**,443,11

Unde commentator super II Physicorum reprehendit Avicennam ponentem casum et fortunam circa contingens et ad utrumlibet eo quod casus et fortuna respiciant causam efficientem; contingens autem et ad utrumlibet, utpote indeterminatum, sapit naturam materiae nullius productivum seu effectivum.

6 I c.14/128,65-129,68 .... LW **3**,220,8

Rursus tertio sensitivum in homine fit rationale per participationem. Sic animalia bruta participant aliquid rationis, puta canis, apis, aranea, in tantum quod aliqui putarent ista habere rationem vel intellectum, ut dicit Avicenna.

7. De diluviis

AVICENNA *De diluviis,* in Manuel ALONSO ALONSO, *Homenaje a Avicena en su milenario. Las traducciones de Juan González de Burgos y Salomon,* in: Al-Andalus 14/2 (1949), pp. 306-308.

1 307-8 . . . . LW **1/1**,286,2 (=**1/2**,169,19)

Hinc est quod Avicenna in Capitulo de diluviis probat et vult docere quod natura possit, quamvis per multa media, ex terra generare hominem, sicut videmus ex cibo generari carnem hominis.

ELISA RUBINO

"Dâ von sprichet der liehte Dionysius": Meister Eckhart e Dionigi Areopagita

1. Introduzione

A partire dal celebre articolo sul Neoplatonismo agostiniano e dionisiano di Josef Koch[1], l'importanza dell'influenza esercitata dal *Corpus areopagiticum* sul pensiero di Meister Eckhart è un dato acquisito dalla critica[2]. Qualche voce isolata si è levata sì per rilevare la schematicità dell'interpretazione di Koch[3]. Ma la convinzione dell'esistenza di un forte nesso fra Dionigi ed Eckhart, fondato sui teologumeni della superiorità della teologia negativa e dell'unione mistica con Dio, è diffusa assai, ed ha ricevuto una importante conferma, di recente, dall'autorità di Kurt Ruh, il quale ha addirittura cercato di costruire e documentare una "fase dionisiana" nell'evoluzione del pensiero del predicatore e filosofo domenicano[4].

La recente realizzazione di un indice cumulativo delle fonti citate nell'edizione critica di Eckhart invita oggi ad un esame sistematico dei luoghi e delle dottrine

[1] Josef Koch, *Augustinischer und Dionysischer Neuplatonismus und das Mittelalter*, in: Id., *Kleine Schriften*, Roma 1973, I, pp. 3-25.

[2] Édouard-Henri Wéber, *Mystique parce que théologien: Maître Eckhart*, in: La vie spirituelle, n. 652, 136 (1982), pp. 730-749; Id., *Eckhart et l'ontothéologisme: histoire et conditions d'une rupture*, in: *Maître Eckhart à Paris. Une critique médiévale de l'ontothéologie* (Bibliothèque de l'École des Hautes Études. Sciences religieuses, 86), Paris 1984, pp. 13-83; Id., *Maître Eckhart et la grande tradition théologique*, in: *Eckhardus Theutonicus homo doctus et sanctus. Nachweise und Berichte zum Prozess gegen Meister Eckhart* (Dokimion, 11), hrsg. von Heinrich Stirnimann und Ruedi Imbach, Fribourg 1992, pp. 97-125. Si veda anche Josef Koch, *Über die Lichtsymbolik im Bereich der Philosophie und der Mystik des Mittelalters*, in: *Kleine Schriften*, I, pp. 27-67; Alain de Libera, *La Mystique Rhénane. D'Albert le Grand à Maître Eckhart*, Paris 1984, pp. 53-58, 231-316.

[3] Kurt Flasch, *Die Metaphysik des Einen bei Nikolaus von Kues. Problemgeschichtliche Stellung und systematische Bedeutung* (Studien zur Problemgeschichte der antiken und mittelalterlichen Philosophie, 7), Leiden 1973, p. 236, n. 3.

[4] Kurt Ruh, *Meister Eckhart. Theologe, Prediger, Mystiker*, München 1985, pp. 47-59; Id., *Dionysius Areopagita im deutschen Predigtwerk Meister Eckharts*, in: Perspektiven der Philosophie. Neues Jahrbuch, 13 (1987), pp. 207-223; Id., *Die 'Mystica Theologia' des Dionysius Pseudo-Areopagita im Lichte mittelalterlicher Kommentatoren*, in: Zeitschrift für deutsches Altertum und deutsche Literatur, 122 (1993), pp. 119-145; Id., *Geschichte der abendländischen Mystik*, III, München 1996, pp. 220-353.

dell'Areopagita utilizzati nelle opere latine e tedesche. I risultati emersi da un primo esame di questi materiali sono esposti nel presente lavoro.

2. I dati quantitativi

Dall'esame dell'indice complessivo delle opere latine e tedesche di Eckhart il numero totale delle citazioni dionisiane risulta essere di 62, di cui 36 presenti nelle opere latine e 26 in quelle tedesche. Più precisamente, il *De divinis nominibus* viene citato 36 volte, 12 il *De caelesti hierarchia* e solo 5 volte vengono richiamati temi propri del *De mystica theologia*. Compaiono poi 4 isolate citazioni dal *De ecclesiastica hierarchia* e 2 dalla *Epistula* I. Tre citazioni, infine, non sono state identificate.

Per quanto riguarda le traduzioni da cui provengono le citazioni latine, si può con sicurezza concludere che la traduzione di riferimento è la *translatio nova* di Giovanni Saraceno (XII secolo), ma talvolta Eckhart attinge anche a quella di Eriugena, mai invece a quella di Roberto Grossatesta[5]. Tre citazioni, poi, hanno Tommaso d'Aquino come intermediario[6].

Più precisamente, per il *De divinis nominibus* due citazioni provengono da Tommaso, la terza è conforme alla traduzione di Eriugena, una quarta è formulata secondo entrambe le traduzioni[7], sette sono conformi alla traduzione di Giovanni Saraceno; per il *De caelesti hierarchia,* una citazione deriva ancora da Tommaso, tre dalla traduzione di Eriugena e una da quella del Saraceno; per il *De ecclesiastica hierarchia* la fonte è sempre la traduzione di Eriugena, mentre per il *De mystica theologia* e per le *Epistulae* quella del Saraceno. Le citazioni, inoltre, si distribuiscono uniformemente su tutta l'opera eckhartiana, in particolare:

Opere latine: 1 citazione in *Prologus in opus propositionum*; 2 in *Expositio libri Genesis*; 1 in *Sermones et Lectiones super Ecclesiastici*; 5 in *Expositio libri Sapientiae*; 4 in *Expositio libri Exodi*; 10 in *Expositio s. Evangelii sec. Iohannem*; 3 in *Liber parabolarum Genesis*; ; 9 nei *Sermones* XL,2, XXVII,3 (2 cit.), VI,1, XXXIV,1, ivi compresi il *Sermo die b. Augustini Parisius habitus (*2 cit.) e il *Sermo Paschalis* del 1294 (2 cit.); 1 in *Processus contra mag. Echardum* n. 48 (Proc. Col. II n. 91-99).

[5] Sono sicuramente dipendenti dalla traduzione del Saraceno le citazioni di cui a Index, *De cael. hier.* n. 12; *De div. nom.* nn. 1, 2-3, 12-16, 25-26, 35; *De myst. theol.* n. 1; dipendenti dalla traduzione di Giovanni Eriugena, invece, Index, *De cael. hier.* nn. 2-4 e *De eccl. hier.* nn. 2-4. In nota alla fonte Index, *De div. nom.* n. 25, l'editore di LW I/1, Konrad Weiss, si riferisce alla traduzione di Eriugena, ma il testo proviene invece da Saraceno (*»ad« non existentia*).

[6] Cf. Index, *De cael. hier.* n. 1, *De div. nom.* nn. 6, 18-24.

[7] Cf. Index, *De div. nom.* n. 8. Si tratta della citazione da c. 4 § 10, PG 3, col. 708B, Dionysiaca p. 201,2-3, fatta da Eckhart nella sua *Responsio* (LW V, p. 341,5): "[...] qui [Deus] se toto bonus est per essentiam, quae bonitas non sinit ipsum sine germine esse". La lezione "non sinit" proviene dalla traduzione di Eriugena (Saraceno: "non dimisit"), mentre la lezione "sine germine" proviene dal Saraceno (Eriugena: "infecundum"). Nell'apparato a LW V, Sturlese fa riferimento a c. 4 § 13, PG 3, col. 712A, tratto in inganno dall'analogia con

Opere tedesche: 1 citazione in ciascuna delle seguenti Prediche secondo la numerazione Quint-Steer: 20b, 31, 63, 71, 73, 77, 90, 95, 102; 2 cit. in *Pred.* 47; 3 in *Pred.* 57; 3 in *Pred.* 58; 2 in *Pred.* 78; 2 in *Pred.* 82; 2 in *Pred.* 101; 1 in *Trattati* 2 (*Rede*) e1 in *Trattati* 3 (*Von abegescheidenheit*).

Il dato quantitativo è piuttosto sorprendente: Eckhart fa 62 volte esplicito ricorso all'autorità di Dionigi, e nemmeno sempre citandone il nome[8]. Una parsimonia invero notevole, se consideriamo ad esempio che, per limitarci ai dati che vengono discussi nel presente volume[9], il *De anima* di Aristotele viene citato esplicitamente per ben 180 volte, il *De Trinitate* di Agostino conta oltre 200 citazioni, 148 Avicenna, 90 Seneca e 122 il *Liber de causis.*

Eckhart cita dai testi dionisiani brevi passi, che talvolta tende a rielaborare ed interpretare.

Due esempi al proposito:

Eckhardus, LW III, p. 160,2	*De divinis nominibus* II 9
»Unde Hierotheus didicit divina patiendo, non discendo ab extra, ut ait Dionysius«	Ταῦτα δὲ [...] τῷ κλινῷ κατηγεμόνι κατὰ τὰς Θεολογικὰς αὐτοῦ στοιχειώσεις ὕμνηται λίαν ὑπερφυῶς, ἅπερ [...] παρείληφεν [...] οὐ μόνον μαθὼν ἀλλὰ καὶ παθὼν τὰ θεῖα [...]

una simile citazione in LW IV, p. 340,14 (Index, *De div. nom.* n. 8), ma nella quale manca proprio il caratteristico "sine germine". La correzione mi viene comunicata da Sturlese stesso, il quale mi fa notare come la formulazione che contamina le due traduzioni sia documentata in più luoghi di Alberto, ad es. *S. theol.* I tr. 7 q. 30 cap. 1, ed. Dionys Siedler (ed. Colon., 34,1), Münster i. W. 1978, p. 227,26-29.

[8] Nell'apparato delle fonti dell'edizione di Stoccarda compaiono ulteriori 84 rinvii al *Corpus Dionysianum*, ma si tratta di più o meno pertinenti indicazioni aggiunte dagli editori a titolo di documentazione di dottrine eckhartiane, senza che nel testo commentato vi siano segni di intertestualità intenzionale (come la menzione esplicita di Dionigi ovvero almeno citazione letterale virgolettabile, anche di singole parole). Rinvii di questo tipo non sono stati presi in considerazione in nessuno dei contributi del presente volume (v. Loris Sturlese, *Meister Eckhart e le sue fonti*, supra, p. 10), ma ne offro ugualmente di seguito i dati numerici, tratti dagli indici dei diversi volumi di LW. La loro distribuzione è la seguente: 18 rinvii in *Expositio libri Genesis*; 3 in *Sermones et Lectiones super Ecclesiastici*; 6 in *Expositio libri Sapientiae*; 8 in *Expositio libri Exodi*; 4 in *Liber parabolarum Genesis*; 11 in *Expositio S. evangelii sec. Iohannem*; 1 in ciascuno dei seguenti *Sermones*: IX; XII,1; XXII; XXIV,1; XXXVI,2; XLII,1; XLIV,1; XLVIII,1; LII; LIV,2; 2 in *Sermo* VI,1; VIII; XI,2; in *Sermo die b. Augustini Parisius habitus*; 3 in *Sermo* XLIV,1; 4 in *Sermo* XXXVII e in *Sermo* XLIX,3; 1 in *Collatio in Libros Sententiarum*; 2 in *Quaestio utrum in deo sit idem esse et intelligere.* Infine, due volte Dionigi viene addotto dall'editore nella *Pred.* 77 Q.

[9] Si vedano gli Indices riportati nei lavori di Alessandra Beccarisi, sopra, pp. 27-38, Gianfranco Pellegrino, pp. 51-70, Alessandro Palazzo, pp. 97-111, e, infra, Nadia Bray, pp. 181-190 e Fiorella Retucci, pp. 157-166.

Eckhardus, LW I/1, p. 565,1 (I/2, p. 383,28)	*De divinis nominibus* IV 32
»Et hoc est quod Dionysius dicit quod bonum hominis est secundum rationem vivere, malum vero praeter rationem«.	Δαίμονι κακὸν τὸ παρὰ τὸν ἀγαθοειδῆ νοῦν εἶναι, ψυχῇ τὸ παρὰ λόγον, σώματι τὸ παρὰ φύσιν

Quest'ultimo passo attribuito da Eckhart a Dionigi è significativo per due motivi: da un lato è la citazione più ricorrente, che viene ripetuta infatti ben sette volte; inoltre la formula *secundum rationem vivere* non appartiene al *Corpus* dionisiano, ma è, invece, ripresa dalla *Summa theologiae* di Tommaso, I-II, q. 18, a. 5, e il suo contenuto è un chiaro riferimento ai libri II e VI dell'*Etica Nicomachea*.

3. I temi dionisiani in Eckhart

Vediamo ora rapidamente quali tematiche dionisiane vengono riprese da Eckhart.

Attraverso le citazioni tratte dal ***De divinis nominibus*** si delinea nel pensiero del maestro domenicano l'idea di un Dio causa e principio di tutte le cose, Bene sostanziale e sovrastostanziale che diffonde la sua bontà in tutti gli esseri, che fa esistere tutte le cose, Dio che per la sua bontà non può essere senza produzione[10].

Si definisce l'unione tra l'uomo e Dio attraverso cinque nomi divini: Bene, Luce, Amore, Pace, Santità.

Il Bene è il primo nome considerato, in quanto causa di tutto ciò che esiste e che non esiste. La Luce divina è invece ciò che illumina l'intero universo, come i raggi del sole illuminano tutti gli uomini ed ogni altra cosa e raggiungono ogni luogo persino il più nascosto, e la luce risveglia l'amore verso Dio e riconduce a Lui le creature[11]. Il tema della luce, in particolare del raggio tearchico, è molto diffuso, lo ritroveremo infatti anche tra le tematiche contenute nelle citazioni dal *De caelesti hierarchia*. L'Amore divino, poi, è un amore estatico in quanto non permette più agli amanti di appartenere a se stessi ma soltanto all'amato[12]. Dunque anche l'Amore, come la Luce, traboccando secondo il principio dell'emanazione, avvicina l'uomo a Dio. E ancora è principio di unione la Pace, che nella concordia ricompone la moltitudine delle parti in una unità totale e pone fine alla guerra intestina dell'universo[13]. Infine viene citato il nome Santità, che per Dionigi rappresenta uno dei nomi utilizzati nelle Sacre Scritture per indicare Dio, Santo dei Santi, Re dei re, Signore dei signori, Dio degli dei, i quali indicano a loro volta le qualità da loro derivanti alle creature. In Eckhart rappresenta la purezza divina[14].

10 Cf. Index, *De div. nom.* n. 1; n. 8; nn. 25-26.
11 Cf. Index, *De div. nom.* n. 6.
12 Cf. Index, *De div. nom.* n. 9.
13 Cf. Index, *De div. nom.* n. 34.
14 Cf. Index, *De div. nom.* n. 35.

Se il Bene poi, è la causa di tutte le cose, di ciò che esiste e che non esiste, allora il male da dove deriva? E se l'angelo è la manifestazione stessa di Dio, allora da dove derivano i demoni e quali caratteristiche posseggono? Queste domande, formulate nel *De divinis nominibus* di Dionigi[15], devono aver interessato anche Eckhart, se più volte si trova a ribadire che gli angeli non sono altro che manifestazione della luce nascosta, *imago Dei, ein bilde gotes*, specchio puro e limpidissimo, immacolato e incorrotto[16], angeli che muovendosi di un moto circolare si allontanano dalle creature e si dirigono, ricomposta l'unione di tutte le potenze angeliche, verso ciò che non ha principio nè fine, che resta uno e medesimo al di là di tutti gli esseri[17]. Anche i demoni, ricorda ancora Eckhart, hanno ricevuto e mantenuto la loro natura integra e splendidissima[18]. E cos'è il male per le creature e cos'è invece il bene? Per l'uomo il male consiste, questa volta secondo l'elaborazione propria di Eckhart in "praeter vel contra rationem esse aut vivere"[19]. Dunque nell'insieme delle citazioni eckhartiane tratte dal *De divinis nominibus* risultano centrali il tema dell'unione tra uomo e Dio, Santo dei santi, puro di una purezza "ab omni immunditia libera et perfecta et omnino immaculata"[20], colmo di una bontà traboccante; e quello della contrapposizione tra bene e male.

Entrambi i temi vengono ripresi anche attraverso le citazioni tratte dal ***De caelesti hierarchia***, seconda opera più citata da Eckhart. Il centro di interesse dell'opera consiste, come è noto, nella spiegazione della necessità di un ordine gerarchico che permetta agli uomini di giungere a Dio attraverso l'imitazione degli angeli, messaggeri divini[21]. In questo contesto si collocano le citazioni eckhartiane che si riferiscono alla naturale disposizione degli ordini superiori della gerarchia a tendere verso quelli inferiori e viceversa. Eckhart riprende questo rapporto di reciprocità attraverso un riferimento specifico al VII capitolo dell'opera dionisiana[22]. Delle potenze angeliche Eckhart tratta poi in molte occasioni, confermando che sono in numero infinitamente superiore alle creature e che hanno il compito di comunicare le manifestazioni divine agli uomini, al fine di condurli verso Dio[23]. Eckhart fa poi cinque volte riferimento alle specifiche caratteristiche degli angeli, ribadendone la particolare purezza e somiglianza con Dio[24] e accogliendo la dottrina dionisiana che vede la loro attività di messaggeri delle manifestazioni divine scandita da tre

[15] Dionysius, *De div. nom.* c. 4, §§ 20-35.
[16] Cf. Index, *De div. nom.* nn. 12-15.
[17] Cf. Index, *De div. nom.* n. 7.
[18] Cf. Index, *De div. nom.* n. 16.
[19] Cf. Index, *De div. nom.* nn. 18-24.
[20] Cf. Index, *De div. nom.* nn. 35-36.
[21] Dionigi Areopagita, *Tutte le opere*, tr. a cura di Piero Scazzoso, Milano 1981, pp. 71-75.
[22] Cf. Index, *De cael. hier.* n. 11.
[23] Cf. Index, *De cael. hier.* nn. 1, 12.
[24] Cf. Index, *De cael. hier.* n. 9.

momenti differenti e consecutivi: purificazione, illuminazione e perfezione[25]. Una delle manifestazioni divine comunicate dagli angeli è la luce, che svolge anche una funzione anagogica sull'anima, perchè spinge le creature alla contemplazione di Dio[26]. Prima di passare agli elementi di teologia mistica accolti da Eckhart e messi in risalto, come si è accennato, da gran parte della critica, merita un cenno la ripresa, dal ***De ecclesiastica hierarchia,*** del concetto di unione tra uomo e Dio, che questa volta è *synaxis*, riunione tra uomo e Dio[27].

Resta ora da capire in che misura il tema della teologia negativa, o in generale della teologia mistica, sia stato realmente accolto da Eckhart. Come ho detto, solo cinque citazioni derivano dal ***De mystica theologia,*** delle quali una dalle opere latine e quattro dagli scritti in volgare. Già questo fatto mi pare un elemento di riflessione per una adeguata interpretazione della funzione che Dionigi svolge nell'opera eckhartiana. Certamente ritroviamo il ben noto tema della caligine luminosissima e del silenzio[28] e della possibilità di conoscere e parlare di Dio solo per via di negazione[29]. Ritroviamo poi però, ancora una volta, il tema dell'unione, che Dionigi realizza qui attraverso "l'esercizio attentissimo nei riguardi delle contemplazioni mistiche e l'abbandono dei sensi e di ogni operazione intellettuale"[30]. Questa è la via – dice ancora Dionigi – per elevarsi al raggio soprasostanziale della divina tenebra[31].

Eckhart trae una citazione proprio dal passo in cui queste caratteristiche mistiche dell'unione tra uomo e Dio vengono descritte.

De mystica theologia c. 1 § 1/997B transl. IOH. SARRACENI, Dion. 567,2-569,1	ECKHARDUS, *Pred.* 101 St, DW IV, pp. 359,146-360,149)
Tu autem, amice Thimothee, circa mysticas visiones forti contritione et sensus derelinque et intellectuales operationes, et omnia sensibilia et intelligibilia et omnia existentia et non existentia, et sicut est possibile, ignote consurge ad eius unitionem qui est super omnem substantiam et cognitionem. Et enim excessu tui ipsius et omnium irretentibili absolute, et munde ad supersubstantialem divinarum tenebrarum radium, cuncta aufferens et a cunctis absolutus sursum ageris.	Hie zuo mânete Dionysius sînen jünger Timotheum und sprach: 'lieber mîn sun Timotheê, dû solt mit umbegekêrten sinnen dich erswingen über dich selber und über alle krefte, über redelîcheit und über vernunft, über werk und wîse und wesen in die verborgene stille dünsternisse, ûf daz dû komest in ein bekantnisse des unbekanten übergotteten gottes'. Ez muoz ein entziehen sîn von allen dingen.

[25] Cf. Index, *De cael. hier.* n. 10.
[26] Cf. Index, *De cael. hier.* nn. 2-5.
[27] Cf. Index, *De eccl. hier.* n. 2.
[28] Cf. Index, *De myst. theol.* n. 1.
[29] Cf. Index, *De myst. theol.* nn. 4-5.
[30] DIONIGI AREOPAGITA, *Tutte le opere,* p. 406.
[31] *Op. cit.*, pp. 406-407.

Tuttavia tale citazione non può non far riflettere, dal momento che proprio l'espressione più precisamente mistica ("circa mysticas visiones") non vi compare. È rimasto sì il concetto di *unitio*, che è "al di sopra delle virtù dell'anima (*krefte*)», "al di sopra della ragione e dell'intelletto (*über redelîcheit und über vernunft*)", e curiosamente tuttavia si ritrova formulato in termini di conoscenza (*bekantnisse*), anche se "della tenebra" divina (*dünsternisse*). Eckhart dunque cita dal trattato che contiene l'elaborazione della teologia mistica di Dionigi, cita dal capitolo "mistico" del trattato dionisiano e cita il passo in cui l'unione mistica arriva a compimento, accettando anche l'idea di un'unione al di là di tutte le cose sensibili ed intelligibili, ma omette proprio quelle espressioni che in modo inequivocabile conferiscono all'unione tra l'uomo e Dio quel senso mistico di cui parla, per esempio, Kurt Ruh. Questa scelta, difficilmente inconsapevole, pare confermare l'idea che il tentativo eckhartiano sia soprattutto "far comprendere filosoficamente [...] il vero senso del rapporto fra Dio e l'uomo"[32]. Unione che è sì atto interiore[33], trascendimento delle immagini, distacco che conduce alla povertà di spirito, alla nudità perfetta[34], ma che approda pur sempre a una «bekantnisse», a una conoscenza sovrarazionale che poco ha a che vedere con "visioni, audizioni o esperienze privilegiate della divinità"[35].

Conclusioni.

I risultati dell'esame sin qui condotto possono dunque essere sintetizzati nei punti seguenti:

1. Le traduzioni cui Eckhart fa riferimento sono quella di Giovanni Saraceno per quanto riguarda il *De divinis nominibus e De mystica theologia*; quella dell'Eriugena nel caso del *De ecclesiastica hierarchia* e il *De caelesti hierachia*, mentre per tre citazioni la fonte è il commento di Tommaso d'Aquino.

2. Le citazioni esplicite tratte dal *Corpus* dionisiano non appaiono tanto numerose quanto ci si potrebbe attendere. L'esiguità del numero di citazioni dionisiane in Eckhart appare un dato ancora più significativo se si pensa che nei trattati pseudo-eckhartiani in alto tedesco medio, come per esempio in *Von der sêle werdikeit und eigenschaft* (10 citazioni), *Von der übervart der gotheit* (15 citazioni), *'Sant Johannes sprichet ich sach daz wort in gote'* (12 citazioni), *'Die drie persône geschuofen die crêatûre'* (15 citazioni), la densità delle citazioni dionisiane è di gran lunga superiore

[32] Loris Sturlese, *Mistica o filosofia? A proposito della dottrina dell'immagine di Meister Eckhart*, in: Giornale critico della filosofia italiana, 71 (1992), p. 64.

[33] Vladimir Lossky, *La théologie négative dans la doctrine des Denys l'Aréopagite*, in: Revue des sciences philosophiques et théologiques, 28 (1939), pp. 204-221; Id., *Théologie négative et connaissance de Dieu chez Meister Eckhart*, Paris 1998, pp. 17-22, 28-42, 60-68.

[34] Alain de Libera, *La Mystique Rhénane*, pp. 231-316.

[35] Loris Sturlese, *Mistica o filosofia*, p. 64.

e, presa nel suo complesso, supera addirittura il numero assoluto delle menzioni di Dionigi nelle opere genuine latine e tedesche: 66 di fronte a 62[36].

3. La maggior parte delle citazioni non proviene dal *De mystica theologia*, ma dal *De divinis nominibus*.

4. La lettura di Eckhart è selettiva: dei temi dionisiani alcuni trovano riscontro in misura significativa nelle citazioni considerate, altri, invece, non vengono affatto trattati. Eckhart trae dal *De divinis nominibus* il tema della contrapposizione tra bene e male e la concezione degli angeli come manifestazione e messaggeri di Dio. Dei nomi divini impiegati da Dionigi per definire il rapporto tra l'uomo e Dio, ne vengono ripresi solo cinque: Bene, Luce, Amore, Pace e Santità. Dal *De caelesti hierarchia* deriva poi l'idea di una struttura gerarchica del mondo angelico, ma viene del tutto tralasciata la visione gerarchica della comunità degli uomini e in particolare di quella ecclesiastica, che costituisce il contenuto specifico dell'opera. Infine, dal *De mystica theologia* Eckhart trae il noto tema della caligine luminosissima, del silenzio e della teologia negativa.

5. Il tema dominante e filo conduttore delle citazioni dionisiane nelle opere di Eckhart è quello dell'unione dell'uomo con Dio. E infatti Eckhart tralascia tutti i sacramenti analizzati da Dionigi, in quanto espressione dell'ordine gerarchico della comunità ecclesiastica, tranne quello che rappresenta la *synaxis* tra l'uomo e Dio: l'eucaristia.

6. Il sovrappeso autoritativo che, nell'opera di Eckhart, contrassegna il *De divinis nominibus* rispetto agli altri trattati, in particolare rispetto al *De mystica theologia*, induce a pensare che la lettura e l'uso che Eckhart fa dei temi e dei passi dionisiani non confortino tanto un'interpretazione mistica dell'unione dell'uomo con Dio, quanto piuttosto rientrino nel più ampio tentativo eckhartiano di proporre una dottrina filosofica razionalmente formulata[37]. È nel *De divinis nominibus*, infatti, che trova massima espressione il tentativo dionisiano di elaborare una teologia

[36] I trattati qui menzionati sono tutti pubblicati in *Deutsche Mystiker des 14. Jahrhunderts*, II: MEISTER ECKHART, hrsg. von Franz PFEIFFER, Leipzig 1857 (ripr. facs. Aalen 1962). Sono da rilevare, inoltre, una cit. in ciascuno dei trattati I. *Von den XII nutzen unsers herren lîchames*, II. *Von der edelkeit der sêle*, VII. *diu zeichen eines wârhaften grundes*, due citazioni in X. *Von armuot des geistes*, quattro in XIII. *Von dem anefluzze des vaters*, cinque nel cosiddetto *Liber positionum*. Per indicazioni più precise in proposito si veda Volker HONEMANN, *(Pseudo-) Dionysius*, in: *Die deutsche Literatur des Mittelalters: Verfasserlexikon*, hrsg. von Kurt RUH, II, Berlin-New York 1980, coll. 158-165. Si veda inoltre Freimut LÖSER, *Meister Eckhart in Melk, Studien zum Redaktor Lienhart Peuger. Mit einer Edition des Traktats >Von der sel wirdichait vnd aigenschafft<* (Texte und Textgeschichte, 48), Tübingen 1999, p. 10. Dionigi è pure assai presente nei cosiddetti *Gaesdonckesche Traktate* (sui quali v. Alessandra BECCARISI, supra, p. 13 nota 11), nel manoscritto norimberghese pubblicato da Franz JOSTES, *Meister Eckhart und seine Jünger*, mit einem Wörterverzeichnis von Peter SCHMITT und einem Nachwort von Kurt RUH, Berlin-New York 1972 (33 citazioni), e nell'inedito *Geistbuch*, la cui pubblicazione è in corso per cura di Dagmar GOTTSCHALL. Ma la diffusione "extra-eckhartiana" di Dionigi meriterebbe di essere affrontata in uno studio particolare.

[37] Loris STURLESE, *Mistica o filosofia?*, pp. 51, 60.

«irrefutabile» da parte della ragione, ma che sappia conciliare le ragioni filosofiche del neoplatonismo con le esigenze della religione cristiana[38]. In quest'opera infatti il rapporto di Dio con l'uomo non è tanto riconducibile alla possibilità di una finale "unio mystica"[39], quanto piuttosto al rapporto causale metafisico – di chiara matrice procliana – dell'Uno rispetto al molteplice.

[38] Dionigi Areopagita, *Tutte le opere*, pp. 7-52, 60. Lo stesso Dionigi lo afferma nelle epistole, in particolare Ep. VI e VII.

[39] Kurt Ruh, *Meister Eckhart*, pp. 47-59.

INDEX

DIONYSIUS AREOPAGITA

1. De caelesti hierarchia

S. Dionysii ... *Opera omnia quae extant* (Patrologia Graeca, 3), Paris 1889. Le traduzioni latine secondo Dionysiaca. *Recueil donnant l'ensemble des traductions latines des ouvrages attribués au Denys de l'Aréopage*, 2 voll., Bruges 1937. I riferimenti alle traduzioni latine, ove mancanti nelle note, sono stati sempre integrati.

1 c. 1 § 1/120B, Dion. 727,3-728,4 . . . . LW **2**,465,1

Quod autem additur omnibus mobilibus mobilior, ratio est, quia ad intima et ultima penetrat actio divina, infra octavo; 'attingit a fine usque ad finem fortiter'. Hanc quidem expositionem innuit breviter Thomas p. I q. 9 a. 1, ex Dionysio confirmans. [Thomas, *Summa theol.* I 9 a. 1: sapientia dicitur mobilis esse similitudinarie, secundum quod suam similitudinem diffundit usque ad ultima rerum. Nihil enim esse potest quod non procedat a divina sapientia per quamdam imitationem sicut a primo principio effectivo et formali, prout etiam artificiata procedunt a sapientia artificis. Sic igitur in quantum similitudo divinae sapientiae gradatim procedit a supremis, quae magis participant de eius similitudine, usque ad infima rerum, quae minus participant, dicitur esse quidam processus et motus divinae sapientiae in res].

c. 1 § 2/121A, Dion. 730,2-3 . . . . DW **2**,119,4

l'identificazione è erronea, si veda il n. 9.

2-5 c. 1 § 2/121B, Dion. 733,1-4 . . . .LW **3**,62,8; 275,3; 650,1; DW **2**,603,1

[2] 'Deus' autem 'lux est, et tenebrae in eo non sunt ullae', Ioh. 1. Hoc est ergo quod hic dicitur: 'lux in tenebris lucet', id est in creaturis quae habent aliquid opaci, id est nihili, adiunctum. Et hoc est quod dicit Dionysius: »impossibile est nobis aliter lucere divinum radium nisi varietate velaminum circumvelatum«. – [3] Et Dionysius: »impossibile est nobis lucere divinum radium nisi varietate circumvelatum«. – [4] Et Dionysius dicit: »impossibile est nobis aliter lucere divinum radium nisi velaminum varietate circumvelatum«, primo capitulo Caelestis hierarchiae. – [5] Sant Dionysius sprichet: »ist, daz daz götlîche lieht in mich schînet, sô muoz ez bewunden sîn, als mîn sêle bewunden ist«.

6-8 c. 2 § 3/141A, Dion. 758,4-759,1 . . . . .LW **2**,81,3; **5**,92,13; DW **1**,347,1

[6] Quod autem Dionysius dicit 2 c. Caelestis hierarchiae, quod »negationes de deo sunt verae, affirmationes vero incompactae«, non obstat. Hoc enim verum est quantum ad modum significandi in talibus. – [7] Ablatione in hunc modum procedendo:

nullum corpus est deus; nullum intelligibile creatum est deus. Et cum demonstratio de re cognoscibili fiat ad sensum vel ad intellectum, de deo autem cognoscendo non potest fieri demonstratio ad sensum, quia est incorporeus, nec ad intellectum, quia forma nobis cognita caret, sed per solam alterius formae remotionem: quasi ab aliis eligendo separatur et separando eligitur. Quod innuit Boethius in libro De duabus naturis dicens: »deus et materia integro perfectoque intellectu capi non possunt, sed aliquo modo privatione ceterarum rerum capiuntur«. Unde Dionysius dicit quod affirmationes de deo factae vel dictae incompactae sunt, negationes vero verae. – [8] Dar umbe sprichet Dionysius: alle, die got sprechen wellent, die hânt unreht, wan sie ensprechent sîn niht. Die in niht sprechen enwellent, die hând reht, wan kein wort enmac got gesprechen.

9 c. 3 § 1/164D, Dion. 785,2-4 . . . . DW 2,119,4

Dionysius sprichet von dem gewîheten vürstentuome der engel, dar inne ist götlich ordenunge und götlich werk und götlich wîsheit und götlich glîchnisse oder götlich wârheit, als ez mügelich ist. [Est quidem hierarchia (secundum me) ordinatio sancta et scientia et operatio ad deiforme (sicut est possibile) assimilata. Questa indicazione sostituisce il riferimento in DW II, ad loc.]

10 c. 3 § 2/165B-C, Dion. 792,1-3 . . . . DW 3,354,6

Dionysius sprichet, daz der engel habe drêrleie werk. Daz êrste: er veget, daz ander: er liuhtet, daz dritte: er volbringet. [ordo hierarchiae est alios quidem purgari, alios vero purgare, et hos quidem illuminari, illos autem illuminare, et hos quidem perfici, illos autem perficere ...]

11 c. 4 § 3/181A, Dion. 813,2-814,2 . . . . DW 3,430,1

Dionysius sprichet, daz diu obersten dinc ergiezent sich ûf diu nidersten und diu nidersten in diu obersten und vereinent sich in den obersten. [Ipsa lex definitur ex superessentiali omnium ordinationis principio: hoc est, per unamquamque hierarchiam primas et medias et ultimas esse et ordinationes et virtutes et minorum esse diviniones doctores et manuductores ad divinam adductionem et illuminationem et communionem. Questo riferimento sostituisce il rinvio a c. 7 § 3 in DW III ad loc.]

12 c. 14 § un./321A, Dion. 981,2-4 . . . . LW 2,450,2

Et hoc est quod manifeste dicit Dionysius quod »multitudo angelorum excedit numerum omnium corporalium«. Excedit quidem numerum, utpote sine numero e super numerum, nec, sicut plurimi male exponunt »excedere numerum corporalium«, quia sint plures numero. Hoc enim proprie non esset excedere numerum, sed subici numero. Secundum hoc optime exponitur illud Psalmi: 'qui numerat multitudinem stellarum'.

2. De divinis nominibus

S. Dionysii ... *Opera omnia quae extant* (Patrologia Graeca, 3), Paris 1889. Le traduzioni latine secondo Dionysiaca. *Recueil donnant l'ensemble des traductions latines des ouvrages attribués au Denys de l'Aréopage*, 2 voll., Bruges 1937.

1 c. 1 § 3/589C, Dion. 22,1-3 . . . . LW 5,92,1

Et sic verbum dei patris est omnium »exsistentium substantia« et omnium »viventium vita« et »omnis substantiae et vitae principium est et causa«, secundum Dionysium De divinis nominibus.

2-3 c. 2 § 9/648A, Dion. 103,2-105,1 . . . . LW 3,160,2; DW 4,424,159

[2] Unde Hierotheus didicit divina patiendo, non discendo ab extra, ut ait Dionysius. Et hoc est quod dicitur Eccli. 15: 'qui continens est iustitiae, apprehendet illam', quia ipsam tenere et habere est ipsam apprehendere, id est cognoscere. – [3] Sant Dionysius wart eines gevrâget von sînen jüngern, war umbe sie Hieroteheus alle vürliefe an volkomenheit. Dô sprach Dionysius: Hieroteheus ist ein gotlîdender man. Der in dem wol künde, der vürliefe alle menschen. [Quae ille sive a sanctis theologis accepit sive et ex perita eloquiorum perscrutatione conspexit, ex multa circa ipsa luctatione et contritione, sive etiam ex quadam doctus est diviniore inspiratione, non solum discens, sed et patiens divina, et ex compassione ad ipsa, si ita oportet dicere, ad indocibilem et mysticam ipsorum perfectus est unitionem et fidem.]

4 c. 4 § 1/693B, Dion. 146,1 . . . . LW **1/1**,170,7

Adhuc autem eodem modo se habet de bono, Luc. 18: 'nemo bonus nisi solus deus'; Marc. 9: 'nemo bonus nisi unus deus'. Et Proclus prop. 12 ait: »omnium entium principium et causa prima bonum est«. Ad hoc facit quod Dionysius primum nomen dei ponit bonum. Et Augustinus VIII De trinitate c. 3 ait: »vide ipsum bonum, si potes; ita deum videbis«, »bonum omnis boni«.

5 c. 4 n. 4/697B-701A, Dion. 161,4-167,2 . . . . LW **4**,55,3

Adhuc non dic quod dei natura, esse et vita subsistit in se communicando et se ipsum se totum dando. »Primum enim est dives per se«. Est ergo ipsi per se per se. Unde secundum Dionysium non ratiocinando se amare ipsum dat, sicut sol irradiat. [sostituisce il rinvio in LW IV, ad loc., a "c. 4 n. 1, PG 3, 748"]

6 c. 4 § 4/700A, Dion. 166,4-167,2 . . . . LW **1/1**,231,8 (=**1/2**,144,7)

Rabbi Moyses dicit sapientes legis sentire quod lux prima die facta »sunt ipsa luminaria creata in prima die, sed non ostendit es deus usque ad quartam diem«. Et secundum hoc cessarent multae quaestiones et dubitationes quae circa hoc solent fieri. Concordat autem huic opinioni quod dicunt quidam de ipsa luce primo die creata facta esse luminaria. Dionysius 4 c. De divinis nominibus dicit quod »lux illa fuit lux solis«, de quo habes p. I q. 67 a. 4 ad 2.

7 c. 4 § 9/705A, Dion. 190,3-192,1 . . . . DW 5,427,7

daz wort, daz sant Dionysius sprichet über daz wort sant Pauls, dâ er sprichet: ir sint vil, die alle loufent nâch der krône und enwirt doch niht dan einem – alle krefte der sêle loufent nâch der krône und enwirt doch aleine dem wesene – hie sprichet Dionysius: der louf enist niht anders dan ein abekêren von allen crêatûren und sich vereinigen in die ungeschaffenheit. [Animae autem motus est circularis quidem ad se ipsam introitus ab exterioribus, et intellectualium ipsius virtutum uniformis convolutio, et congregans primum ad se ipsam, deinde sicut uniformem effectam uniens unitive unitis virtutibus, et ita ad pulchrum et bonum manuducens, quod est super omnia exsistentia et unum et idem et sine principio et interminabile]

8 c. 4 § 10/708B, Dion. 201,2-3. . . . . LW 5,341,5

Quod autem dicitur: »Oportet eum facere«, verum est. Est tamen locutio emphatica, commendas dei bonitatem et amorem, qui se toto bonus est per essentiam, quae bonitas non sinit ipsum sine germine esse, ut dicit Dionysius. Propter quod et se ipsum dat et omne quod habet, secundum illud: 'cum illo omnia nobis donavit', Rom. 8, dummodo nos simus apti recipere, Apoc. 3: 'ego sto ad ostium et pulso', et Is. 3<0>: 'exspectat dominus, ut misereatur vestri'. [questa indicazione sostituisce il riferimento in LW V, ad loc.]

9 c. 4 § 13/712A, Dion. 215,1-3. . . . . LW 4,340,14

In summa nota super illud: 'ex toto corde et: sicut te ipsum' quod secundum Dionysium amor exstasim facit ponens amantem extra se et in amatum suum.

10-11 c. 4 § 19/716C, Dion. 235,4-236,3 . . . . .LW 2,513,10; 3,254,10

[10] Octavo sic: bonum ut bonum semper dulce est, amatum et suave, et impossibile est quod quidquam ametur nisi bonum vel apparens bonum. Nemo enim ad malum aspiciens operatur quod operatur, ut Dionysius dicit. Sed bonum hoc aut hoc potest esse amarum, in quantum unum hoc excludit aliud hoc, Psalmus: 'inclinavit ex hoc in hoc' , et sequitur: 'faex eius non est exinanita'. Faex amaritudo est. – [11] Nullus enim inspiciens vel intendens ad malum operatur, ut dicit Dionysius. Secundum in peccato consequenter se habens est aversio a bono incommutabili, et hoc est radix et formalis causa peccati. Et hoc est quod signanter hic dicitur: 'cum inebriati fuerint, tunc id quod deterius est'. Deterius enim in peccato est aversio ipsa a deo, bono incommutabili.

12-15 c. 4 § 22/724B, Dion. 269,3-270,1 . . . . LW 4,250,3; DW 2,616,8;
. . . . 3,334,5; 353,2

[12] 'In via', quia 'aliud cecidit secus viam', et 'caecus sedebat secus viam'. 'Immaculata', Psalmus: 'qui facis angelos tuos spiritus' - angelus, ut ait Dionysius, est imago dei, manifestatio occulti luminis, speculum etc. - 'et ministros tuos ignem urentem'. Damascenus. – [13] Sant Dionysius sprichet, »daz engelischiu natûre ist als vil als diu offenunge gôtlîches liehtes«. – [14] Ein meister sprichet, "der engel sî ein bilde gotes". – [15] Dionysius sprichet: ein engel ist ein spiegel âne vlecken, geliutert ûf das hœhste, der in sich enpfæhet den widerslak götlîches liehtes. [imago Dei est angelus, manifestatio occulti luminis, speculum purum, clarissimum, incontaminatum,

incoinquinatum, immaculatum, recipiens totam [...] pulchritudinem boniformis deiformitatis et munde resplendere faciens in se ipso (ut possibile est) bonitatem silentii quod est in adytis]

16 c. 4 § 23/725C, Dion. 281,4-282,3 .... LW **2**,479,4

Ratio est, quia ipsa, ut dictum est, per suam essentiam nihil respicit nec appetit nisi esse, quod cum bono convertitur. Aspiciendo autem et appetendo bonum et mundum fit omne ens bonum et mundum et pulchrum. Propter quod Dionysius dicit in daemonibus splendidissima naturalia remanserunt.

17 c. 4 § 30/729C, Dion. 298,4 .... LW **2**,448,3

Resumatur ergo et formetur ratio sic: numerus et divisio est ex imperfectione. Honestum autem semper perfectum bonum est. »Bonum enim ex una et tota causa est«, ut ait Dionysius. Igitur honestum innumerum sive innumerabile est. Et hoc est 'innumerabilis honestas'.

18-24 c. 4 § 32/732C, Dion. 309,2-3 .... LW **1/1**,565,1 (=I/2,383,28);
.... 596,9; **2**,178,8; **3**,42,7; 255,10; 453,7; 484,6

[18] Et hoc est quod Dionysius dicit quod bonum hominis est secundum rationem vivere, malum vero praeter rationem. Vult ergo dicere quod in nullo sensuali et universaliter in nullo creato quiescere debet homo in se ipso, nisi in ordine ad ipsum deum. Propter quod supra primo capitulo in omnibus operibus sex dierum describitur 'vespere' et 'mane', non autem nox; nox enim est quies animae in rebus ipsis propter se ipsas. Augustinus De vera religione c. 55 dicit: »non summa quaeramus in infimis, nec ipsis infimis haereamus«, »ne, cum in novissimis prima quaerimus, a primis inter novissima numeremur«. – [19] Tertio etiam docemur moraliter ex iam dictis secundo, quod radix, origo et meritum omnis operationis exterioris ab intra est, secundum illud Luc. 17: 'regnum dei intra vos est'. Voluntas enim, principium omnium humanorum actuum, a costa viri, id est ab intellectivo, derivatur et descendit. Eo enim voluntas appetitus rationalis est, quod in ratione est, ut III De anima dicitur. Dionysius dicit quod bonum hominis est secundum rationem esse, malum vero quod est contra rationem. – [20] Secundo sciendum est quod, sicut ait Dionysius De divinis nominibus c. 4, bonum hominis est secundum rationem esse, malum autem quod est praeter rationem. Ratio est, quia semper bonum est a forma, malum ex materia et ex materiali. – [21] Et Dionysius quarto capitulo De divinis nominibus dicit quod bonum hominis est secundum rationem esse, malum autem quod est »praeter rationem«. – [22] Ratio potest esse duplex: primo quia bonum et malum in humanis est secundum rationem esse aut praeter vel contra rationem esse aut vivere, secundum Dionysius c. 4 De divinis nominibus. Actus autem interior voluntatis secundum rationem est; voluntas enim in ratione est. Secunda ratio est: finis enim proprie est obiectum actus interioris; id autem, quod est ad finem, est obiectum actus exterioris. Id autem, quod finis est, habet se ut formale ad id quod est ad finem; obiectum enim dat speciem actui in moralibus, sicut terminus motui et forma rei in naturalibus. – [23] Notandum quod passio, ira scilicet et huiusmodi, quotiens rationem praeveniunt, vitiosum est et malum. »Est enim homo animal rationale« et »hominum genus arte et ratione vivit« secundum philosophum, et secundum Dionysium, quarto capitulo De divinis nominibus, bonum hominis est secundum rationem esse, malum autem quod est praeter rationem. Quotiens vero passio non praevenit rationem ut imperans, sed sequitur rationem ut imperata ab ipsa, iam non vitium est, sed actus virtutis. – [24] nono sic: rationale per essentiam

in nobis unum est, rationale vero per participationem duo et sensus plures; bonum autem in nobis est secundum rationem esse, malum autem praeter rationem esse, ut ait Dionysius De divinis nominibus c. 7, secundum illud ad Gal.: 'caro concupiscit adversus spiritum'. Dicens ergo: 'ostende nobis' unum, optat sibi dari secundum rationem vivere.

25-26 c. 5 § 1/816B, Dion. 322,4-323,2 . LW **1/1**,538,1 (=I/2,371,24); 3,199,11

[25] Propter quod Plato materiam primam dicebat non ens: et Dionysius 2 c. De divinis nominibus ait bonum extendi »ad non exisistentia«. Materia enim prima bonum participat, quia ipsum appetit; nihil autem appetit nisi sibi simile. Non autem in se ipsa ens participat, cum non sit ens. Sic ergo patet quod ens in actu productum ex ente in potentia non producitur simpliciter ex nihilo. Et hoc quidem in materialibus, sed et similiter se habet suo modo in aliis. – [26] Et Dionysius De divinis nominibus dicit bonum se extendere »ad exsistentia et non-exsistentia«; bonum autem, utpote finis et prima causarum omnium, deus est, et ipse solus.

27-28 c. 5 § 2/816C-818A, Dion. 324,2-327,3 . . . . DW **2**,399,2; 611,7

[27] Ein meister sprichet, daz got sich selben veile trage allen crêatûren, ein ieglîchiu gevâhe, sô vil si welle. – [28] Sant Dionysius sprichet, daz got sîn himelrîche biutet veile; und kein dinc enist sô snœde als daz himelrîche, sô ez veile ist, und niht enist sô edel und sô sælic ze habenne, sô ez vergolten ist.

29 c. 5 § 9/824D, Dion. 361,1-2 . . . . LW **2**,257,5

'Ego quasi vitis'. Notandum quod tota perfectio secundorum est assimilatio superiorum. Propter quod Clemens philosophus, ut ait Dionysius, dicebat quod superiora sunt exemplaria inferiorum et idealiter se habentia ad ipsa inferiora. Et hoc est quod hic dicitur in persona viri sancti: 'ego quasi vitis', id est similis viti quae est Christus.

30 c. 7 § 2/868B, Dion. 388,1-390,3 . . . . DW **4**,63,108

Sant Dionysius der sprichet: dô got die engel geschuof, dô gap er in bilde aller dinge, daz hânt sie natiurlîche.

31 c. 7 § 3/872A, Dion. 405,1 . . . . DW **3**,79,1

Sanctus dyonisius sprichet: got ist der sele zenitte worden, das ist, das er ir vnbechant ist. [Et non est aliquid exsistentium neque in aliquo exsistentium cognoscitur]

32 c. 7 § 3/872B, Dion. 407,1-408,1 . . . . DW **2**,403,6

Ein meister sprichet: swâ endent die nidersten geiste, dâ anegânt diu obersten lîplîchen dinc. [semper fines priorum coniungens principiis secundorum ...]

33 c. 9 § 6/913C, Dion. 467,2-3. . . . . DW **4**,358,137

Sant Dionysius sprach: 'Got hât kein bilde noch glîchnisse sîn selbes, wan er ist wesenlîche allez guot, wârheit und wesen'. [Theologi autem existentem super omnia deum, secundum quod ipse est, nulli dicunt similem]

34 c. 11 § 1 /948D,949C, Dion. 495,3-496,1. 502,3-503,2 . . . . DW **2**,595,4

Sant Dionysius sprichet: »der götlîche vride durchvert und ordent und endet alliu dinc«; und entæte der vride des niht, sô zervlüzzen alliu dinc und enhæten keine ordenunge. - Ze dem andern mâle machet der vride die crêatûren sich entgiezende und vliezende in der minne und niht ze schadenne. - Ze dem dritten mâle machet er die crêatûren diensthaft under einander, daz sie ein bestân hân ir ein an dem andern. Daz ir ein niht gehaben enmac an im selben, daz beheltet ez an dem andern. Dar umbe kumet ein crêatûre von der andern. - Ze dem vierden mâle machet er sie widerböugic in irn êrsten ursprunc, daz ist: in got. [Age igitur, divinam et principem congregationis pacem hymnis pacificis laudemus. Ipsa enim est omnium unitiva et universorum et consensus et connaturalitatis generativa et operativa. [...] Unam igitur quandam et simplicem pacificae unitionis contemplemur naturam, unientem universa sibi ipsi et illis ipsis et sibi invicem et salvantem omnia in non-confusa omnium continentia et immixta et concreta.]

35-36 c. 12 § 2/969A, Dion. 528,4-529,1 . . . . .LW 4,295,7; DW 2,596,1

[35] Quia ergo secundum Bernardum mundus clamat: ergo deficio; caro: ego inficio; diabolus: ego decipio; Christus: ego reficio, restat quod serviendum est soli christo domino, qui praecipit sanctitatem, Luc. 1: 'serviamus illi in sanctitate et iustitia coram ipso omnibus diebus nostris'. 'In sanctitate'. Dionysius De divinis nominibus c. 12: »sanctitas est ab omni immunditia libera et perfecta et omnino immaculata munditia«. – [36] Sant Dionysius sprichet, »daz heilicheit ist ganziu lûterkeit, vrîheit und volkomenheit«.

3. De ecclesiastica hierarchia

S. Dionysii ... *Opera omnia quae extant* (Patrologia Graeca, 3), Paris 1889. Le traduzioni latine secondo Dionysiaca. *Recueil donnant l'ensemble des traductions latines des ouvrages attribués au Denys de l'Aréopage*, 2 voll., Bruges 1937.

1 c. 2 § 5/401A, Dion. 1145,2-1146,3 .... DW 3,265,1

Ex sprichet sant Dionysius: allez, daz wir bekennen, daz wir teilen oder dem wir underscheit geben mügen, daz enist got niht, wan in gote enist weder diz noch daz, daz wir abegeziehen mügen oder mit underscheit begrîfen.

2 c. 3 /424C, Dion. 1163,2-1164,1 .... LW 5,147,1

Misit ergo duo dicens: 'ite in civitatem', quia in hac sacra<menti> perceptione debet esse collectio desideriorum unitorum in deum. Unde civitas dicitur »quasi civium unitas« in qua paratur pascha. Unde Dionysius ubi supra, cur dicatur hoc sacra<mentum> communio vel synaxis, dicit: »unaquaeque sacra perfectiva actio partitas nostras vitas in uniformem deificationem colligit et divisarum deiformem complicationem et communionem donat«. Unde si hoc facit quaevis sacra actio, longe facit hoc sacra<mentum>. Unde nomen 'communionis' merito datur huic sacramento.

3 c. 3 § 10/440A, Dion. 1229,2-3 .... LW 5,143,12

Tertio paratur mundas conscientias habentibus. Unde in libro Num. dicitur Moysi quod qui immundi erant 'in secundo mense' celebrent Phase. Et in 1 Reg. David volenti sumere propter necessitatem 'panes propositionis': 'si pueri sint mundi'. Et in Matth. quod 'Ioseph accepto corpore' domini 'involvit illud in sindone munda'. Ergo mundis tantum paratur. Unde Dionysius in Ecclesiastica hierarchia c. 3 alludit themati nostro 'pascha nostrum immolatus est Christus': »ad sanctissimam venientes immolationem purgari oportet ab extremis animae phantasiis et in similitudine ipsi, quantum possibile, advenire«. In signum huius etiam Christus lavit et mundavit pedes discipulorum, ut etiam contagia minima docerentur auferenda.

4 c. 3 § 14/445B-C, Dion. 1255,1-3 .... LW 4,407,9

Ac 'magis', scilicet curatorum ac praelatorum quam simplicium clericorum. Ratio: talibus enim committuntur proximi specialiter diligendi et dirigendi. Unde requiritur, ut ipsorum 'caritas' prae ceteris 'abundet'. Dionysius docet: »non audendum aliis dux esse, nisi secundum omnem habitum factus deiformissimus et ad divinae intelligentiae et iudicii compaginationem approbatus«.

4. De mystica theologia

S. Dionysii ... *Opera omnia quae extant* (Patrologia Graeca, 3), Paris 1889. Le traduzioni latine secondo Dionysiaca. *Recueil donnant l'ensemble des traductions latines des ouvrages attribués au Denys de l'Aréopage*, 2 voll., Bruges 1937.

1-2 c. 1 § 1/997A, Dion. 566,1-4. . . . . LW 2,196,8; DW 5,292,2

[1] Et hoc est quod ait Dionysius c. 1 De mystica theologia: »simplicia et abscondita et inconvertibilia theologiae mysteria cooperta sunt secundum supersplendentem occulte docti silentii caliginem in obscurissimo superclarissimum supersplendere facientem«. – [2] als sant Dionysius sprach: der sprichet aller schœneste von gote, der von der vülle des inwendigen rîchtuomes allermeist kan von im geswîgen.

3 c. 1 § 1/997B, Dion. 567,2-569,1 . . . . DW 4,359,146

Hie zuo mânete Dionysius sînen jünger Timotheum und sprach: 'lieber mîn sun Timotheê, dû solt mit umbegekêrten sinnen dich erswingen über dich selber und über alle krefte, über redelîcheit und über vernunft, über werk und wîse und wesen in die verborgene stille dünsternisse, ûf daz dû komest in ein bekantnisse des unbekanten übergotteten gottes'. Ez muoz ein entziehen sîn von allen dingen. [Tu autem, amice Thimothee, circa mysticas visiones forti contritione et sensus derelinque et intellectuales operationes, et omnia sensibilia et intelligibilia et omnia existentia et non existentia, et sicut est possibile, ignote consurge ad eius unitionem qui est super omnem substantiam et cognitionem. Et enim excessu tui ipsius et omnium irretentibili absolute, et munde ad supersubstantialem divinarum tenebrarum radium, cuncta aufferens et a cunctis absolutus sursum ageris]

4-5 c. 5 /1048A, Dion. 598 . . . . DW 3,223,3; 4,188,156

[4] Dâ von sprichet der liehte Dionysius, wâ er von gote schrîbet, dâ sprichet er: er ist über wesen, er ist über leben, er ist über lieht; er engibet im noch diz noch daz, und er meinet, daz er sî neizwaz, daz gar verre dar über sî. Der iht sihet oder vellet iht in dîn bekennen, daz enist got niht; dâ von niht, wan er noch diz noch daz enist. – [5] Nû sprichet sant Dionysius: nein niht, er ist über wîse. Er sprichet, daz er ein lieht sî. Nein niht, er ist über lieht. Er sprichet, daz er ein wesen sî. Nein niht, er ist über wesen. Er sprichet, daz er ein êwicheit sî. Nein niht, er ist über êwicheit. Allez daz man gesprechen mac, daz enist got niht. [neque lumen neque vita est neque vivit; neque substantia est]

5. Epistulae

S. Dionysii … *Opera omnia quae extant* (Patrologia Graeca, 3), Paris 1889. Le traduzioni latine secondo Dionysiaca. *Recueil donnant l'ensemble des traductions latines des ouvrages attribués au Denys de l'Aréopage*, 2 voll., Bruges 1937.

1 1/1065A, Dion. 606,4-607,1 . . . . LW **1/1**,578,5

Actu vero exteriori, hoc ipso quod est exterior, <effectus> est extra essentiam producentis procedens, extra unum cum patre est, sub uno est, creatus est. Et propter hoc in ipso et per ipsum pater non dicit id quod est perfecte, sed aliquid sui, secundum illud Iob 36: 'omnes vident eum, unusquisque intuetur procul'. Et Dionysius dicit per sententiam quod qui putat se deum videre, si bene consideret, »non ipsum, sed aliquid« sui videt. Et Augustinus dicit quod »omnibus loquitur« et omnia, »sed non« »omnes audiunt« nec omnia, secundum illud Matth. 13: 'qui habet aures audiendi, audiat'. Et hoc est quod hic dicitur: 'dixit quoque dominus <deus>'. Praemittit autem 'dominus', quia 'invisibilia dei per ea, quae facta sunt, a creatura mundi conspiciuntur', Rom. 1. Et hoc est quod supra dictum est: 'in principio creavit deus caelum et terram'; Matth. 11: 'domine caeli et terrae'.

2 1/1065A, Dion. 607,3-4. . . . . LW **2**,196,12

Et Epistula 1 ad Gaium ait: »perfecta ignorantia cognitio est eius, qui est super omnia quae cognoscuntur«.

6. fonti non individuate

1 . . . . DW 1,318,12

Dionysius sprichet: ein vernünftic ûfklimmen in got, daz ist gebet [si veda più propriamente: IOHANNES DAMASCENUS, *De fide orth.* III c. 24 (PG 94, col. 1089): "oratio est intellectus in deum ascensus"]

2 . . . . DW 2,603,2

Sant Dionysius ... Er sprichet ouch: daz götlîche lieht erschînet an vünfleie liuten. Die êrsten enpfâhent sîn niht. Sie sint, als daz vihe ist, unglîch ze enpfâhenne, als man merken mac bî glîchem: gienge ich über ein wazzer und wære ez gemenget und trüebe, sô enmöhte ich mîn antlütze dar inne niht gesehen durch die unglîchnisse. - Den andern erschînet wênic liehtes als ein blik von einem swerte, der ez würket. - Die dritten enpfâhent sîn mê, als einen grôzen blik, der lieht ist und aber vinster; daz sint alle, die dâ abevallent von götlîchem liehte in die sünde. - Die vierden enpfâhent sîn noch mê; aber bî wîlen entziuhet er sich durch niht, wan daz er sie reize und wît mache an der begerunge. Ez ist gewis: der unser ieglîchem sînen schôz wolte vüllen, unser ieglich machete sînen schôz wît, daz er vil enpfâhen möhte. Augustînus: »wer vil enpfâhen welle, der wîte die begerunge«. - Die vünften enpfâhent ein grôz lieht, als ob ez tac sî, und doch gemachet als durch einen schranz. Dâ von sprichet diu sêle in der minne buoche: mîn liep hât mich anegesehen durch einen schranz; sîn antlütze daz was lustlich. [senza identificazione nell'apparato dell'edizione]

3 . . . . DW 2,611,7

Sant Dionysius sprichet, daz got sîn himelrîche biutet veile; und kein dinc enist sô snœde als daz himelrîche, sô ez veile ist, und niht enist sô edel und sô sælic ze habenne, sô ez vergolten ist. Dar umbe heizet ez snœde, wan ez einem ieglîchen veile ist umbe als vil, als er geleisten mac. [senza identificazione nell'apparato dell'edizione]

FIORELLA RETUCCI

"Her ûf sprichet ein heidenischer meister in dem buoche, daz dâ heizet daz lieht der liehte": Eckhart, il *Liber de causis* e Proclo

Eckhart non si è confrontato con il *De causis*[1] così intensamente e sistematicamente come hanno fatto i suoi confratelli Alberto il Grande e Tommaso d'Aquino. Non c'è traccia in lui del metodo enciclopedico erede della dossografia peripatetica araba che anima la parafrasi albertina al *De causis* nè dell'attenzione storico-filologica che ha permesso al commento di Tommaso di operare un cambiamento di paradigma, quella sorta di rivoluzione copernicana che ha segnato il debutto di un'epoca nuova nella concezione dell'essenza della filosofia[2]. Un fatto è tuttavia innegabile: lo pseudoepigrafo aristotelico ha un peso determinante in momenti centrali dell'opera eckhartiana. Non a caso, quindi, il *De causis* come fonte di Eckhart si è da tempo costituito come problema storiografico. Gli studi sinora dedicati all'argomento sono, tuttavia, o troppo specifici o troppo generici. Beierwaltes prende in considerazione solo i luoghi in cui Eckhart cita il *De causis* della proposizione 21: "Primum est dives per se"[3]. K. Ruh, al contrario, opta per l'alternativa di considerare quasi tutte

[1] Il *Liber de causis* ha costituito una delle fonti principali della metafisica medievale. Ne sono una prova il considerevole numero di manoscritti (Taylor rileva 237 testimoni manoscritti tuttora esistenti della traduzione latina del *Liber de causis*. Cf. Richard C. Taylor, *The Liber de causis: a Preliminary List of Extant Mss.*, in: Bulletin de philosophie médiévale, 25 [1983], pp. 63-84) e di commenti (Cristina D'Ancona Costa, *L'uso della «Sententia Dionysii» nel commento di s. Tommaso e Egidio Romano alle proposizioni 3, 4, 6 del «Liber de causis»*, in: Medioevo, 8 [1982], pp. 1-42, in particolare pp. 3-4 indica ben otto commenti al *De causis* scritti a partire dalla metà del XIII secolo) ed il fatto stesso che il *Liber de causis* sia stato assunto come base del curriculum universitario all'interno del corpus aristotelico (cf. Martin Grabmann, *I divieti ecclesiastici di Aristotele sotto Innocenzo III e Gregorio IX* [Miscellanea Historiae Pontificiae, V/7], Roma 1941, pp. 113-127; Heinrich Denifle, Émile Chatelain, *Chartularium Universitatis Parisiensis*, I, Paris 1889, p. 278).

[2] Così Alain de Libera, *Albert le Grand et Thomas d'Aquin interprètes du Liber de causis*, in: Revue des Sciences Philosophiques et Théologiques, 74 (1990), pp. 347-378.

[3] Werner Beierwaltes, *Primum est dives per se. Das erste ist reich durch sich selbst. Meister Eckhart und der 'Liber de causis'*, in: Id., *Procliana. Spätantikes Denken und seine Spuren*, Frankfurt a. M. 2007, pp. 129-164 (apparso per la prima volta in: *On Proclus and his influence in Medieval Philosophy*, ed. by Egbert P. Bos, Pieter A. Meijer (Philosophia antiqua, 53), Leiden-New York-Köln 1992, pp. 141-169. Cf. anche la traduzione francese: Id., ‹*Primum*

le proposizioni citate[4] ma finisce per trascurarne le differenti contestualizzazioni. Da un lato si riduce, quindi, il debito di Eckhart nei confronti del *De causis* al solo tema dell'autarchia divina, dall'altro si trascura la peculiarità dell'uso che Eckhart fa delle sue fonti: un uso funzionale, in cui uno stesso luogo viene chiamato in causa in contesti diversi e con esiti talvolta contraddittori.

Analoghi problemi pone la valutazione dell'utilizzazione da parte di Eckhart dei testi procliani. La presenza di Proclo in ambiente domenicano tedesco sembra essere molto forte e facilmente documentabile. L'*Elementatio theologica* è stato un libro fondamentale che ha contrassegnato il pensiero di Eckhart e del suo successore allo *Studium generale* di Colonia, Bertoldo di Moosburg. Proclo, insomma, fu in Germania un interlocutore del tutto privilegiato[5]. Eppure il rapporto che lega Eckhart all'ultimo dei diadochi di Platone rimane ancora sfuggente. La domanda che Koch poneva nel 1948 rimane tuttora un problema aperto: Eckhart ha conosciuto direttamente i testi procliani? E se sì, quali? I 60 anni che ci separano dal Koch non hanno portato ancora risposte definitive: e se Koch stesso nega ad Eckhart una conoscenza diretta dell'*Elementatio theologica*[6], l'ipotesi che Eckhart abbia letto gli *Opuscula* e

est dives per se›. Maître Eckhart et le Liber de causis, in: *Voici Maître Eckhart. Textes et études réunis*, éd. par Emilie Zum Brunn, Grenoble 1994, pp. 285-300.

[4] Cf. Kurt Ruh, *Der <Liber de causis>*, in: Id., *Geschichte der abendländischen Mystik*, III, München 1996, pp. 19-32. Un confronto tra la documentazione fornita dal Ruh a p. 22 n. 10 ("Eckhart zitiert in den deutschen Predigten die Propositionen 1-3, 5, 15, 20, 21, 23, darunter 2 und 5 mehrfach, in den lateinischen Schriften 1-6, 8, 9, 11, 12, 14-17, 19-21, 31") e quella qui allegata mostra come Ruh abbia dato un elenco incompleto. Cf. anche Kurt Ruh, *Neuplatonische Quellen Meister Eckharts*, in: *Contemplata aliis tradere. Studien zum Verhältnis von Literatur und Spiritualität*, hrsg. von Claudia Brinker, Urs Herzog, Niklaus Largier, Paul Michel, Bern 1995, pp. 317-352, in part. pp. 318-331.

[5] Cf. Loris Sturlese, *Proclo ed Ermete in Germania da Alberto Magno a Bertoldo di Moosburg. Per una prospettiva di ricerca sulla cultura filosofica tedesca nel secolo delle sue origini (1250-1350)*, in: *Von Meister Dietrich zu Meister Eckhart*, hrsg. von Kurt Flasch (CPTMA Beihefte 2), Hamburg 1984, pp. 22-33; Bernard McGinn, *The Presence of God: A History of Western Christian Mysticism*, IV: *The harvest of Mysticism in Medieval Germany (1300-1500)*, New York 2005, pp. 45-46.

[6] Josef Koch ha rimarcato in più occasioni la sua convinzione che Eckhart non abbia letto ed utilizzato l'*Elementatio theologica* di Proclo di prima mano, ma soltanto per il tramite del commento al *De causis* di Tommaso d'Aquino: cf. Josef Koch, *Einleitung*, in: Meister Eckhart, LW III, p. XV; Id., *Platonismus im Mittelalter. Akademische Festrede gehalten am 26. 5.48 zur Uni-Gründungsfeier* (Kölner Universitätsreden, 4), Krefeld 1948, p. 29; Id., *Meister Eckhart. Versuch eines Gesamtbildes*, in: Id., *Kleine Schriften*, I, Roma 1973, p. 212. In risposta a Koch, Beierwaltes sottolinea come Eckhart citi almeno due proposizioni dell'*Elementatio* senza che queste siano reperibili nel commento di Tommaso (proposizione 1 e 20): cf. Werner Beierwaltes, *Primum est dives per se*, p. 133. Sturlese ancora ribatte che "il ruolo del Commento al De causis di Tommaso come fonte di citazioni di Proclo è stato inspiegabilmente sopravvalutato": cf. Loris Sturlese, *Il dibattito sul Proclo latino nel Medioevo fra l'Università di Parigi e lo Studium di Colonia*, in: *Proclus et son influence. Actes du colloque de Neuchâtel, Juin 1985*, éd. par Gilbert Boss, Gerhard Seel, Zürich 1987, pp. 261-285, in part. p. 268 n. 24.

il *Commento al Parmenide* (testo che nel Medioevo ebbe peraltro una circolazione piuttosto limitata) non smette di esercitare una forte suggestione.

Non resta quindi che cogliere la provocazione di Beierwaltes e rileggere Eckhart filtrando la sua opera attraverso un rilevamento sistematico di tutti i luoghi in cui è riscontrabile un rimando al *De causis* e a Proclo: solo così sarà possibile "una riflessione avveduta su tutti gli elementi neoplatonici presenti in Eckhart"[7].

1. *Liber de causis*

Nell'opera latina Eckhart cita il *De causis*[8] in vari modi, per un totale di 102 citazioni[9].

Sotto forma di citazione esplicita letterale ricorrono 42 citazioni, di cui ben 9 provengono dalla proposizione 21[10]. Sotto forma di citazione esplicita dottrinale Eckhart riformula 38 volte un luogo proveniente dal *Liber*[11]. Sotto forma di cita-

[7] "Um diese Frage zuverlässig zu entscheiden, bedürfte es sowohl gründlicher Handschriftenstudien (auch der Proklos-Übersetzungen Moerbekes), als auch eines umsichtigen Durchdenkens der neuplatonischen Elemente bei Eckhart, zunächst unter der Rücksicht des in Rede stehenden Problems": Werner BEIERWALTES, *Proklos, Grundzüge seiner Metaphysik* (Philosophische Abhandlungen, 24), Frankfurt a. M. 1965, p. 395.

[8] Il testo arabo del *De causis*, testimoniato da tre manoscritti, è articolato in 31 proposizioni. Dei 90 manoscritti che riportano la traduzione latina esaminati da Pattin, 34 mss. dividono il testo in 31 proposizioni, mentre 51 sdoppiano la proposizione 4 in due proposizioni distinte e pertanto suddividono l'intero testo in 32 proposizioni (cf. Adriaan PATTIN, *Introduction*, in: *Le Liber de causis. Édition établie à l'aide de 90 manuscrits avec introduction et notes*, in: Tijdschrift voor filosofie, 28 [1966], pp. 101-120). Dal momento che quando Eckhart indica espressamente il numero della proposizione (ciò accade per le propp. 4, 6, 9, 16, 18, 22, 24: cf. in proposito l'Index, *De caus.* nn. 24, 25, 35, 40, 65, 66, 73, 109, 116, 117) utilizza sempre la numerazione latina, si è ritenuto opportuno mantenere tale numerazione anche in questo contributo.

[9] Questo lavoro segue, nella sua impostazione metodologico-formale, la classificazione tipologica delle fonti elaborata da Amos Bertolacci, dal momento che le categorie da lui utilizzate nello studiare le citazioni di Avicenna in Alberto il Grande sono, in linea di massima, applicabili a questo studio. Dal punto di vista formale le citazioni saranno distinte, pertanto, in triplice modo: citazioni esplicite nominali, citazioni esplicite indeterminate, citazioni implicite. Dal punto di vista contenutistico le citazioni verranno distinte in letterali e dottrinali. Un caso a sè è costituito dalle citazioni in lingua tedesca, in cui, e per motivazioni strettamente linguistiche e per scelta stessa di Eckhart, le citazioni sono tutte dottrinali e hanno, tutt'al più, una vaga intenzione di letteralità. Cf. Amos BERTOLACCI, *«Subtilius speculando». Le citazioni della Philosophia prima di Avicenna nel Commento alla Metafisica di Alberto Magno*, in: Documenti e studi sulla tradizione filosofica medievale, 9 (1998), pp. 261-339.

[10] A questa seguono la proposizione 4 citata 5 volte, la prop. 9 citata 4 volte, le propp. 17 e 24 citate 3 volte, le propp. 2, 3, 6, 10, 12, 15, 18 e 22 citate due volte e, infine, le propp. 16 e 20 citate una sola volta.

[11] Di queste 8 provengono dalla prop. 9, 7 dalla prop. 21, 6 dalla prima prop., 4 dalla

zione implicita letterale si contano, infine, 22 citazioni, di cui ben 12 provengono dalla prop. 21, tre volte dalla prop. 15, 2 dalle propp. 2, 4, 6, 22 ed infine una sola dalla prop. 2.

Due sole volte Eckhart si riferisce al *De causis* senza nominarlo ed introduce le citazioni (rispettivamente dalla prop. 4 e 21: cf. Index, *De caus.* nn. 16 ed 83) con la formula generica "secundum illud".

Nell'opera tedesca il domenicano si riferisce al *Liber* in due modi.

Nella quasi totalità dei casi (10 citazioni) sotto forma esplicita indeterminata, introducendo la citazione con le seguenti formule: "da von sprichet ein heidenischer meister" (Index, *De caus.* n. 7), "Ein alter meister sprichet" (Index, *De caus.* n. 11), "Ein meister sprichet" (Index, *De caus.* n. 14).

In soli due casi, entrambi nella *Pred.* 80, Eckhart dichiara esplicitamente la sua fonte. "Her ûf sprichet ein heidenischer meister in dem buoche, daz dâ heizet daz *lieht der liehte*" (Index, *De caus.* n. 32); "Dâ von sprichet der meister in dem buoche, daz dâ heizet ein *lieht der liehte*" (Index, *De caus.* n. 33). In questi casi Eckhart si riferisce al *De causis* con il titolo "Daz lieht der liehte", corrispettivo in alto-tedesco medio del latino *lumen luminum*. Tale denominazione non è una novità in ambiente domenicano tedesco: Alberto il Grande ne attribuisce la paternità ad Avicenna[12]. In realtà non è possibile reperire nell'opera di Avicenna alcun riferimento al *De causis* sotto questo titolo[13]. La fonte di Eckhart sembrerebbe essere quindi proprio la parafrasi albertina, cosa che è sfuggita agli editori dell'opera tedesca del Turingio. Lo stesso tentativo eckhartiano di spiegare etimologicamente l'origine ed il significato dell'espressione "lieht der liehte" altro non sembra se non la riproduzione tedesca del latino di Alberto.

prop. 12, 2 dalle propp. 4, 20, 24, 32 ed infine una citazione rispettivamente dalle propp. 6, 10, 13, 15, 16.

[12] ALBERTUS MAGNUS, *De causis et processu universitatis a prima causa* II 1 1, ed. Winfrid FAUSER (Opera omnia, editio Coloniensis, 17,2), Münster i. W. 1993, p. 61,9-11: "Avicennam autem secuti magis proprie 'De lumine luminum' appellaverunt quattuor huius nominis assignantes rationes".

[13] Il luogo avicenniano indicato dagli editori come possibile fonte di Alberto non ha nulla a che vedere con il *lumen luminum* se non un vago riferimento alla causalità del raggio solare (cf. AVICENNA, *Liber primus naturalium, Tr. primus, De causis et principiis naturalium*, cap. 7, ed. Simone VAN RIET, Louvain-la-Neuve-Leiden 1992, p. 68,56-69). L'originalità dell'espressione albertina è stata, peraltro, esplicitamente segnalata dal Bardenhewer, primo editore del *Liber de causis*, che dichiara di non essere in grado di documentare l'origine del titolo *Lumen luminum* presente in Alberto (cf. *Die pseudo-aristotelische Schrift Ueber das reine Gute bekannt unter dem Namen Liber de causis*, hrsg. von Otto BARDENHEWER, Freiburg i. Br. 1882, p. 134). Nell'errore di attribuire ad Avicenna la paternità del titolo *De lumine luminum* è incorso anche Kurt RUH, *Der <Liber de causis>*, p. 20.

ECKHARDUS, *Pred.* 80, DW III, p. 385,1-5	ALBERTUS MAGNUS, *De caus. et proc. univers.* II 1 1, ed. FAUSER p. 61,16-22
Hie von sprichet bischof Albreht: drîerhande wîs vliuzet er ûz in alliu dinc gemeinlîche: mit wesene und mit lebene und mit liehte und sunderlîche in die vernünftigen sêle an mügentheit aller dinge und an einem widerrucke der crêatûren in irn êrsten ursprunc: diz ist lieht der liehte.	... lumen primae causae tripliciter influat rebus, scilicet influentia constitutionis ad esse et influentia irradiationis ad perfectionem virtutis et operis et influentia reductionis ad primum fontem ut ad boni principium, et huius influentia luminis omnis illuminationis principium sit et lumen, erit ipsum lumen luminum.

Il libro che Eckhart aveva davanti a sè nel momento in cui si accingeva a commentare Luca 16,19 era, quindi, non solo il *De causis*, ma anche la parafrasi fatta da Alberto.

Conferma: poco dopo, sempre nella *Pred.* 80, Eckhart ricorre ancora una volta al commento albertino per spiegare uno dei modi che caratterizza la ricchezza divina[14]. Dio, scrive Eckhart, può essere definito ricco per cinque motivi. Uno di questi consiste nell'essere assolutamente semplice di Dio. Dice, infatti, il vescovo Alberto: è semplice ciò che è unitario in se stesso, senza niente di estraneo, e tale è Dio. Tutte le creature si mantengono unite in ciò che egli è. Qui sono uno nell'uno.

ECKHARDUS, *Pred.* 80, DW III, pp. 382,9-384,6	ALBERTUS MAGNUS, *De caus. et proc. univers.* II 4 5, ed. FAUSER p. 160,6-8
Diu **rîcheit** gotes diu liget an vünf dingen [...] Daz ander: daz er einvaltic ist an sînem wesene, her umbe ist er diu innerkeit **aller dinge** [...]	**Dives** autem **ad omnia** et simpliciter dives

[14] La presenza di Alberto dietro i due luoghi eckhartiani qui presi in considerazione, pur ravvisata, non era stata finora identificata con precisione. Lo stesso Geyer, cui dobbiamo un prezioso studio su "Albertus Magnus und Meister Eckhart", aveva già notato la difficoltà di rintracciare nell'opera di Alberto i passi da cui Eckhart dichiara di citare: "Die beiden anderen Zitate enthalten Gedanken, die sich bei Albert häufig finden, deren Wortlaut ich aber bisher nicht finden konnte": cf. Bernhard GEYER, *Albertus Magnus und Meister Eckhart*, in: *Festschrift Josef Quint anläßlich seines 65. Geburtstages überreicht*, hrsg. von Hugo MOSER, Rudolf SCHÜTZEICHEL, Karl STACKMANN, Bonn 1964, pp. 121-126, in part. pp. 122-123. Un riferimento al primo dei due luoghi qui esaminati è anche in Emilie ZUM BRUNN, *La doctrine albertinienne et eckhartienne de l'homme d'après quelques textes des «Sermons allemands»*, in: *Albert der Große und die deutsche Dominikanerschule. Philosophische Perspektiven*, hrsg. von Ruedi IMBACH, Christoph FLÜELER, Freiburger Zeitschrift für Philosophie und Theologie, 32 (1985), Heft 1/2, pp. 137-143, in part. p. 137. Su questi due luoghi eckhartiani si sofferma, infine, Ruh, senza tuttavia riuscire a certificarne con precisione l'origine albertina: cf. Kurt RUH, *Albertus Magnus*, in: ID., *Geschichte der abendländischen Mystik*, pp. 106-129, in part. p. 127.

Waz ist **einvaltic**? Daz sprichet bischof Albreht: daz dinc ist **einvaltic**, daz **an im selber ein ist âne ander**, daz ist got, und **alliu vereintiu dinc haltent sich in daz, daz er ist**. Dâ sint die crêatûren **ein in dem einen** und sint got in gote; an in selben sint sie niht.

simplicissimum est, quod **in uno et unite omnia continet et habet, quae sunt idem 'ei quod ipsum est'**.

La presenza della parafrasi albertina non deve peraltro sorprendere. Lo stesso Eckhart, nella sua *Responsio* (il memoriale processuale precedentemente noto come *Rechtfertigungsschrift*) ne sottolinea seccamente la centralità all'interno del suo progetto metafisico: "Ad undecimum cum dicitur: »In omni creato aliud est esse <et> ab alio, aliud essentia et non ab alio«. Dicendum quod hoc verum est, et est verbum Avicennae et Alberti in De causis"[15].

L'uso che Eckhart fa del *De causis* non è casuale, ma è puntuale riferimento autoritativo a sostegno di determinati e ben precisi nuclei tematici.

1. Sulla scia del *Liber* Eckhart articola, innanzitutto, il tema della simultanea immanenza e trascendenza della Prima Causa, ossia Dio, nei confronti delle sue creature. La causa prima descritta dal *De causis* si caratterizza come assoluta ed uniforme presenza nei causati. L'azione di Dio è immediatissima alle cose da lui create, dice Eckhart citando la prop. 1 e 12 del *De causis*[16]. Niente è pertanto più unito, più conveniente, più intimo e congiunto all'effetto della causa prima[17]. Ciò deriva dal fatto che Dio, in quanto causa prima, è fondativo dell'essere di tutte le creature[18] e, in quanto ragione di tutte le cose, precontiene in modo eminente tutte le perfezioni delle sue creature[19]. Il causato o l'inferiore, preso in sè, è puramente passivo, nudo ed informe, pronto a ricevere tutto dalla sua causa o da ciò che gli è superiore nella scala gerarchica degli enti[20]. Ciò, tuttavia, non equivale ad un appiattimento del creatore sulle sue creature. Due sono, infatti, i limiti che impediscono al causato di identificarsi con la sua causa. In primo luogo l'azione causale di un principio è ricevuta in gradi differenti da differenti realtà ricettive: anche se la causa prima discende totalmente nel suo causato[21] ed esiste in tutte le cose secondo una sola disposizione, tutte le cose non esistono nella prima causa secondo un'unica disposizione[22]. In secondo luogo la causa prima, pur essendo *immediatissima rebus*, pur governando

[15] Cf. *Proc. contra mag. Echardum* n. 48, LW V, pp. 291,13-292,1.

[16] Cf. Index, *De caus.* n. 2 e n. 52.

[17] Cf. Index, *De caus.* n. 5.

[18] In questa direzione sono tutte le citazioni dalle proposizioni 9,16, 18, 21: cf. Index, *De caus.* n. 35 e n. 85.

[19] Sulla precontenza di tutte le perfezioni delle creature da parte di Dio, si vedano le citazioni dalle propp. 1, 18, 21: cf. Index, *De caus.* n. 4 e n. 94.

[20] Cf. Index, *De caus.* n. 7 e n. 86.

[21] Cf. Index, *De caus.* n. 53.

[22] Cf. Index, *De caus.* nn. 114-116.

la totalità degli enti, non si mescola con essi. È ciò che afferma anche il testo sacro: "la luce non si mescola alle tenebre. È per questo che le tenebre non l'hanno compresa"[23]. Il Dio del *Genesi* divise infatti la luce dalle tenebre perchè mai la luce può essere contaminata dalle tenebre, così come Dio mai può essere congiunto con le creature[24]. Dio è pertanto assoluta purezza che riposa, immobile, tutta in se stessa senza essere contaminata da nient'altro[25].

2. La dottrina della gerarchia degli enti e la conseguente affermazione della superiorità dell'ente cognitivo rispetto all'ente naturale, dell'intelletto nei confronti della natura è un ulteriore debito di Eckhart nei confronti del *De causis* e di Proclo. L'intelletto è infatti per Eckhart lettore del *Liber* principio e causa di tutta la natura. L'intelligenza comprende tutte le cose generate e la natura stessa[26]. L'intelletto è dunque superiore alla natura[27].

3. La concezione dell'essere come ragione prima della creaturabilità è, in terzo luogo, un ulteriore tema formulato da Eckhart a partire dalla quarta proposizione del *De causis*[28].

4. Eckhart eredita dalle proposizioni 6 e 22 del *De causis* la concezione di Dio quale essere "al di sopra di ogni nome". Dall'esame comparato delle citazioni nell'opera latina e in quella tedesca emerge, tuttavia, una singolare particolarità che lo stesso Ruh aveva notato[29]: senza contare le occorrenze rintracciabili negli atti del processo[30] la proposizione 6, "Causa prima superior est omni narratione", è citata solo una volta nell'opera latina (Index, *De caus.* n. 25). La stessa proposizione viene invece citata nell'opera tedesca quattro volte: 2 volte in forma di citazione esplicita indeterminata e 2 volte esplicitamente[31]. Stessa sorte tocca alla prop. 22, "Causa prima est super omne nomen quo nominatur": citata solo due volte nell'opera latina[32], essa riecheggia altrettante volte nell'opera tedesca[33]. Tale circostanza non può non insospettire, soprattutto considerando che l'alta frequenza di citazioni

[23] Cf. Index, *De caus.* n. 76.

[24] Cf. Index, *De caus.* n. 74.

[25] Cf. Index, *De caus.* n. 60 e n. 106.

[26] Cf. Index, *De caus.* n. 40.

[27] Cf. Index, *De caus.* n. 18, n. 38 e n. 47.

[28] Cf. Index, *De caus.* nn. 15-22, 23, 50, 71, 77, 120. Su questo tema, cf. anche Werner Beierwaltes, *Primum est dives per se*, pp. 149-164.

[29] Cf. Kurt Ruh, *Der <Liber de causis>*, p. 28.

[30] In questo documento, considerato da Sturlese una sorta di testamento dottrinale di Eckhart (cf. Loris Sturlese, *Eckhart, l'inquisizione di Colonia e la memoria difensiva conservata nel codice Soest 33*, in: Giornale critico della filosofia italiana, 80 [2001], pp. 62-89) le propp. 6 e 22 compaiono rispettivamente due volte: cf. Index, *De caus.* nn. 27-28 e nn. 110-111.

[31] Cf. Index, *De caus.* nn. 29-30 e nn. 32-33.

[32] Cf. Index, *De caus.* nn. 108-109.

[33] Cf. Index, *De caus.* nn. 112-113. Il numero dei luoghi in cui le propp. 6 e 22 del *De causis* vengono citate tendono ad aumentare se si considerano anche le citazioni implicite. Cf.

puntuali nell'opera latina è spesso controbilanciata da rari e vaghi accenni in quella tedesca[34].

Nell'opera latina Eckhart chiama in causa le proposizioni 6 e 22 nel commentare un passo dell'*Esodo*[35]: "Omnipotens est nomen eius". Le citazioni sono fedeli alla lettera della sua fonte. Un po' meno lo è l'interpretazione eckhartiana: entrambe le definizioni del *De causis*, precisa Eckhart, non hanno alcuna valenza privativa o negativa. Essere superiore non significa infatti essere privato delle perfezioni delle cose inferiori, ma precontenerle tutte in forma eminente. Il nome che è al di sopra di ogni nome non è pertanto innominabile, ma omninominabile. Il Dio di Eckhart lettore del *De causis* è sì superiore ad ogni narrazione, ma non inenarrabile.

Nel secondo caso Eckhart si accinge a commentare *Esodo* 20,7: "Non assumes nomen dei tui in vanum"[36]. Dopo aver passato in rassegna alcuni nomi che la tradizione, e Maimonide in particolare, attribuiscono a Dio, Eckhart conclude che il nome proprio e più adatto a Dio è "essere". A Dio, e solo a lui, compete infatti un nome che sia "sopra ogni nome" e che, pertanto, non escluda alcun nome, ma che li includa tutti indistintamente. Dal momento che l'essere è ciò che è comune a tutti gli enti e a tutti i nomi, l'essere è il nome proprio di Dio, e di lui solo. Questo è, conclude Eckhart, il senso con cui deve essere interpretata la proposizione del *De causis*: "Dio è sopra ogni nome".

Nelle prediche in volgare Eckhart ripropone ben tre volte la proposizione 6 nello stesso contesto e con le stesse parole in tre prediche differenti[37]. Questa la sua argomentazione: Dio è al di sopra di ogni vocabolo e questa incapacità è dovuta al linguaggio ed è causata dalla grandezza dell'essere divino. Una cosa può infatti essere conosciuta in modo triplice: o per mezzo delle cose che sono sopra di essa, o tramite similitudine o analogia con le altre cose o, infine, in virtù delle operazioni e degli effetti che ne derivano. Dio tuttavia non può essere nominato né conosciuto: non nel primo modo, dal momento che Dio è la causa prima e non vi è niente al di sopra di lui; non nel secondo, dal momento che nulla è simile a Dio; non, infine, nel terzo modo, dal momento che gli effetti di Dio, ossia le sue creature, sono troppo infimi per rivelare qualcosa della loro causa. In questi passi che ricalcano così da vicino l'esposizione tomista della sesta proposizione del *De causis*, tanto da far pensare che sia proprio l'Aquinate ad aver ispirato queste pagi-

a titolo esemplicativo la *Pred.* 15 (DW I, p. 253,3-4), *Pred.* 17 (DW I, p. 284,4-6), *Pred.* 71 (DW III, pp. 221,8-222,1), *Pred.* 80 (DW III, p. 380,1-2), *Pred.* 83 (DW III, p. 441,1).

[34] Si pensi ad esempio che la prop. 9, completamente assente nell'opera tedesca, viene citata 13 volte nell'opera latina (cf. Index, *De caus.* nn. 34-46) e che la prop. 21, ricordata solo una volta in tedesco (cf. Index, *De caus.* n. 106), è ripresa letteralmente ben 28 volte nell'*Opus tripartitum* (cf. Index, *De caus.* nn. 78-105 e n. 107).

[35] *Es.* 15,3: Eckhardus, *In Exod.* n. 35, LW II, p. 41.

[36] *Es.* 20,7: Eckhardus, *In Exod.* n. 168, LW II, p. 147.

[37] Cf. Eckhardus, *Pred.* 20a, DW I, p. 329,1; *Pred.* 20b, DW I, p. 346,3; *Pred.* 80, DW III, p. 380,2.

ne[38], Eckhart non ha alcun dubbio: Dio non può essere nominato, è al di sopra dell'essere, al di sopra di ogni lode e di ogni comprensione: "Got ist überwesenlich und überredelich und überverstentlich, daz natiurlich verstân ist"[39]. Nessuno può sapere o dir qualcosa su Dio. Ciò che l'uomo può dire di più bello su di lui è tacere dalla sapienza della ricchezza interiore, concluderà Eckhart nella *Pred.* 83 citando un passo dal *De mystica theologia* di Dionigi[40].

La dissimmetria nella frequenza di citazioni dalle proposizioni 6 e 22 nell'opera latina e tedesca non si riduce pertanto a mero scarto quantitativo, ma nasconde un'intenzione ben più profonda. Lo sforzo di fondare la possibilità di nominare Dio anima l'esegesi eckhartiana del testo sacro. La constatazione dell'innominabilità divina caratterizza, al contrario, tutta la predicazione in volgare. Il Dio dell'Esodo è *omninominabilis* e si identifica con l'essere, secondo l'enunciato fondatore della *Metafisica dell'Esodo* cara al Gilson: "Ego sum qui sum". Il Dio delle prediche tedesche è *nameloz* e la sua indicibilità conduce agli esiti estremi che non passarono inosservati agli inquisitori nel *Votum Avenionense*[41]: "Deus non est bonus neque melior neque optimus. Ita male quotienscumque voco deum bonum, ac si ego album vocarem nigrum".

2. Proclo

Eckhart cita esplicitamente e letteralmente solo l'*Elementatio theologica,* e ciò solo nelle sue opere latine.

Di quest'opera abbiamo 19 citazioni, di cui 8 esplicite letterali, 8 esplicite dottrinali, 3 implicite letterali.

La maggior parte delle citazioni derivano dalla prima proposizione dell'*Elementatio*: ben otto volte Eckhart ricorre infatti alla lettera di questo noto luogo proclia-

38 Cf. Thomas de Aquino, *Super librum De causis expositio*, ed. Henri D. Saffrey (Textus philosophici Friburgenses, 4/5), Freiburg-Löwen 1954, pp. 43-48: "Hoc autem quod dictum est in propositione probatur per hunc modum; tripliciter enim aliquid cognoscitur: uno modo sicut effectus per causam, alio modo per seipsum, tertio modo per effectum. [...] Et ex hoc concludit ulterius quod sola causa prima sic est prima quod non potest narrari, quia non habet causam superiorem per quam narretur; res enim consueverunt narrari per suas causas. [...] Secundo vero ostendit quod non cognoscitur secundo modo, scilicet per seipsam. [...] Tertio ostendit quomodo causa prima cognoscitur per effectum. [...] Sed tamen non sufficienter cognoscitur per eam [scil. causa secunda seu intelligentia], quia illud quod est intelligentia est in causa prima altiori modo, causa autem excedens effectum non sufficienter cognosci potest per suum effectum. Sic ergo patet quod causa prima superior est narratione, quia neque per causam, neque per seipsam, neque per effectum sufficienter cognosci aut dici potest".

39 Cf. Eckhardus, *Pred.* 80, DW III, p. 380,2-4.

40 Cf. Eckhardus, *Pred.* 83, DW III, p. 442,2-4.

41 Cf. *Processus contra mag. Echardum*, n. 59, LW V, p. 573,4-6.

no, indicando espressamente l'identità della sua fonte (5 volte: cf. Index, *Proclus*, nn. 1, 2, 4, 5, 7) o tacendola del tutto (tre volte: Index, *Proclus*, nn. 3, 6, 8).

I nuclei tematici intorno a cui si concentrano le citazioni eckhartiane da Proclo sono:

1. La sovranità dell'Uno, cui ogni moltitudine partecipa.
2. La processione di tutti gli enti dalla causa prima[42].
3. La superiorità dell'ente intellettivo rispetto all'ente di natura.
4. La distinzione dell'universo secondo le quattro *maneries* degli enti[43].

Eckhart dimostra una manifesta indifferenza sul fatto che il *De causis* dipenda in buona parte dall'*Elementatio theologica*. In ciò egli si distingue dall'atteggiamento dei suoi confratelli, Teodorico di Freiberg[44] e Bertoldo di Moosburg[45].

Eckhart, tuttavia, ha ben presente il commento al *De causis* in cui Tommaso dimostrava che il *Liber* era in realtà l'estratto di un'opera del platonico Proclo[46]. Egli sembra aver notato, insieme a Tommaso, che il *De causis* non riprende, non commenta né cita alcuna proposizione procliana anteriore alla 12[47]. È solo a partire dalla proposizione 12, infatti, che l'*Elementatio* e il *De causis* si trovano citati insieme nell'opera eckhartiana[48].

Quanto detto non equivale a sostenere che Eckhart abbia conosciuto l'*Elementatio* esclusivamente a partire da Tommaso. Il ruolo del commento al *De causis* di

[42] Sulla vicinanza tra Eckhart e Proclo a proposito della dottrina della causalità aveva già attirato l'attenzione Ernst von Bracken, *Meister Eckhart und Fichte*, Würzburg 1943, in part. pp. 30-43.

[43] Cf. Index, *Proclus* n. 14. Questo tema è ripreso da Eckhart sulla scia di Teodorico di Freiberg (cf. Dietrich von Freiberg, *De intellectu et intelligibili*, ed. Burkhard Mojsisch [CPTMA II,1], Hamburg 1977, pp. 138,47-49). Cf. anche Maria R. Pagnoni-Sturlese, *Filosofia della natura e filosofia dell'intelletto in Teodorico di Freiberg e Bertoldo di Moosburg*, in: *Von Meister Dietrich zu Meister Eckhart*, hrsg. von Kurt Flasch (CPTMA, Beihefte 2), Hamburg 1984, pp. 115-127.

[44] "Et hoc habemus manifeste ex Libro de Causis et ex libro Procli, unde videtur sumptus Liber de causis": cf. Dietrich von Freiberg, *De cognitione entium separatorum*, ed. Hartmut Steffan (CPTMA II,2), Hamburg 1980, p. 174,33-35.

[45] "Unde et auctor De causis in prima propositione libelli sui, quam extraxit ab isto elemento et sequenti ...": cf. Berthold von Moosburg, *Expositio super Elementationem theologicam Procli*, prop. 56 D, ed. Antonella Sannino (CPTMA VI,3), Hamburg 2001, p. 143,103-104.

[46] Beierwaltes ritiene che Eckhart faccia esplicito riferimento a Tommaso e al suo commento quando, nel Commento a Giovanni (Eckhardus, *In Ioh.* n. 93, LW 3, p. 81,2), scrive: "ut ait propositio prima De causis et eius commentator". Cf. Werner Beierwaltes, *Primum est dives per se*, p. 132.

[47] Come il Koch aveva sottolineato, cf. Josef Koch, *Augustinischer und dionysischer Neuplatonismus und das Mittelalter*, in: Id., *Kleine Schriften*, I, p. 17.

[48] Cf. Index, *Proclus* n. 12, n. 15, nn. 17-19.

Tommaso come fonte di citazioni di Proclo è stato effettivamente sopravvalutato[49]. È inoltre inverosimile che Eckhart nel corso della sua lunga carriera non si sia mai imbattuto direttamente nel testo di Proclo. L'*Elementatio theologica* di Proclo ha avuto una diffusione notevole in ambiente universitario[50] ed apparteneva certamente al bagaglio di letture obbligatorie di un professore di teologia come Eckhart. Inoltre, si pensi che Colonia, ove Eckhart esercitò il suo magistero[51], sarà pochi anni dopo teatro dell'impresa di Bertoldo di Moosburg, che dedicherà all'*Elementatio* un lunghissimo commentario.

A questo punto sembrerebbe confermata l'immagine di Eckhart ricostruita dalla critica: quella di un Eckhart buon conoscitore dell'*Elementatio theologica*, non senza il filtro del commento di Tommaso (Beierwaltes e de Libera) e dell'opera di Teodorico di Freiberg[52] (Sturlese), e mancato lettore degli altri scritti procliani (Beierwaltes, Steel, de Libera). Sembrerebbe, dico, se le fonti di Eckhart fossero soltanto quelle segnalate negli indici dagli editori, e se l'opera stessa di Eckhart potesse essere letta per intero sotto il filtro della metafisica dell'*Opus tripartitum*.

Uno dei temi privilegiati su cui tutta l'attenzione della critica si è concentrata

[49] Così Loris Sturlese, *Il dibattito sul Proclo latino*, p. 268 n. 24.

[50] Ben 22 manoscritti tramandano per intero il testo dell'*Elementatio theologica* di Proclo nella traduzione latina di Guglielmo di Moerbeke, la maggior parte dei quali è riconducibile alla tradizione universitaria parigina. Cf. Helmut Boese, *Wilhelm von Moerbeke als Übersetzer der Stoicheiosis theologike des Proclus. Untersuchungen und Texte zur Überlieferung der Elementatio theologica* (Abhandlungen der Heidelberger Akademie der Wissenschaften, Philos.-hist. Klasse, 1985,5), Heidelberg 1985, pp. 19-26; Id., *Einleitung*, in: Proclus, *Elementatio theologica translata a Guillelmo de Morbecca*, hrsg. von Helmut Boese (Ancient and Medieval Philosophy, 1,5), Leuven 1987, pp. X-XXVI. Si veda inoltre l'isografa della diffusione di questo testo in: Loris Sturlese, *Universalità della ragione e pluralità delle filosofie nel Medio Evo. Geografia del pubblico e isògrafe di diffusione dei testi prima dell'invenzione della stampa*, in: Giornale critico della filosofia italiana, 87 (2008), p. 20.

[51] Sulla presenza e sull'attività svolta da Eckhart a Colonia, si vedano Josef Koch, *Kritische Studien zum Leben Meister Eckharts*, in: Id., *Kleine Schriften*, I, pp. 297-347, in part. p. 303; Kurt Ruh, *Meister Eckhart. Theologe, Prediger, Mystiker*, München 1989², p. 168; Walter Senner OP, *Meister Eckhart in Köln*, in: *Meister Eckhart: Lebensstationen–Redesituationen*, hrsg. von Klaus Jacobi (Quellen und Forschungen zur Geschichte des Dominikanerordens. Neue Folge 7), Berlin 1997, pp. 207-235.

[52] Alcune citazioni che Eckhart fa dall'*Elementatio theologica* richiamano molto da vicino la lettera di alcuni luoghi dell'opera di Teodorico. Ciò vale, ad esempio, per la citazione dalla prop. 20 (cf. Eckhardus, *In Gen. II* n. 209, LW I/1, p. 684,3; Dietrich von Freiberg, *De intellectu et intelligibili*, ed. Burkhard Mojsisch [CPTMA II,1], Hamburg 1977, p. 138,47-49), e dalla prop. 21 (cf. Eckhardus, *In Ioh.* n. 514, LW III, p. 445,7; Dietrich von Freiberg, *De visione beatifica*, ed. Burkhard Mojsisch, [CPTMA II,1], Hamburg 1977, p. 86,43-46). Cf. Loris Sturlese, *Il dibattito sul Proclo latino*, p. 280.

per ammettere o negare l'influenza della moerbekiana su Eckhart è stato, oltre alla tanto discussa dottrina dell'*unum animae*[53], quello della *negatio negationis*[54].

Dopo qualche difficoltà iniziale nel comprendere il testo latino di Eckhart[55], Klibansky si convinse che la vera fonte della *negatio negationis* in Eckhart fosse in realtà la fine del VII libro del *Commento al Parmenide* di Proclo[56]. Un passo decisivo nella

[53] La dottrina dell'«unum animae» e del suo corrispettivo tedesco «Grunt der sêle» è da tempo oggetto di numerosi studi. La posta in gioco è alta: da questa dottrina si fa, infatti, dipendere la conoscenza più o meno diretta da parte di Eckhart degli *Opuscula* di Proclo. Già Ebeling riconosceva la dipendenza dello spiritualismo eckhartiano dalla filosofia procliana: cf. Heinrich Ebeling, *Meister Eckharts Mystik. Studien zu den Geisteskämpfen um die Wende des 13. Jahrhunderts* (Forschungen zur Kirchen- und Geistesgeschichte), Stuttgart 1962, pp. 269-282. Koch stesso, pur convinto che Eckhart non avesse avuto conoscenza diretta dell'*Elementatio theologica*, non poteva fare altro se non constatare la vicinanza tra «das Eine in der Seele» delle prediche tedesche e l'«unum animae» del *De providentia et fato* e del *Commento al Parmenide*: cf. Josef Koch, *Platonismus im Mittelalter*, pp. 31-32. Hof ha sottolineato la vicinanza tra il «τò in nobis» del *De providentia et fato* e l'eckhartiano «aliquid in anima» e ha ricondotto a Proclo la tesi attribuita da Eckhart a Platone nella *Pred.* 28 (cf. DW II, p. 67,1-3) secondo cui la purezza, cioè l'Uno, non è di questo mondo e non è nè nel tempo nè nell'eternità: cf. Hans Hof, *Scintilla animae. Eine Studie zu einem Grundbegriff in Meister Eckharts Philosophie mit besonderer Berücksichtigung des Verhältnisses der Eckhartschen Philosophie zur neuplatonischen und thomistischen Anschauung*, Lund-Bonn 1952, pp. 214-215. Imbach pare non avere dubbi nello scrivere: "Le logos eckhartien sur Dieu est la synthèse spéculative de la pensée du livre XII de la Métaphysique d'Aristote, du Je suis celui qui suis (Ex. 3,14) et de l'Un de Proclus": cf. Ruedi Imbach, *Le (néo)platonisme médiéval, Proclus latin et l'école dominicaine allemande*, in: Revue de Théologie et de Philosophie, 110 (1978), pp. 427-448, in part. p. 433. De Libera sembra invece essere molto cauto e se da un lato ammette l'importanza dell'influenza dell'*Elementatio* procliana per quanto riguarda la prospettiva ontologico-trascendentale della metafisica dell'*Opus tripartitum*, dall'altro nega qualsiasi forma di influsso diretto della dottrina dell'«unum animae» degli *Opuscula* procliani sulla teologia dell'unità sopraintellettuale eckhartiana: quest'ultima può infatti essere spiegata soltanto attraverso la nozione puramente dionisiana di «ἕνωσις»: cf. Alain de Libera, *Uno, unione e unità in Meister Eckhart: dall'uno trascendentale all'Uno trascendente*, in: *L'Uno e i molti*, a cura di Virgilio Melchiorre, Vita e Pensiero, Milano 1990, pp. 249-282. Di segno opposto sono, invece, le conclusioni tratte recentemente da Beccarisi: "nella sua concezione dell'Uno Eckhart fa confluire elementi diversi: la sostanzialità dell'intelletto agente di Teodorico, letta attraverso la proposizione XV del Liber de Causis, e il principio unitivo dell'«unum animae», teorizzato nel De providentia et fato di Proclo": cf. Alessandra Beccarisi, *Neologismi filosofici tra latino e volgare: «Istic» e «Isticheit» secondo Meister Eckhart*, in: *Filosofia in volgare nel Medioevo*, a cura di Nadia Bray, Loris Sturlese, Louvain-la-Neuve 2003, pp. 27-55, in part. pp. 41-42; cf. anche Ead., Predigt 1 'Intravit Iesus in templum', in: LE II, Stuttgart 2003, pp. 1-27, in part. pp. 25-26.

[54] Per una panoramica generale sul problema, cf. Klaus Hedwig, *Negatio negationis. Problemgeschichtliche Aspekte einer Denkstruktur*, in: Archiv für Begriffsgeschichte, 24 (1980), pp. 7-33.

[55] Cf. *Praefatio*, in: *Magistri Eckardi Opera latina. Auspiciis Instituti Sanctae Sabinae ad codicum fidem edita*, II: *Opus Tripartitum. Prologi*, ed. Hildebrandt Bascour O.S.B, Leipzig 1935, p. IX.

[56] Cf. Raymond Klibansky, *The Continuity of the Platonic Tradition. Outline of a Corpus*

risoluzione del problema fu fatto da Beierwaltes che, seguendo alcune indicazioni del Koch[57], in più occasioni ha sottolineato le differenze tra la posizione di Eckhart e quella di Proclo[58]. In Eckhart la negazione della negazione è l'autoenunciazione del principio stesso intesa come pura affermazione di se medesimo. La negazione della negazione intesa come negatività positiva o positività negativa è l'unica espressione possibile per *affermare* qualcosa su Dio[59]. In Proclo, al contrario, la negazione della negazione o del negare conduce al superamento di qualsiasi pensiero e di qualsiasi enunciazione, condanna al silenzio e termina in una *dotta ignoranza*. Gli studi sull'esigua tradizione manoscritta del *Commento al Parmenide* di Proclo compiuti da Steel hanno fatto il resto nel cementare definitivamente la convinzione che la dottrina eckhartiana della *negatio negationis* non dovesse niente all'interpretazione procliana della prima ipotesi del *Parmenide*[60].

platonicum medii aevi, London 1939, p. 26. Cf. anche Id., *Ein Proklos-Fund und seine Bedeutung*, in: Sitzungsberichte der Heidelberger Akademie der Wissenschaften. Philosophisch-historische Klasse, 1928/29 (5. Abhandlung), p. 12; Id., *Plato's Parmenides in the Middle Ages and the Renaissance*, in: Medieval and Renaissance Studies, 1 (1943), pp. 281-330, in part. pp. 287-288.

[57] Cf. Josef Koch, *Platonismus im Mittelalter*, p. 30: "Wenn Eckhart nun in der Auslegung zu Exodus 15,3 sagt, daß Gott keine andere Verneinung zukommt als die doppelte Verneinung, so begründet er das damit, daß diese die reinste und vollste Bejahung ist. D.h. hier haben wir keine Flucht aus dem Wort im Schweigen (i.e. wie bei Proklos), sondern eine sehr betonte affirmative Theologie, die den grammatischen Sinn der doppelten Verneinung in ihren Dienst stellt".

[58] Cf. Werner Beierwaltes, *Proklos*, pp. 395-398; Id., *Platonismus und Idealismus* (Philosophische Abhandlungen, 40), Frankfurt a. M. 1972, p. 48 (cf. in proposito la recensione scritta in occasione della traduzione francese del testo di Beierwaltes: Jean-L. Vieillard-Baron, *À propos de la traduction française de l'ouvrage de Werner Beierwaltes, Platonisme et Idéalisme*, in: Les études philosophiques, 3 (2001), pp. 387-394, in part. p. 390). Della stessa opinione di Beierwaltes è, tra gli altri, anche Carlos Steel, *Negatio negationis. Proclus on the Final Lemma of the First Hypothesis of the Parmenides*, in: *Traditions of Platonism. Essays in honour of John Dillon*, ed. by John J. Cleary, Ashgate 1999, pp. 351-368, in part. pp. 367-368.

[59] Così anche Tamar Tsopurashvili, Relazione tenuta a Strasburgo in occasione della Jahrestagung della Meister Eckhart Gesellschaft, 30.03-02.04.2006 (in corso di pubblicazione).

[60] Sei manoscritti tramandano per intero la traduzione latina del *Commento al Parmenide* di Proclo ad opera di Guglielmo di Moerbeke. Di questi solo un codice è riconducibile al XIV secolo. Gli altri testimoni manoscritti sono più tardi: quattro sono stati, infatti, copiati nel XV secolo ed un quinto codice è databile al 1508. Non è tuttavia da sottovalutare il fatto che uno dei pochi a conoscere questo testo fu proprio Bertoldo di Moosburg. Il commento di Proclo al Parmenide compare, infatti, ben tre volte in forma esplicita nel corso della sua opera: cf. Berthold von Moosburg, *Expositio super Elementationem theologicam Procli*, prol. 11, ed. Loris Sturlese (CPTMA VI,1), Hamburg 1984, p. 17,401-402; prop. 41 K e prop. 41 L, ed. Antonella Sannino (CPTMA VI,3), Hamburg 2001, p. 53,232-243 e p. 54,255-259. Per la tradizione manoscritta della traduzione latina del *Commento al Parmenide* di Proclo,

Sottratta all'autorità di Proclo l'eckhartiana *negatio negationis* è stata ascritta alla paternità di molti altri autori. Fischer[61] riconduce l'espressione di Eckhart a Tommaso d'Aquino[62] ed Enrico di Gand[63]. Mojsisch a Teodorico di Freiberg[64]. Wéber ancora rimanda alla dipendenza da Tommaso[65]. Goris sottolinea, al contrario, le differenze che distinguono le varie contestualizzazioni della *negatio negationis*: usata da Tommaso e Teodorico sempre nel contesto dei primi concetti compresi dall'intelletto, viene, invece, ripresa da Enrico ed Eckhart nell'ambito dei predicati divini[66]. La conclusione di de Libera, infine, non lascia appello: la teologia dell'unità sopra-

cf. Carlos Steel, *Note sur la tradition manuscrite du commentaire «In Parmenidem» de Proclus dans la traduction de G. de Moerbeke*, in: Bulletin de Philosophie médiévale, 16-17 (1974-1975), pp. 90-94; Id., *Introduction*, in: Proclus, *Commentaire sur le Parménide de Platon. Traduction de Guillame de Moerbeke*, I, Leuven 1982, pp. 3*-22*.

61 Cf. Heribert Fischer, *Die theologische Arbeitsweise Meister Eckharts*, in: *Methoden in Wissenschaft und Kunst des Mittelalters*, hrsg. von Albert Zimmermann (Miscellanea Mediaevalia, 7), Berlin 1970, pp. 50-75, in part. pp. 69-70. Fischer cita tra l'altro fonti bibliche e patristiche, come lo *Scolio* di Massimo Confessore al c. 8 del *De divinis nominibus*.

62 I luoghi dell'opera di Tommaso in cui ricorre l'espressione *negatio negationis* sono: *Super Sent.* I 24 1 a. 3 ad 1, *De veritate* 28 6 resp., *Quodlibet* X 1 1 arg. 3, *Quodlibet* X 1 1 ad 3. Sulla vicinanza di Eckhart e Tommaso a proposito della dottrina della *negatio negationis* cf. anche Ruedi Imbach, *Deus est intelligere. Das Verhältnis von Sein und Denken in seiner Bedeutung für das Gottesverständnis bei Thomas von Aquin und in den Pariser Quaestionen Meister Eckharts*, Freiburg 1976, pp. 190-191.

63 Cf. Henricus a Gandavo, *Summa quaestionum ordinariarum* a. 25 q. 1, ed. Parisiis 1520, I, f. 148r: "Significat enim unum positionem modo negationis quia significat negationem negationis"; a. 73 q. 11 ad 1, ed. Parisiis, II, f. 280r: "licet unum ratione nominis significet privationem, illa tamen privatio est negatio negationis sive privationis et ponit verissimam positionem".

64 Cf. Burkhard Mojsisch, *Meister Eckhart. Analogie, Univozität und Einheit*, Hamburg 1983, pp. 82-84.

65 Cf. Edouard-Henri Wéber, *Négativité et causalité: leur articulation dans l'apophatisme de l'école d'Albert le Grand*, in: *Albertus Magnus und der Albertismus. Deutsche philosophische Kultur des Mittelalters*, hrsg. von Maarten J.F.M. Hoenen, Alain de Libera (Studien und Texte zur Geistesgeschichte des Mittelalters, 48), Leiden-New York-Köln 1995, pp. 51-90, in part. p. 56.

66 Cf. Wouter Goris, *Einheit als Prinzip und Ziel. Versuch über die Einheitsmetaphysik des Opus tripartitum Meister Eckharts* (Studien und Texte zur Geistesgeschichte des Mittelalters, 59), Leiden-New York-Köln 1997, pp. 197-206, in part. pp. 205-206. Che la posizione di Teodorico non sia assimilabile a quella di Enrico ed Eckhart è attestato dallo stesso Teodorico che contesta esplicitamente la posizione di coloro che considerano in senso positivo la *privatio privationis*. Cf. Dietrich von Freiberg, *De natura contrariorum*, 16,4-5, ed. Ruedi Imbach, (CPTMA II,2), Hamburg 1980, p. 96,45-52: "Sed quia haec secunda privat primam ab ente, ut dictum est, potest aliquis obicere, quod secunda privatio non sit vere privatio, quia privatio privationis potius est positio quam privatio. Ad quod patet responsio, quia prima privatio in ratione unius materialiter se habet, quia ipsa est pars sive extremum oppositionis, quae est entis et non entis. Oppositio autem in eo, quod oppositio, aliqualiter habet modum entis. Hinc est, quod privatio dictae oppositionis modum privationis habet potius quam posi-

intellettuale è formulata da Eckhart a partire dalla nozione puramente dionisiana di *henosis* e non deve nulla alla dottrina dell'*unum animae* e della *negatio negationis* di Proclo in cui Klibansky vedeva la prova della conoscenza diretta del *Commento al Parmenide* di Proclo da parte di Eckhart[67].

Eckhart utilizza l'espressione *negatio negationis* in vari luoghi della sua opera[68]. L'utilizzazione di questa espressione sembra tuttavia portare ad esiti differenti.

Nell'opera latina Eckhart si serve della *negatio negationis* nel modo seguente. L'affermazione che consiste nell'essere e nell'identità dei termini, compete propriamente a Dio solo. La negazione compete invece ad ogni cosa che è al di sotto di Dio, e pertanto al di sotto dell'essere. Ogni cosa, infatti, nel momento stesso in cui afferma il suo essere, nega un qualche altro essere (*aliquod esse*). A Dio invece, che è l'essere stesso e non un *ens hoc et hoc*, non può essere negato alcun essere (*non negatur aliquod esse*), così come del genere 'animale' non può essere negato l'individuo 'leone'. A Dio non compete, dunque, nessuna negazione, se non la negazione della negazione, intesa come forma più pura e piena di affermazione[69].

Questo è il significato da attribuire a quel luogo del *Prologus in Opus propositionum* che tante difficoltà ha creato a tutti i suoi editori (*Prol. op. prop.* n. 12)[70]:

tionis". Sulla differenza del ruolo giocato dalla *negatio negationis* in Tommaso ed Eckhart insiste anche Jan A. AERTSEN, *Ontology and Henology in Medieval Philosophy (Thomas Aquinas, Master Eckhart and Berthold of Moosburg)*, in: *On Proclus and his Influence in Medieval Philosophy*, ed. by Egbert P. Bos, Pieter A. MEIJER (Philosophia antiqua, 53), Leiden-New York-Köln 1992, pp. 120-140, in part. pp. 137-139.

67 Cf. Alain DE LIBERA, *Uno, unione e unità in Meister Eckhart*, pp. 249-282.

68 Cf. ECKHARDUS, *Pred.* 21, DW I, p. 361,6-10; *Prol. op. prop.* n. 6, LW I/1, p. 169,3-8; *Prol. op. prop.* n. 12, LW I/1, p. 172,6-9; *Prol. op. prop.* n. 15, LW I/1, p. 175,12-15; *In Exod.* n. 74, LW II, pp. 76,14-78,8; *In Eccli.* n. 60, LW II, p. 289,3-7; *In Sap.* n. 147, LW II, p. 485,3-8; *In Sap.* n. 148, LW II, pp. 485,9-486,11; *In Ioh.* n. 207, LW III, pp. 174,11-175,10; *In Ioh.* n. 208, LW III, pp. 175,11-176,9; *In Ioh.* n. 556, LW III, p. 485,5-10; *In Ioh.* n. 562, LW III, p. 489,1; *In Ioh.* n. 611, LW III, p. 533,6-13; *In Ioh.* n. 692, LW III, p. 608,8. A questi luoghi, in cui l'espressione compare letteralmente, McGinn aggiunge anche un luogo dalla *Pred.* 44, in cui apparirebbe, anche se in forma implicita, la dottrina della *negatio negationis*: cf. Bernard MCGINN, *The harvest of Mysticism*, p. 543 n. 301.

69 Cf. ECKHARDUS, *In Exod.* n. 74, LW II, p. 77,11.

70 I primi ad imbattersi in questo noto luogo eckhartiano, Bascour e Klibansky, non riuscendo a cogliere appieno il senso dell'espressione *negatio negationis*, propendevano per una correzione del testo tramite la soppressione del termine *negationis*. Scriveva infatti Bascour nella prefazione all'edizione dei Prologhi promossa da R. Klibansky per l'editore tedesco Felix Meiner: "Duo autem loci digni sunt, qui hic tractentur: 'negatio negationis', p. 25,4 e 27,20. R. Klibansky cognovit illam magni momenti notionem ab Eckardo frequentissime prolatam his quidem duobus locis sensu carere logicamque postulare, ut verbum 'negationis' utroque loco deleatur. Attamen contextum non mutavimus; nam sic haud dubie scripsit ipse Eckhardus, formulam adhibens sibi valde familiarem, quamvis sensus requirat, ut hic simpliciter 'negatio' dicatur, non 'negatio negationis'" (cf. *Praefatio*, p. IX). A convincerli dell'opportunità di mantenere il testo così come documentato dalla tradizione manoscritta fu

all'ente e dell'ente (cioè sia in senso metafisico-ontologico che logico) niente (inteso discretivamente come nessuna cosa) o nessun essere (cioè "non aliquod esse") può essere negato, ma gli compete soltanto la negazione della negazione dell'essere. E così all'uno nessun uno o nessuna unità può essere negata, eccezione fatta della *negatio negationis* dell'unità e dell'uno. E lo stesso accade a proposito del vero e del buono.

È chiaro quindi che qui Eckhart sta sviluppando la sua teoria dei trascendentali nell'esprimere la struttura dell'uni-trinità nel suo rapporto con il creato. La metafisica dell'*Opus tripartitum* si traduce così in una teologia dei nomi divini che fa dei trascendentali dei nomi propri a Dio e a lui solo. In questa prospettiva la *negatio negationis* ha il compito preciso di sottolineare il contrasto tra l'unità di Dio e la *nullità* delle creature. Nella metafisica dell'*Opus tripartitum*, l'uno neoplatonico non trova posto: esso è un trascendentale di stile aristotelico[71].

A ragione quindi A. de Libera afferma: "Se ritorniamo adesso ad Eckhart, vediamo che la sua dottrina della *negatio negationis* è interamente orientata verso l'essere e l'affermazione, e non verso l'uno superiore all'essere e verso la negazione. La conferma migliore di questo è che la *negatio negationis* eckhartiana è simultaneamente presentata come l'«affermazione assoluta, piena e completa» e come l'espressione

Dondaine, in una nota apparsa sul Bulletin Thomiste a proposito di un testo della *Summa theologiae* di Tommaso che presentava, pur in un contesto del tutto differente, analoghi problemi linguistici (cf. Antoine Dondaine O.P., *Corrections Textuelles n. 94*, in: Bulletin Thomiste, 4 [1934], p. 59). Qualche anno più tardi Josef Koch, nell'editare lo stesso passo del *Prologus*, vedeva necessaria una congettura per sanare, a suo parere, un luogo corrotto dei manoscritti: ("Ita uni nihil unum sive nulla unitas negari potest nisi negatio<ne> negationis unitatis aut unius": Eckhardus, *Prol. op. prop.* n. 12, LW I/1, p. 172,7-9; "Propter hoc de ipso ente, deo, nihil negari potest nisi negatio<ne> negationis omnis esse: Eckhardus, *Prol. op. prop.* n. 15, LW I/1, p. 175,13-14). La congettura del Koch andava però contro tutte le evidenze manoscritte, come mostra Sturlese nella recente riedizione del Prologo nella sua triplice recensione: cf. Eckhardus, *Prol. op. prop.* n. 12 e n. 15, LW I/2, p. 47,5-6 e p. 49,19; pertanto, Sturlese mantiene il testo dei codici. In effetti, ad un esame più approfondito, la congettura del Koch si rivela addirittura fuorviante. Eckhart infatti ripete che a Dio non compete alcuna negazione, ma solo la *negatio negationis*, che, in quanto tale, altro non è se non la forma più pura e perfetta di affermazione. Se quindi all'espressione *negatio negationis* sostituissimo l'equivalente *pura affirmatio*, il testo ricostruito dal Koch suonerebbe paradossale: All'uno niente può essere negato se non per il tramite della forma più pura di affermazione! Il significato dell'intero periodo sembra diventare più chiaro invece se interpretiamo la *negatio negationis* come soggetto del *potest*, contrapposto, per il tramite della congiunzione *nisi*, al primo soggetto *nihil unum negari*: non è possibile negare niente all'uno, ma <è possibile solo> la negazione della negazione. Da un lato, quindi, Eckhart formula l'impossibilità totale di attribuire a Dio una qualsiasi forma di negazione, dall'altro sottolinea non solo la necessità (avrebbe altrimenti usato "debet") ma la possibilità assoluta ed esclusiva (ciò significa: non è possibile fare altrimenti) di attribuire a Dio una doppia negazione intesa come perfetta affermazione.

[71] Cf. Alain de Libera, *L'uno e i molti*, pp. 252-256.

esemplare dell'enunciato fondatore di ciò che É. Gilson ha definito la «Metafisica dell'Esodo», ossia dell'enunciato doppiamente affermativo di Es. 3,14: *Io sono colui che sono*[72].

Passando, tuttavia, ad esaminare la valenza che quest'espressione assume nell'opera tedesca, la prospettiva sembra cambiare radicalmente.

Nelle prediche tedesche, dove spesso Eckhart, contrariamente a quanto accade nell'opera latina, ripete con il *De causis* che Dio, in quanto causa prima, è al di sopra di ogni nome e pertanto indicibile e incomprensibile, gli esiti finali di questa teologia negativa sembrano, infatti, essere diversi.

Si pensi a quanto Eckhart afferma nella *Pred.* 21[73], unico luogo della predicazione in volgare dove compare l'espressione *ein versagen des versagennes*, trasposizione in alto-tedesco medio del latino *negatio negationis.*

Un maestro[74], dice Eckhart, parla dell'Uno come della negazione della negazione. L'uno significa ciò cui niente è aggiunto. Tutte le creature hanno in sè una negazione: ciascuna nega di essere l'altra. Ma Dio ha una negazione della negazione: egli è uno e nega tutto l'altro perché nulla è fuori di Dio laddove tutte le creature sono in Dio e sono la sua stessa deità. Sin qui Eckhart riproduce in volgare ciò che in vari luoghi aveva scritto in latino. A questo punto il Domenicano aggiunge: nella misura in cui nego qualcosa a Dio, se ad esempio gli nego la bontà, anche se in verità non posso negare nulla a Dio, comprendo (afferro[75]) qualcosa di lui che egli non è, ed è proprio questo che deve essere rimosso. È evidente che qui ciò che Eckhart afferma è diverso da quanto sostenuto poco prima, confermemente all'opera latina. Qui non si tratta più di Dio che, in quanto negazione delle determinazioni individuali, in quanto negazione dell'*ens hoc et hoc*, racchiude in sè tutti gli esseri.

Il significato di queste parole è il seguente: nel momento in cui io nego qualcosa a Dio, comprendo comunque qualcosa di lui. E questo modo non è adeguato per la conoscenza di Dio. Anche se, quindi, le negazioni sono più adatte a Dio delle affermazioni, alla fine solo il silenzio gli è proprio.

Letta nella sua interezza la teologia negativa della Pred. 21 conduce agli stessi

[72] Cf. Alain de Libera, *L'uno e i molti*, p. 262. Nella stessa direzione interpretativa di de Libera si inserisce anche Ruedi Imbach, *Le (néo)platonisme médiéval*, p. 433.

[73] Cf. Eckhardus, *Pred.* 21, DW I, pp. 361,10-364,4.

[74] L'attribuzione esplicita della dottrina della *negatio negationis* ad un maestro è una particolarità esclusiva di questa predica. Non è possibile infatti ritrovare un luogo corrispettivo nell'opera latina in cui venga espressamente dichiarata la dipendenza della *negatio negationis* da qualche altro autore. La singolarità di questa attribuzione esplicita è inoltre da non sottovalutare: generalmente infatti Eckhart tende a citare in modo esplicito e preciso nell'opera latina, laddove le citazioni nell'opera tedesca sono quasi sempre implicite e vaghe.

[75] Eckhart usa il termine *begrîfen*, che ha sì il significato di 'prendere', ma non in senso materiale, bensì logico. Quella che Eckhart qui scongiura è quindi la possibilità che, negando qualcosa a Dio, si possa comunque formulare un concetto ('Begriff'), ossia una proposizione che abbia Dio come soggetto.

esiti cui era giunto Proclo alla fine del settimo libro del *Commento al Parmenide*: l'uno non può essere concepito come un soggetto cui ineriscono (o non ineriscono) dei predicati e, pertanto, non può essere espresso con alcuna proposizione, affermativa o negativa che sia. Le proposizioni negative sono infatti sempre mescolate alle affermazioni, dal momento che una negazione ha sempre un implicito riferimento ad un'entità reale di cui viene negato qualche attributo[76]. Le stesse enunciazioni negative necessitano, cioè, di un nome che funga da soggetto cui riferire la negazione. Ma, dal momento che l'Uno è senza nome, non può essere posto come soggetto di una proposizione, ancorchè negativa. La conoscenza di Dio (*theoria*) non può che concludersi nel silenzio.

Eckhardus, *Pred.* 21, DW I, p. 364,1-4	Proclus, *In Parm.* VII, ed. C. Steel p. 519,95-96,1-2
In dem daz ich gote versage etwaz – versage ich gote güete, ich enmac gote niht versagen[77] – in dem daz ich gote versage, dâ begrîfe ich etwaz von im, daz er niht enist; daz selbe muoz ab.	Oportet autem nomen **aliquod esse subiectum** abnegationibus. [...] Merito ergo ultimo et ipsas abnegationes removit ab uno, impossibile dicens has esse circa unum indicibile et incognoscibile existens.
Eckhardus, *Pred.* 21, DW I, p. 361,10	
Got ist ein, er ist ein versagen des versagennes.	Nam per negari et ipse removit abnegationes.

[76] Si tenga presente, anche in questo caso, la vicinanza tra Eckhart e Proclo nell'affermare che le enunciazioni negative nascondono in realtà delle affermazioni. Cf. Eckhardus, *In Eccl.* n. 60, LW II, p. 289,3-7: "Praeterea, negatione nihil vere docetur, et negatio nihil ponit et in ipsa affirmatione figitur et firmatur, nihil in se ipsa habens perfectionis. Propter quod in ipso deo nullum prorsus locum habet negatio; est enim 'qui unus', quod est negatio negationis. Non ergo accipienda est esuries in divinis, prout est exclusio fastidii". Proclus, *Commentaire sur le Parménide de Platon. Traduction de Guillaume de Moerbeke*, VII, ed. Carlos Steel (Ancient and Medieval Philosophy 4), Leuven 1985 [= *In Parm.*], p. 517,49-59: "Dicendum autem et ut noster magister, quod abnegationibus in entibus exquisite dicuntur esse circa illam rem, circa quam sunt abnegationes, alicubi quidem et specionaliter, alicubi autem solum priuatiue. Puta in exemplo, stationem dicimus non ens – non enim est motus neque identitas neque alteritas –, et motum similiter non ens uocamus; non enim est aliorum entium neque unum. Et totaliter unumquodque entium singulariter quidem ens est, qua ipsum, multipliciter autem non ens, qua ab aliis remotum est. Attamen etsi alia abnegamus ab ipso, sed abnegationes circa ipsum sunt mixte aliqualiter affirmationibus. Participat quidem enim et aliorum unoquoque; seruans autem sui ipsius puritatem est quod est".

[77] Qui Eckhart sembra riproporre la stessa differenziazione posta da Proclo a proposito della negazione *circa unum* e *de uno*. Proclo nota, citando Siriano, che Parmenide usa nel lemma la costruzione accusativa "περὶ τὸ ἕν", che deve essere distinta dalla costruzione genitiva "περὶ τοῦ ἑνός". La costruzione genitiva indica generalmente il soggetto di un

ECKHARDUS, *Pred.* 21, DW IV, p. 194,237-240	PROCLUS, *In Parm.* VII, ed. C. STEEL p. 521,68-69
Als diu sêle in daz **bekantnisse** kumet, daz got alsô unglîch ist allen natûren, so kûmet si in ein wunder und wirt wider getriben und kumet in ein **swîgen.**	Silentio autem conclusit eam que de ipso theoriam.

La dialettica negativa di Eckhart sembra ripercorrere le stesse tappe di quella procliana. La negazione sembrerebbe in un primo momento l'unica via valida una volta constatata l'impossibilità di affermare qualcosa su Dio. Ciò che, infatti, l'uomo crede di capire o dire a proposito della causa prima, è più simile a lui stesso che alla causa prima.

ECKHARDUS, *Pred.* 83, DW 3, p. 441,1-4	PROCLUS, *In Parm.* VII, ed. C. STEEL 365,100-4
Got ist namloz, wan von ime kan niemant nit gesprechen noch verstan. Har vmb spricht **ein heidens meister**: **Swas wir verstant oder sprechent von der ersten sachen, das sin wir me selber**, dan es die erste sache si, wan si ist vber allis sprechen und verstan[78].	Totaliter enim affirmatio uult speciem aliquam actitare, et quando anima aliud alii dicit adesse et facit affirmationem, ponit aliquid **sibi ipsi congeneorum**. **Primum autem supra speciem est, et nichil ipsi convenit eorum que in secundis adducere, neque que nobis congrua transferre ad ipsum.** Latebimus enim nos ipsos et non illud dicentes.

discorso. La costruzione accusativa ha invece uno specifico referente ontologico (cf. Carlos STEEL, *Negatio negationis*, pp. 357-358). Le negazioni quindi non sono realmente *circa unum* e non riguardano l'Uno dal punto di vista ontologico, ma sono solo *de uno* e in tal senso sono da intendere dal solo punto di vista logico (cf. PROCLUS, *In Parm.* VII, ed. Carlos STEEL, p. 518,72-85, in part. p. 517, 81-82: "Quare et dicte abnegationes non sunt circa unum, sed de uno"). Eckhart, dal canto suo, sottolinea questa differenza proprio attraverso l'uso del verbo *begrîfen*, per mezzo del quale accentua la valenza logica della negazione. Una differenziazione ancora più dettagliata tra piano logico ed ontologico della negazione (anche se con esiti diversi) è rintracciabile nell'opera latina: cf. ECKHARDUS, *Prol. op. prop.* n. 12, LW I/1, p. 172,6-9: "Praeterea, sicut supra tactum est, enti sive de ente nihil negari potest sive nullum esse negari potest, sed competit ipsi negatio negationis esse. Ita uni nihil unum sive nulla unitas negari potest nisi negatio negationis unitatis aut unius; similiter de vero et bono". La distinzione tra un piano logico ed un piano ontologico è stata notata e ricondotta ad Alberto Magno da Émilie ZUM BRUNN, Alain DE LIBERA, *Maître Eckhart. Métaphysique du verbe et théologie négative* (Bibliothèque des Archives de Philosophie. Nouvelle Série, 42), Paris 1984, pp. 140-153, in part. p. 152: "l'affirmation convient à Dieu du point de vue du signifié – c'est a dire, dans la terminologie d'Albert le Grand, *secundum rem* – et non du point de vue du mode de signifier – *i.e. secundum intentionem.* Le mode de signifier qui convient à Dieu est la négation: l'*unum negative dictum*, mais les perfectiones signifiées restent positives et elles sont affirmées par Dieu lui-même dans la double affirmation de l'*Exode*: *sum qui sum*".

Per giungere alla conoscenza dell'uno, il pensiero si deve quindi liberare da qualsiasi forma di molteplicità e da tutte le determinazioni che competono alla dimensione degli enti.

È quello che Eckhart ripete numerose volte nelle sue prediche. Si consideri, a titolo esemplificativo, ciò che è scritto in *Pred.* 95: "Più si toglie l'essere, più lo si loda. Quanto più gli si toglie il dissimile, tanto più si giunge vicini alla sua conoscenza. Detto con un paragone: se io volessi dire cosa è una nave a qualcuno che non ne ha mai vista una, gli farei rilevare che tutto quel che vede, vede bene che non è una nave. [...] Quante più cose vede che non sono fatte come una nave, tanto più vicino giunge alla conoscenza della nave. E così è per Dio. Quanto più si toglie di dissimile, tanto più vicini si giunge alla sua conoscenza". Sin qui si rintraccia, sotto forma di paragone, quello che in termini tecnici veniva detto nell'opera latina. Ogni essere nega di essere un altro essere: così ogni pietra, dal momento che è pietra, nega di essere una nave. Ogni essere è pertanto una negazione. Dio invece che precontiene in sè in forma eminente l'essere di tutti gli enti, è pura affermazione in quanto nega a sua volta tutte le singole determinazioni individuali, intese appunto come negazioni. Ma questa via, conduce soltanto vicino alla conoscenza di Dio: «Ie man im mê unglîches zuoleget, ie man sînem bekantnisse næher kumet»[79].

Stesso percorso argomentativo si trova in Proclo: negando all'uno tutte le proprietà delle creature inferiori si giunge soltanto nel *vestibolo* (*preianualia*) dell'uno. Specificando e chiarendo la differenza negativa del principio da tutto ciò che da esso è derivato, il pensiero può pervenire solo nelle sue immediate vicinanze[80].

Propter omnia itaque hec uidetur michi ultimo et abnegationes auferre ab uno. Ad ea quidem enim que uelut preianualia unius deducet utique nos que per abnegationes hec tota dialectica methodus, auferens omnia inferiora, et per ablationem solvens impedimenta speculationis illius, si possibile dicere. Post pertransitum autem per omnia seponere oportet et hanc tamquam ualde negotiosam et coattrahentem abnegatorum conceptum, cum quibus non est illi adiacere[81].

[78] La citazione che qui Eckhart ricava da un maestro pagano (*ein heidens meister*) è una citazione composita. Laddove infatti la seconda parte "dan es die erste sache si, wan si ist vber allis sprechen und verstan" è facilmente riconducibile alle propp. 6 e 22 del *Liber de causis* così come allo stesso *Commento al Parmenide* di Proclo (cf. PROCLUS, *In Parm.* VII, ed. Carlos STEEL, p. 505,77-78), la prima parte non ha alcun corrispettivo nel *Liber*, all'autorità del quale gli editori hanno ascritto l'intero passo. Molto simile sembra essere, al contrario, il passo di Proclo che propongo sopra in sinossi. Si confronti anche il luogo della *Pred.* 80 dove Eckhart ripete che l'anima, nel tentativo di nominare Dio, attribuisce a lui dei nomi che prende nell'intendere se stessa. Cf. ECKHARDUS, *Pred.* 80, DW III, p. 380,1-2: "'Er enhâte niht namen.' Alsô ist der gruntlôse got sunder namen; wan alle die namen, die im diu sêle gibet, die nimet si in ir selbes verstantnisse".

[79] Cf. ECKHARDUS, *Pred.* 95, DW IV, p. 193,231-233.

[80] Cf. Werner BEIERWALTES, *Proklus*, p. 362.

[81] Cf. PROCLUS, *In Parm.* VII, ed. Carlos STEEL, p. 520,46-521,52.

L'unico modo per giungere alla conoscenza di Dio ("in daz bekantnisse"), e non più quindi nelle sue vicinanze ("sînem bekantnisse næher"), continua Eckhart, è il silenzio: "Quando l'anima giunge alla conoscenza di Dio, perviene a qualcosa di mirabile e viene respinta in un silenzio"[82]. Nella conoscenza di Dio nessun discorso è, dunque, più possibile: anche la *negatio negationis* intesa come *via eminentiae* perde di significato e si rivela inadeguata.

Fine ultimo dell'essere è la tenebra, o non conoscenza della Divinità nascosta [...]. Chi è senza nome, e negazione di ogni nome senza mai aver avuto nomi[83].

È in questi sviluppi che è possibile rintracciare nell'eckhartiana *negatio negationis* l'eco della teologia negativa procliana. In Eckhart vi sono, pertanto, due impieghi ben differenti e circostanziati della *negazione della negazione*, come già de Libera aveva notato. Fino ad un certo punto, infatti, l'attribuzione negativa dell'uno rimane in Eckhart una teoria dell'uno trascendentale in cui non si possono non ravvisare gli echi della speculazione metafisica di Enrico di Gand, come già Goris ha sottolineato[84]. In tutte le sue esposizioni enologiche, essenzialmente concentrate nella predicazione tedesca, Eckhart supera la prospettiva ontologico-trascendentale dell'opera latina[85]. E ciò avviene, a mio avviso, proprio nella direzione della prima ipotesi del commento al Parmenide di Proclo. Nella predicazione in volgare Dio è negazione della negazione, in quanto Uno trascendente[86] e non in quanto essere: quando si considera Dio nell'essere, lo si considera nel suo cortile, non nel suo tempio perchè l'essere è il suo cortile[87]. E di quest'Uno nulla può essere detto o conosciuto.

[82] Cf. ECKHARDUS, *Pred.* 95, DW IV, p. 194,237-240.

[83] Cf. ECKHARDUS, *Pred.* 15, DW I, pp. 252,7-253,3.

[84] Cf. sopra nota 66.

[85] Cf. Alain DE LIBERA, *L'uno e i molti*, p. 262.

[86] Cf. ECKHARDUS, *Pred.* 21, DW I, p. 361,10, p. 364,4, p. 370,3-4: "Ein meister sprichet: ein ist ein versagen des versagennes [...] Got ist ein, er ist ein versagen des versagennes [...] Got ist allez und ist ein".

[87] Cf. ECKHARDUS, *Pred.* 9, DW I, p. 150,1-3. Di segno opposto l'interpretazione di Goris: "Jeder, der Meister Eckhart eine Henologie unterstellt, muß zur Kenntnis nehmen, daß das Eckhartsche Sein unerkennbar und unsagbar ist wie das Eine der ersten Hypothese des Platonischen Dialoges Parmenides, während das Eckhartsche Eine hingegen den Grund jeder Benennung und Erkenntnis bildet. Bei Eckhart, so können wir das Urteil Losskys zusammenfassen, liegt eine Umkehrung der neuplatonischen Hypostasen vor": cf. Wouter GORIS, *Dietrich von Freiberg und Meister Eckhart über das Gute*, in: *Dietrich von Freiberg. Neue Perspektiven seiner Philosophie, Theologie und Naturwissenschaft. Freiburger Symposion 10.-13. März 1997*, hrsg. von Karl-H. KANDLER, Burkhard MOJSISCH, Franz-B. STAMMKÖTTER (Bochumer Studien zur Philosophie, 28), Amsterdam-Philadelphia 1999, pp. 169-188, in part. pp. 186-187.

La rivalutazione degli elementi neoplatonici in Eckhart che Beierwaltes auspicava e lo studio sistematico delle fonti del pensiero eckhartiano che Albert incoraggiava[88] sembrerebbero quindi riportarci indietro di qualche anno a riconsiderare ciò che il Klibansky aveva intuito: Eckhart conobbe il *Commento al Parmenide* di Proclo e improntò su questo testo la sua dottrina dell'unione tra Dio e l'uomo[89]. Le referenze, se pur vaghe, sono comunque troppe per essere ignorate e i dati cronologici stessi (ed in particolare il fatto che il commento procliano abbia avuto circolazione in ambiente domenicano tedesco) non rendono la nostra ipotesi impossibile[90].

[88] Karl ALBERT, *Meister Eckhart und die Quellen seiner Philosophie*, in: Philosophischer Literaturanzeiger, 32 (1979), pp. 168-177.

[89] Cf. Raymond KLIBANSKY, *The continuity of the platonic Tradition*, p. 26; ID., *Plato's Parmenides*, pp. 287-288.

[90] In contrario: Carlos STEEL, *Introduction*, p. 35*: "Selon nous, il est invraisemblable qu'Eckhart ait connu le texte de l'In Parmenidem: les citations ou références manquent, et les données chronologiques rendent cette hypothèse très difficile".

INDEX

LIBER DE CAUSIS

Adriaan Pattin, *Le Liber de causis. Edition établie à l'aide de 90 manuscrits*, in: Tijdschrift voor Philosophie, 28 (1966), pp. 134–203. Le indicazioni secondo l'edizione a cura di Otto Bardenhewer (*Die pseudo-aristotelische Schrift Ueber das reine Gute bekannt unter dem Namen Liber de causis*, Freiburg i. Br. 1882) sono state conformate all'edizione a cura di Pattin.

1-3 prop. 1/134,1-2 . . . . LW **1/1**,173,12 (=**1/2**,47,22); **2**,511,8; **3**,81,2

[1] Primum enim medium non patitur, propter quod in principio De causis dicitur quod influentia primae causae primo adest et ultimo abest. Adest primo, quia prima, abest ultimo, quia novissima. – [2] Actio autem dei immediatissima est rebus, ex prima propositione De causis. »Primo« siquidem »advenit et ultimo recedit«. – [3] Deus autem, utpote causa prima, primo adest quam aliqua causa secunda et postremo abest, ut ait propositio prima De causis et eius commentator.

4-7 prop. 1/134-138 . . . . LW **2**,466,4; 529,9; **3**,28,6; DW **3**,384,1

[4] Quinto breviter dicitur mobilior omnibus, quia effectus suae motionis, utpote primi, praevenit effectum omnium mobilium, sicut patet manifeste ex prima De causis et eius commento. [5] Nihil autem tam unum, nihil tam conveniens, nihil tam intimum et coniunctum effectui et rei cuilibet quam esse ipsum et causa sua prima, ut ait propositio prima De causis. [6] De primo istorum, quod notat li 'in', praepositio, nota quod dei et divinorum omnium, in quantum divina sunt, est inesse et intimum esse. Patet hoc in prima propositione De causis, specialiter in commento. [7] Dâ von sprichet ein heidenischer meister, daz sich diu êrste sache mê gieze in alle die sache, dan die andern sache sich in ir werk giezen. [omnis causa primaria plus est influens super causatum suum quam causa universalis secunda ... Et causa prima adiuvat secundam causam super operationem suam, quoniam omnem operationem quam causa efficit secunda, et prima causa efficit; verumtamen efficit eam per modum alium, altiorem et sublimiorem.]

8 prop. 2/138,71-72 . . . . LW **2**,85,11

Et in De causis dicitur propositione secunda quod esse primo gradu est »superius aeternitate et ante ipsam«.

9-10 prop. 2/138,74 . . . . LW **2**,83,1; **4**,449,3

[9] Rursus utrumque verum est, quia deus est »ante aeternitatem«, ut in De causis dicitur; et sic 'regnavit' in ante.

11 prop. 2/138,80-82 . . . . DW **2**,133,1

Ein alter meister sprichet, daz diu sêle ist gemachet enmitten zwischen einem und zwein. Daz ein ist diu êwicheit, diu sich alle zît aleine heltet und einvar ist. Diu zwei daz ist diu zît, diu sich wandelt und manicvaltiget. Er wil sprechen, daz diu sêle mit den obersten kreften rüeret die êwicheit, daz ist got, und mit den nidersten kreften rüeret si die zît, und dâ von wirt si wandelhaftic und geneiget ûf lîphaftiu dinc, und dâ von wirt si entedelt. [Esse vero quod est post aeternitatem et supra tempus est anima, quoniam est in horizonte aeternitatis inferius et supra tempus]

12 prop. 3/139,98-100 . . . . LW **1/1**,609,7

Huic autem transfusioni et conformationi et ordini concordat illud De causis: »anima nobilis tres habet operationes; nam ex operationibus eius est operatio animalis, operatio intellectualis et operatio divina«. Et »anima nobilis« vocetur ratio superior, ex qua profluit »operatio animalis«, quantum ad sensitivum, et »operatio intellectualis« propria rationali per essentiam »et operatio divina«, quam a deo immediate supra se ipsam accipit et imbit transformata, secundum illud Cor. 3: ‘revelata facie gloriam domini speculantes in eandem imaginem tranformamur a claritate in claritatem tamquam a domini spiritu’.

13 prop. 3 et com./139,98-140,10. . . . . .LW **3**,220,9

Et hoc est quartum quod in De causis dicitur: »anima nobilis tres habet operationes«: divinam, intelligibilem et animalem, propositione tertia et eius commento.

14 prop. 3/140,11-15 . . . . DW **1**,131,4

Ein meister sprichet: ein crêatûre mac wol der anderen leben geben. [Et non efficit anima has operationes nisi quoniam ipsa est exemplum superioris virtutis. Quod est quia causa prima causavit esse animae mediante intelligentia, et propter illud facta est anima efficiens operationem divinam]

15-22 prop. 4/142,37 . . . . LW **1/1**,294,14 (=**1/2**,177,16); **2**,344,6;
. . . . 346,5; 513,6; **3**,54,5; 396,7; **4**,268,10; **5**,41,6

[15] Et in De causis dicitur quod »prima rerum creatarum est esse«, id est secundum intellectum quod esse est prima causa rerum creatarum et creationis. – [16] Rursus sexto notandum quod ratio creabilitatis est esse, secundum illud: »prima rerum creatarum est esse«. – [18] Ratio est: nec enim potentia nec sapientia nec quidquam aliud universaliter amatur aut quaeritur nec quidquam valet, sed nec est sine esse. Tolle esse: non plus habet caelum quam musca. Minor apparet: necesse est enim esse utpote »primum rerum creatarum«, reduci in causam primam, deum scilicet. – [19] Et notandum quod ens tenet infimum gradum in creaturis, ut dictum est. Hinc apparet quod primus terminus creationis est ens sive esse, ut scribitur in De causis. – [21] Iterum etiam quod nihil praeter ipsum potest esse purum intelligere, sed habet aliquod esse differens ab intelligere, nec aliter esset creatura, tum quia intelligere est increabile, tum quia »prima rerum creatarum est esse«.

23 prop. 4 com./142,44-45 . . . . LW **1/1**,169,5 (=**1/2**,43,17)

Rursus eodem modo se habet de uno, scilicet quod solus deus proprie aut unum aut unus est, Deut. 6: ‘deus unus est’. Ad hoc facit quod Proclus et Liber De causis frequenter nomine unius aut unitatis deum exprimunt. Praeterea li unum est negatio negationis. Propter quod soli primo et pleno esse, quale est deus, competit, de quo nihil negari potest, eo quod omne esse simul praehabeat et includat.

24 prop. 4 com./142,52-53 . . . . LW **2**,84,1

Tertio sic: deus est simpliciter infinitus et per consequens aeternus. Reliqua vero, quae aeterna dicimus, »ex finito et infinito« sunt, ut in De causis dicitur quarta propositione in commento.

25-28 prop. 6 § 5/147,22 . . . . LW **2**,41,6; 41,11; **5**,573,10; 573,11

[25] Quantum ad primum primo accipiatur quod in De causis dicit sexta propositio: »causa prima superior est omni narratione«. – [26] Notandum autem quod in De causis dicitur deus non innarrabilis, sed »superior narratione«, secundum illud Psalmi: 'magnificasti super omne nomen sanctum tuum' et Phil 2: 'donavit illi nomen quod est super omne nomen'. – [27] Sed circa ipsum verificat quod deus est »super omne nomen« et »superior omni narratione« et super omne quod intelligimus, cum omnes »linguae deficiunt ab eius« proprietate.

29-30 prop. 6 § 5/147,22-27 . . . . DW **1**,329,1; 346,3

[29] Nû sprichet ein meister von der êrsten sache, daz si sî oben wort. Der gebreste ist an der zungen. Daz kumet von dem überswanke der lûterkeit sînes wesens. – [30] Ein heidenischer meister sprichet, daz kein zunge enkan ein eigen wort geleister von gote ze sprechenne durch die hôheit und die lûterkeit sînes wesens. [Causa prima superior est omni narratione. Et non deficiunt linguae a narratione eius nisi propter narrationem esse ipsius, quoniam ipsa est supra omnem causam et non narratur nisi per causas secundas quae illuminantur a lumine causae primae].

31 prop. 6 § 5 com./147,22-31 . . . . LW **3**,119,2

Adhuc autem licet intelligere in intellectu hominum sit esse, tum quia nihil est, antequam intelligat, ut ait philosophus, tum quia intelligere intellectui ut sic est esse, sicut »vivere viventibus est esse«, est quidem intellectus hominum lux, non tamen 'lux vera', sed illam participans, remanens et stans post, sicut in De causis dicitur de intelligentia respectu dei.

32-33 prop. 6 § 5/148,36-48 . . . . DW **3**,380,2; 382,5

[32] Her ûf sprichet ein heidenischer meister in dem buoche, daz dâ heizet daz *lieht der liehte*: got ist überwesenlich und überredelich und überverstentlich, daz natiurlich verstân ist. – [33] Dâ von sprichet der meister in dem buoche, daz dâ heizet ein *lieht der liehte*: got ist überwesenlich und überlobelich und überredelich und überverstentlich. [Cum ergo res est causa tantum et non est causatum, non scitur per causam primam neque narratur quoniam est superior narratione, neque consequitur eam loquela. Quod est narratio non fit nisi per loquelam, et loquela per intelligentiam, et intelligentia per cogitationem, et cogitatio per meditationem, et meditatio per sensum. Causa autem prima est supra res omnes quoniam est causa eis; propter illud ergo fit quod ipsa non cadit sub sensu et meditatione et cogitatione et intelligentia et loquela. Non est ergo narrabilis.]

34-35 prop. 9 § 8/154,47-48 . . . . LW **1/1**,172,3 (=**1/2**,47,2); **2**,592,4

[34] Sed hoc ipsum, puta quod forma ignis dat esse ignem, unum, verum, bonum, habet per fixionem causae primae, iuxta illud Libri de causis: »omnis intelligentia

fixio et essentia est per bonitatem puram, quae est prima causa« et in commento ibidem. – [35] Rom. 11: 'ex ipso, per ipsum et in ipso sunt omnia'; 'sunt' ait, quod esse significat. In propositione De causis 9 dicitur: »omnis intelligentiae fixio et essentia est per bonitatem puram«.

36 prop. 9 § 8/154,47sqq. . . . . LW **3**,445,7

Sciendum ergo quod ens secundum totum sui ambitum prima sui divisione dividitur in ens reale extra animam, divisum in decem praedicamenta, et in ens in anima sive in ens cognitivum, sicut manifeste colligitur ex diversis locis libri De causis et Proclo.

37 prop. 9 § 8/155,52 et § 8 com./157,88-90. . . . . LW **3**,448,2

Sic enim, ut dictum est, verum descendit immediate ab uno, bonum autem ab uno mediante vero. Patet hoc manifeste ex libro Procli et De causis, scilicet naturam sive ens naturale esse sub ente cognitivo et illo mediante produci in esse.

38 prop. 9 § 8 com. /155,63 . . . . LW **3**,431,8

Propter quod gratia gratum faciens est in solo intellectu, intellectus autem secundum genus suum superior est omni natura, ut patet in De causis et in Proclo.

39-42 prop. 9 § 8 com./155,55-156,80 . . . . LW **1/1**,172,5 (=**1/2**,47,3);
. . . . 189,10 (=**1/2**,65,2); 522,7; 676,4

[40] Intellectus enim principium est totius naturae, sicut dicitur in commento nona propositione De causis sub hic verbis: »intelligentia regit naturam per virtutem divinam«; et infra: »intelligentia comprehendit generata et naturam et horizontem naturae«; et post concludit: »ergo intelligentia continet omnes res«. – [41] Illic enim quiditas rei dividitur in suppositis et permiscetur alieno, ut iam non sit vera nec pertineat ad regionem intellectus, sed foris et extra speciem naturae suae effecta et extra facta in materia vel supposito in natura quae est inferior intellectu, ut patet ex De causis.

43 prop. 9 § 8 com./156,74-76 . . . . LW **2**,603,10

44-46 prop. 9 § 8 com./156,74-79 . . LW **1/1**,189,10 (=**1/2**,65,2); 522,7; **3**,431,8

47-48 prop. 10 § 9/158,8 . . . . LW **3**,149,2; 337,12

[47] Primum est quod universaliter superius hoc ipso quod superius est, plenum est, et quo amplius superius, eo amplius plenum est. Hoc est quod in De causis dicitur: »omnis intelligentia plena est formis«, et quo superior, tanto continet »formas plus universales«. – [48] Huic consonat quod theologi dicunt angelos superiores illuminare inferiores de omnibus quae in ipsis sunt superioribus. Proclus et auctor De causis dicunt intelligentias omnes plenas esse formis omnium, licet etiam in superioribus sint species et formae universaliores.

49 prop. 10 § 9 com./158,10-159,23 . . . . LW **3**,149,8

Iterum etiam a superiori accipit esse suum inferius naturaliter, sed quod est in superiori »per modum universalem« et »vehementioris virtutis«, in inferiori est »per modum particularem« et »virtutis debilioris«, sicut scribitur in De causis ubi supra.

50 prop. 10 § 9 com./159,24-28 . . . . LW **1/1**,169,5 (=**1/2**,43,17)

51-52 prop. 12 § 11/161,64-66 . . . . LW **3**,51,1; 269,8

[51] Secunda ratio, quia, sicut dicitur in De causis, »primorum omnium quaedam sunt in quibusdam per modum quo licet ut sit unum in alio eorum«. – [52] Propter quod in orbibus caelestibus idem est contiguum et continuum; spiritibus ergo adhaerere est mutuo se totis penetrare, quodlibet esse in quolibet. Et hoc est quod in De causis dicitur: »primorum omnium quaedam sunt in quibusdam« etc.

53 prop. 12 § 11/161,64-66 . . . . .LW **4**,8,6

Carissimi, in causis essentialibus universaliter, etiam secundo-primis, causa se tota descendit in causatum, ita ut quodlibet sit in quolibet modo quolibet, sicut in De causis dicitur.

54-57 prop. 12 § 11 com./161,70-73 . . . . . . .LW **2**,299,9; **3**,51,3; 116,4; 117,10

[55] Et ibidem in commento: esse et vivere in intelligentia intelligentia et simplex intelligere est, esse et intelligere in vita simplex vivere et vita est. – [56] Ratio est, tum quia quod est in aliquo, est in illo secundum modum recipientis, tum etiam quia quod est in aliquo, est id ipsum. Nam, sicut in De causis dicitur, esse in vivere vivere est, et in De anima: »vivere viventibus est esse«. – [57] Adhuc sexto: omnis causa et principium essentiale vivum aliquod est et vita; quod autem est in vita, vita est. Nam et esse et intelligere in vita vita sunt vel potius vita est et vivere, ut patet ex De causis.

58 prop. 13 § 12 com./162,91-164,10 .LW **2**,327,1

'In simplicitate cordis quaerite illum'. Ubi notandum quod sicut unum et ens convertibiliter se habent, sic simplicitas et intellectualitas. Radix enim prima et ratio intellectualitatis est simplicitas. Argumentum huius est: Primo quia »simplex« et ipsum solum redit se toto super se totum »reditione completa«, et propter hoc – ex De causis – est sciens se ipsum et omnia per essentiam.

59-63 prop. 15 § 14/167,50-51 . . . LW **2**,77,12; 239,3; 327,1; **3**,186,9; **4**,425,6

[59] Super se ipsum »redit reditione completa«, sibi ipsi innititur, se ipso est, ipsum esse est. – [60] Relucet autem ista puritas excellens ex quinque. Primo quia est substantia se tota stans in se ipsa tota et in »quolibet sui«, nulli innixa, nulli permixta. Propter quod redit super se »reditione completa«. – [61] 'In simplicitate cordis quaerite illum'. Ubi notandum quod sicut unum et ens convertibiliter se habent, sic simplicitas et intellectualitas. Radix enim prima et ratio intellectualitatis est simplicitas. Argumentum huius est: Primo quia »simplex« et ipsum solum redit se toto super se totum »reditione completa«, et propter hoc – ex De causis – est sciens se ipsum et omnia per essentiam. – [62] Ergo et deus nusquam proprius, sed nec proprie invenitur aut noscitur nisi in se ipso. Hinc est quod oculus non videt nec noscit se, quia non potest redire supra se. Et in De causis dicitur quod »omnis sciens, qui scit essentiam suam, est rediens ad essentiam suam reditione completa«. – [63] Septimo, consequenter oportet quod in sola intellectuali natura sit imago, ubi redit idem super se »reditione completa« et pariens cum parto sive prole est unum idem in se altero et se alterum invenit in se altero.

64 prop. 15 § 14/168,68 . . . . LW **2**,327,1

65 prop. 16 § 15/168-171) . . . . LW **3**,317,6

Inter agens namque superioris ordinis et suum inferius universaliter non est commensuratio, quin immo superius semper est in infinitum suo inferiori, sicut habetur ex De causis 16.

66-67 prop. 16 § 15/168,70-72 . . . . LW **2**,592,5; DW **1**,56,8

[66] Et post 16 dicitur: »omnes virtutes quibus non est finis sunt dependentes per infinitum primum quod est virtus virtutum«. – [67] Ein heiden meister sprichet: die krefte, die under gote swebent, die hânt ein înhangen in gote, und swie sie hânt ein lûter înstân in in selber, sô hânt sie doch ein înhangen in dem, der weder begin noch ende hât; wan in got mac niht vremdes gevallen. [Omnes virtutes quibus non est finis, pendentes sunt per infinitum primum]

68-70 prop. 17 § 16/171,15-16). . . . . LW **1/1**,675,2; **2**,493,6; **3**,628,3

[68] Rursus indivisa ut sic perfectiora sunt et vigorosiora divisis, secundum illud De causis: »omnis virtus unita plus est infinita«. – [69] Praeterea secundo sic ex De causis: »omnis virtus unita infinitior est«, plura est in plura potens. Sed sapientia, quae deus est, est maxime una, utpote prima. Igitur ipsa est simpliciter infinita et omnia potens. – [70] Et notandum quod prima ratio inter has tres procedit et fundatur in hoc quod in piscatione apostolorum dolor spargebatur et infundebatur in multa et per consequens segnius angebat. »Virtus enim unita fortior est«, ex De causis.

71 prop. 17 § 16 com./171,18 . . . . LW **1/1**,169,5 (=**1/2**,43,17)

72-73 prop. 18 § 17/173,38-41 . . . . LW **2**,61,9; 592,7

[73] Et 18 propositione scribitur: »omnes res habent essentiam per primum ens, et res vivae omnes sunt motae per essentiam suam propter vitam primam, et res intelligibiles omnes habent scientiam per intelligentiam primam«.

74-76 prop. 20 § 19/177,97-98 . . . . LW **1/1**,233,3 (=**1/2**,117,3);
. . . . 312,10 (=**1/2**,199,9); **3**,12,8

[74] 'Divisit lucem a tenebris', quia non contaminatur nec afficitur lux a tenebris nec deus permiscetur rebus, ut in De causis <dicitur>; Ioh. 1: 'lux in tenebris lucet, et tenebrae eam non comprehenderunt'. – [75] Quinto exponitur sic: deus quiescit in omni sive ab opere universo, quia ipse non permiscetur rebus operatis, ut dicitur in De causis. – [76] Est ergo ratio 'lux in tenebris', id est rebus creatis, non inclusa, non permixta, non comprehensa. Et hoc est quod hic, cum dixisset: 'lux in tenebris lucet', addidit: 'et tenebrae eam non comprehenderunt'. Et hoc est quod in De causis dicitur: »causa prima regit res omnes praeter quod commisceatur cum eis«.

77 prop. 20 § 19 com./177,99-100 . . . . LW **1/1**,169,5 (=**1/2**,43,17)

78-106 prop. 21 § 20/180,48 . . . LW **1/1**,155,1 (=**1/2**,27,22); 178,10 (=**1/2**,52,1);
. . . . **2**,26,2; 50,5; 55,2; 78,4; 212,5; 242,1; 265,13; 592,3; 602,5;
. . . .**3**,76,10; 83,15; 217,3; 462,7; 496,2; 501,1; **4**,55,2;

. . . . 133,5; 244,3; 247,1; 302,5; 307,8; 309,15; 449,6; **5**,331,3;
. . . . 332,17; 341,9; DW **3**,217,5

[79] De ratione enim primi et superioris, cum sit »dives per se«, est influere et afficere inferiora suis proprietatibus, inter quas est unitas et indivisio.
Praeterea secundo sic: »primum est dives per se« ut in De causis dicitur, sed nec esset »dives per se«, sed nec »primum«, si quid aliud daret esse praeter ipsum. – [80] Hoc autem, puta egere alio et non sufficere sibimet, alienum est prorsus ab essentia dei. »Primum enim est dives per se«. – [83] Esse non potest negare esse se ipsum esse: »nihil se ipsum deserit«. Propter quod etiam nulli se negare potest, secundum illud: »primum dives est per se«. – [85] In De causis enim dicitur: »primum est dives per se«. »Primum« ait, non primus, quia ratione relationis sive ordinis habet deus diffusionem sive fecunditatem tam in divinis quam in creaturis, Iac. 1: 'dat omnibus affluenter', id est omnia; et apostolus Cor. 12: 'operatur omnia in omnibus'. – [86] Nihil enim habet inferius ut sic perfectionis aut lucis ex se, sed totum et se toto habet a suo principio causali superiori. Inferius enim ut sic se toto est passivum, nudum et informe; superius e converso »per se dives« est et influens et forma lucens. – [88] In omni autem re primum est id quod a deo, utpote primo, datur. Item ratio est, quia primum, cum sit »dives per se«, ut in De causis dicitur, omnibus dat, a nullo quidquam accipit. – [89] Quod si quis vel si quid ab ipso non illuminatur, iam non est sub ipso et inferius ipso, nec ipse est superius omnibus et primum. »Primum« enim »dives est per se« influens omnibus. – [90] Secundo sic exponatur: propria ista, in quae deus venit, sunt esse sive ens, unum, verum, bonum. Haec enim quattuor deus habet propria, utpote »primum«, quod »est dives per se«. Habet ista, quia »dives«; habet propria, quia »per se«. – [91] Primum est quod »primum«, deus scilicet, »est dives per se«, ut in De causis dicitur. – [93] Sexto: pater est »principium sine principio«, ens non ab alio, et hoc est proprietas esse, scilicet <primi; est enim> »primum dives per se«, nihil habens ab alio. – [94] Sexto decimo sic: pater est prima persona in divinis; »primum autem est dives per se«, supremum, optimum et purissimum, utpote ratio praehabens in se omnis. – [95] Adhuc nono dic quod dei natura, esse et vita subsistit in se comunicando et se ipsum se totum dando. »Primum enim est dives per se«. – [96] Ex quo patet, quanta sit beatitudo ipsum habere intimum, qui tamquam primum in se praehabet omnia et in quo sive per quem et propter quem tanquam finem, ultimum et optimum amantur et delectant omnia, Tob. 10: 'omnia in te uno habentes' etc. »Primum enim est dives per se et est dives maius«. – [106] Ez sprichet ein meister: alliu diu dinc, diu ûzvluz hânt, diu enhânt kein enpfâhen von den nidern dingen.

107 prop. 21 § 20 com./180,52-53 . . . . LW **1/1**,481,8

Secundo notandum in naturalibus quod primum in quolibet genere semper est unum. Ergo primum omnium simpliciter est perfecte unum »in fine simplicitatis«.

108-113 prop. 22 § 21/181,68 . . . . LW **2**,41,7; 147,8;
. . . . **5**,573,10; 573,18; DW **1**,329,1; **3**,441,2

[109] Declaratis igitur maiore et minore sequitur conclusio, scilicet quod esse est proprium nomen solius dei. Et hoc est quod in Psalmo dicitur: 'magnificasti super omne nomen sanctum tuum'; Phil. 2: 'donavit illi nomen, quod est super omne nomen'; et De causis propositione vicesima secunda: »causa prima est super omne nomen quod nominatur«. – [110] Sed circa ipsum verificat quod deus est »super omne nomen« et »superior omni narratione« et super omne quod intelligimus, cum omnes »linguae

deficiunt ab eius« proprietate. – [111] Et quamvis deus sit »super omne nomen« et supra omne intellectum, non tamen debent negari a deo nomina, quae magis proprie sibi conveniunt quam creaturae, ut quod 'deus est ens', 'substantia', 'deus', 'bonus', sicut negamus album nigrum. – [112] Nû sprichet ein meister von der êrsten sache, daz si sî oben wort. Der gebreste ist an der zungen. Daz kumet von dem überswanke der lûterkeit sînes wesens. – [113] Har vmb spricht ein heidens meister: Swas wir verstant oder sprechent von der ersten sachen, das sin wir me selber, dan es die erste sache si, wan si ist vber allis sprechen vnd verstan.

114-116 prop. 24 § 23/185,20-22 .LW **3**,68,4; 97,5; 313,4

[114] Unde in De causis dicitur: »causa prima exsistit in rebus omnibus secundum unam dispositionem, sed res omnes non exsistunt in prima causa secundum unam dispositionem«. – [115] Et iterum ipse deus, ut in De causis dicitur, »exsistit in rebus omnibus secundum unam dispositionem, sed res omnes non exsistunt in ipso secundum unam dispositionem«. – [116] Et in De causis 24 dicitur: »causa prima exsistit in rebus omnibus secundum unam dispositionem, sed res omnes non exsistunt in prima causa secundum unam dipsositionem«.

117-119 prop. 24 § 23/185,27-34 . . . . .LW **3**,320,12; **4**,251,7; DW **1**,319,1

[117] De aliis autem omnibus nomen spiritus dicitur secundum quod aliquid sapiunt et participant proprietatem ipsius dei. Patet hoc in De causis 24 in commento, ubi haec tria: Spiritus, unum sive unitas et aeternitas pro eodem accipiuntur condivise contra eorum opposita quae sunt corpus, multitudo et tempus. – [118] 'Spiritus est deus'. 'Spiritus' enim utpote incorporeus et corpore superior, est ubique, 'replevit orbem terrarum', quodlibet in quolibet. Nota secundo ex De causis: spiritus, unitas, aeternitas habent <respectum ad> deum. – [119] Ein heiden sprichet: wâ geist ist und einicheit und êwicheit, dâ wil got würken.

120 prop. 32 § 31 com./202,4 . . . . LW **1/1**,169,5 (=**1/2**,43,17)

121 prop. 32 § 31 com./202,3-203,16 . . . . .LW **4**,267,3

Entia vero immaterialia, puta intellectualia, sunt non unum, vel quia ipsorum essentia non est esse, vel potius fortassis, quia ipsorum esse non est intelligere. Sunt ergo ex esse et essentia vel ex esse et intelligere. Vide in De causis commentum ultimae propositionis.

122 prop. 32 § 31 com./202,12-203,16 .LW **2**,620,11

Creatura vero et omne, quod citra primum est, hoc ipso citra unum est et plura, citra impar et citra indivisionem est et per consequens par et indivisibile. De hoc satis luculenter habetur in commento ultimo De causis.

INDEX

PROCLUS

Elementatio theologica

Proclus, *Elementatio theologica translata a Guillelmo de Morbecca.* Ed. Helmut Boese, Leuven 1987.

1-9 prop. 1/3,1 .... LW **1/1**,269,2 (=**1/2**,153,9); 485,10; **2**,103,8; 360,11; 488,5; 629,4; **3**,609,7; **4**,322,11; 369,2

[1] »Omnis enim multitudo«, ut ait Proclus, »participat uno«. – [2] Sic enim et unum sive unitas non dividitur in numeris, sed numeros in se unit, secundum illud Procli principium: »omnis multitudo participat aliqualiter uno«. – [4] Igitur deus creator afficit omne creatum sua unitate, sua aequalitate et sua indistincitone, secundum illud Procli: »omnis multitudo participat aliqualiter uno«, et omne divisum ab aliis est indivisum in se. – [6] Sed quia »omnis multitudo uno participat« et firmatur negatio in affirmatione, privatio in habitu, falsum in vero, malum in bono, talibus deus etsi non proprie insistat, oportet tamen quod assistat quasi foris stans, utpote non ingrediens quod quid est ipsorum; hoc enim est privatio esse non aliquod esse. – [7] Iterum etiam omne descendens ab alio sapit eius naturam et figitur per virtutem illius, secundum illud Procli: »omnis multitudo participat uno«.

10 prop. 11/8,1 .... LW **1/1**,197,8 (=**1/2**,71,22)

Et hoc est quod Proclus dicit prop. 11: »omnia entia procedunt ab una causa prima«.

11-12 prop. 12/9,1 .... LW **1/1**,170,5 (=**1/2**,45,2); **3**,448,2

[11] Et Proclus prop. 12 ait: »omnium entium principium et causa prima bonum est«. – [12] Sic enim, ut dictum est, verum descendit immediate ab uno, bonum autem ab uno mediante vero. Patet hoc manifeste ex libro Procli et De causis, scilicet naturam sive ens naturale esse sub ente cognitivo et illo mediante produci in esse.

13 prop. 15 com./11,2-11 ....LW **4**,448,2

Cum enim videat, est in se tamen invisibilis, utpote non coloratus; item quia alio oculo indigeret; item, quia, cum sit corpus, super se redire non potest, ut Proclus docet.

14 prop. 20/13,1-3 .... LW **1/1**,684,3

Huic autem quod dictum est, per quattuor angelos et gradus scalae quattuor significari totum universum distingui in quattuor partes principales, concordat quod Proclus ait propositione vicesima: »omnibus corporibus superior est animae substantia, et omnibus animabus superior est intellectualis natura, et omnibus intellectualibus hypostasibus superius unum«.

15 prop. 21/14-15 . . . . LW **3**,445,7

Sciendum ergo quod ens secundum totum sui ambitum prima sui divisione dividitur in ens reale extra animam, divisum in decem praedicamenta, et in ens in anima sive in ens cognitivum, sicut manifeste colligiutr ex diversis locis libri De causis et Proclo.

16 prop. 113 com./57,2-11 . . . . LW **1/1**,169,7 (=**1/2**,43,17)

17 prop. 114/57,1-2 . . . . LW **1/1**,169,7 (=**1/2**,43,17)

Ad hoc facit quod Proclus et Liber de causis frequenter nomine unius aut unitatis deum exprimunt.

18 prop. 171/83-84 . . . . LW **3**,431,8

Propter quod gratia gratum faciens est in solo intellectu, intellectus autem secundum genus suum superior est omni natura, ut patet in De causis et in Proclo.

19 prop. 177/87,1-5 . . . . LW **3**,337,12

Proclus et auctor De causis dicunt intelligentias omnes plenas esse formis omnium, licet etiam in superioribus sint species et formae universaliores.

NADIA BRAY

"Ein heidenischer meister, Senecâ, sprichet": Eckhart e Seneca

"E vidi Orfeo e Seneca morale,
Euclide geomètra e Tolomeo,
Ippocrate, Avicenna e Galieno"
(DANTE, *Inferno* IV, 140-141)

1. Introduzione

Apostrofato come "saepe noster" nel *De anima* di Tertulliano (II sec.)[1], ricordato per il suo leggendario carteggio con san Paolo nel *De viris illustribus* di san Girolamo (III sec.)[2], lodato per la saggezza della sua filosofia nelle *Divinae institutiones* di Lattanzio (IV sec.)[3], Seneca diviene ben presto una fonte essenziale della cultura cristiana[4]. Insieme alle sue opere autentiche – soprattutto le *Epistulae ad Lucilium*, il *De beneficiis* e il *De clementia* – diversi florilegi[5] e testi

[1] TERTULLIANUS, *De anima* 20,1, ed. August REIFFERSCHEID, Georg WISSOWA (Corpus Scriptorum Ecclesiasticorum Latinorum, 20), Pragae-Vindobonae-Lipsiae 1890, p. 332,7.

[2] HIERONYMUS, *De viris inlustribus liber* 12, ed. Wilhelm HERDING (Bibliotheca Scriptorum Graecorum et Romanorum Teubneriana, 126), Lipsiae 1879; sul leggendario carteggio tra Seneca e San Paolo cf. *Epistolae Senecae ad Paulum et Pauli ad Senecam 'quae vocantur'*, ed. Claude W. BARLOW (Papers and Monographs of the American Academy in Rome, 10), Rome 1938; Arnaldo MOMIGLIANO, *Note sulla leggenda del cristianesimo di Seneca*, in: Rivista storica italiana, 62 (1950), pp. 325-338; Leighton D. REYNOLDS, *The Medieval Tradition of Seneca's Dialogues*, in: The Classical Quarterly, 18 (1968), pp. 82-89; Winfried TRILLITZSCH, *Seneca im literarischen Urteil der Antike: Darstellung und Sammlung der Zeugnisse*, Amsterdam 1971, I, pp. 170-185; Laura BOCCIOLINI PALAGI, *Il carteggio apocrifo di Seneca e San Paolo*, Firenze 1978.

[3] LACTANTIUS, *Divinae institutiones* III, 15,1, ed. Samuel BRANDT (Corpus Scriptorum Ecclesiasticorum Latinorum, 19), Pragae-Vindobonae-Lipsiae 1890, p. 220,9-14.

[4] Sui rapporti tra i primi autori cristiani e lo stoicismo cf. Michel SPANNEUT, *Le Stoïcisme des Pères de l'Èglise: de Clément de Rome à Clément d'Alexandrie*, Paris 1957; Marcia L. COLISH, *The stoic tradition from antiquity to the early Middle Ages*, 2 voll. (Studies in the History of Christian Thought, 35), Leiden 1985.

[5] Sulla circolazione di florilegi senecani cf. Birger MUNK OLSEN, *Les Florilèges et les Abrégés de Sénèque au Moyen Age*, in: Giornale italiano di filologia, 52 (2000), pp. 163-184 con relativa bibliografia.

apocrifi[6] consegnano al Medioevo la fama dell'autorità etica, spirituale e ascetica del filosofo pagano[7]. Nel XII-XIII secolo la cristianizzazione di Seneca è ormai consolidata: numerosi manoscritti senecani e pseudo-senecani sono presenti in diverse biblioteche monastiche[8] e nei codici miscellanei le sue opere compaiono addirittura accanto agli scritti dei Padri della Chiesa o accanto a quelli di Bernardo di Chiaravalle[9]. Non pochi intellettuali riconoscono con ammirazione e stupore la saggezza del filosofo: per Abelardo è "maximus ille paupertatis et continentiae sectator et summus inter universos philosophos morum aedificator"[10]. Goffredo di San Vittore accosta addirittura le *Epistulae ad Lucilium* al Vangelo[11]. Giudizi altamente positivi esprimono, tra gli altri, Ruggero Bacone, Giovanni di Salisbury, Alano di Lilla, Guglielmo di Saint Thierry e Guglielmo di Conches[12]. Non è un caso, dunque, che Dante, trascurando la questione del suicidio di Seneca, ponga il filosofo pagano nel limbo, anzichè nell'inferno[13].

[6] Sulla circolazione dei testi pseudo-senecani cf. Gilles MEERSSEMAN, *Seneca maestro di spiritualità nei suoi opuscoli apocrifi dal XII al XV secolo*, in: Italia Medievale e Umanistica, 15 (1973), pp. 43-133; Michel SPANNEUT, *s. v. Sénèque*, in *Dictionnaire de spiritualité, ascétique et mystique. Doctrine et histoire*, XIV, Paris 1989, coll. 585-587.

[7] Sulla tradizione medievale di Seneca cf. Marie-Dominique CHENU, *Un vestige du stoïcisme*, in: Revue des Sciences Philosophiques et Théologiques, 27 (1938), pp. 63-68; Claude W. BARLOW, *Seneca in the Middle Ages*, in: Classical Weekly, 35 (1942), pp. 256-257; Richard M. GUMMERE, *Seneca the Philosopher in the Middle Ages and the Early Renaissance*, in: Transactions of the American Philological Association, 41 (1910), pp. 38-49; Gérard VERBEKE, *Saint Thomas et le Stoïcisme*, in: *Antike und Orient im Mittelalter*, hrsg. von Paul WILPERT (Miscellanea Mediaevalia, 1), Berlin-New York 1971, pp. 48-68; Klaus-Dieter NOTHDURFT, *Studien zum Einfluß Senecas auf die Philosophie und Theologie des zwölften Jahrhunderts* (Studien und Texte zur Geistesgeschichte des Mittelalters, 7), Leiden-Köln 1963; Michel SPANNEUT, *Quelques aspects du stoïcisme au Moyen Age*, in: *VIIe Congrès Aix-en-Provence, 1-6 avril 1963*, Paris 1964, pp. 118-120; ID., *Permanence de Sénèque le Philosophe*, in: Bulletin de l'Association Guillame Budé, 39 (1980), pp. 361-404; Gérard VERBEKE, *The Presence of Stoicism in Medieval Thought*, Washington 1983; Matthias LAARMANN, *Seneca*, in: *Lexikon des Mittelalters*, VII, München 1995, Sp. 1751; Pasquale SMIRAGLIA, *Presenza di Seneca nella cultura del XII secolo*, in: Aevum Antiquum, 13 (2000), pp. 265-281; Delphine CARRON, *Sénèque, exemplarité ambiguë et ambiguïté exemplaire (IVe-XIVe siècle)*, in: *Exempla docent. Les exemples des philosophes de l'Antiquité à la Renaissance. Actes du colloque international 23-25 octobre 2003, Université de Neuchâtel*, éd. par Thomas RICKLIN, Paris 2007, pp. 307-333; Mary B. INGHAM, *La vie de la sagesse: Le Stoïcisme au Moyen Âge*, Paris 2008.

[8] Leighton D. REYNOLDS, *The Medieval Tradition*, pp. 104-111.

[9] Pasquale SMIRAGLIA, *Presenza di Seneca*, pp. 267-271.

[10] PETRUS ABAELARDUS, *Epistula VIII. Institutio seu Regula sanctimonialium*, PL 178, col. 297B.

[11] GODEFROY DE SAINT VICTOR, *Fons philosophiae*, ed. Pierre MICHAUD-QUANTIN (Analecta mediaevalia Namurcensia, 8), Namur 1956, pp. 410-412: "Quid tibi de Senece documentis edam? / Seneca Lucilio commendavit quedam / Que vix Evangelio postponendam credam".

[12] Pasquale SMIRAGLIA, *Presenza di Seneca*, pp. 272-274.

[13] DANTE, *Inferno*, IV, 141.

Anche Meister Eckhart esprime il suo particolare tributo a Seneca[14]:

> Ad decimum quartum cum dicitur: »Nulla rationalis anima est sine deo« etc. Doctrina est et verba Senecae in Epistula 74, Sententia Tulli De Tusculanis quaestionibus l. III et doctrina Origenis in Homilia super <Gen.> 26. Illi pro se respondeant. Quin immo Ioh. 3 dicitur: 'omnis, qui natus est ex deo, peccatum non facit, quoniam semen ipsius', dei scilicet, 'in eo manet'.
>
> Quinto, quia obiciunt vitiosa, ubi posui verba Tulli, Senecae, glossae Origenis, puta de semine divino in anima et 1 Ioh. 3: 'qui natus est ex deo peccatum non facit, quoniam semen ipsius', dei scilicet, 'in ipso manet'.

Le citazioni riportate sono tratte dagli atti del processo coloniense e documentano che, per due volte, nel suo estremo tentativo di difendersi dall'accusa di eresia, Eckhart affida alla ragione naturale dei filosofi, qui rappresentati dai pagani Seneca e Cicerone, la paternità di una delle sue più importanti dottrine: quella della presenza di Dio nell'anima razionale. Senza neppure dare troppo rilievo all'ordine di presentazione delle sue fonti – prima due filosofi pagani, poi un padre della Chiesa e solo infine la Scrittura Sacra –, basti osservare che nella prospettiva di Eckhart la sapienza di Seneca non soffre di alcuna subalternità nè rispetto a quella di Origene, nè addirittura rispetto a quella biblica.

Gli studi eckhartiani non contengono che sporadici riferimenti alla presenza di Seneca nelle opere del maestro domenicano. Un articolo di Maurice de Gandillac esplicitamente dedicato all'argomento[15] non è purtroppo che una breve nota in cui lo studioso propone come possibile tema di ricerca la questione di Seneca nel *Liber benedictus* di Eckhart. La suggestione è stata ripresa da Alain de Libera, ma senza uno svolgimento sistematico[16]. Il contributo che qui presento consiste dunque in un'analisi che per la prima volta si basa sulla raccolta sistematica di tutte le citazioni, sia implicite che esplicite, che compaiono nelle opere eckhariane. L'obiettivo è duplice: da una parte descrivere da un punto di vista statistico e formale il materiale documentario raccolto, dall'altra tracciare un primo profilo di Seneca come fonte di Eckhart.

[14] Le due citazioni sono tratte, nell'ordine, dagli atti del *Proc. Col.* I, n. 102, LW V, p. 285,7-12 e *Proc. Col.* II, n. 150, LW V, p. 353,15-18.

[15] Maurice DE GANDILLAC, *Survivance médiévale du stoïcism: Abélard, Eckhart*, in: *VIIe Congrès Aix-en-Provence*, pp. 120-122.

[16] Alain DE LIBERA, *On Some Philosophical Aspects of Master Eckhart's Theology*, in: Freiburger Zeitschrift für Philosophie und Theologie, 45 (1998), pp. 151-168, qui p. 160 n. 15.

2. Le citazioni senecane nelle opere di Eckhart: analisi formale

Le opere eckhartiane che contengono il maggior numero di citazioni di Seneca sono nell'ordine: *Sermones* (26 citazioni), *Expositio sancti evangelii secundum Iohannem* (20 citazioni), *Expositio libri Sapientiae* (12 citazioni), *Expositio libri Genesis* (11 citazioni), *Liber parabolarum Genesis* (9 citazioni), *Daz buoch der götlîchen trœstunge* (3 citazioni), *Predigten* (3 citazioni), *Expositio libri Exodi* (2 citazioni), *Sermones et lectiones super Ecclesiastici c. 24,23-31* (2 citazioni), *Magistri Eckhardi Responsio ad articulos sibi impositos de scriptis et dictis suis* (2 citazioni), *Von dem edeln Menschen* (1 citazione).

A parte un occasionale passaggio dello pseudo-senecano *De remediis fortuitorum*, le citazioni provengono da *De beneficiis* (6 citazioni), *De clementia* (5 citazioni), *Epistulae ad Lucilium* (69 citazioni) e *Quaestiones naturales* (9 citazioni) per un totale di 90 occorrenze, sempre letterali. Solo 7 di queste 90 citazioni sono implicite. Le restanti 83, tutte esplicite, si lasciano distinguere così: 19 riportano il nome dell'autore esplicitamente, 4 attraverso lo psudonimo «ein heidenischer meister»; in 15 casi è presente l'indicazione dell'opera di riferimento, in tutti gli altri 45 persino il numero del capitolo o della *Epistula*. I dati raccolti possono essere schematizzati come segue:

Opera di Seneca	Occorrenze	Citazioni esplicite			Citazioni	Indicazioni
		autore, opera, suddivisione	autore, opera	autore	implicite	erronee
De beneficiis	6		4	1	1	(4)
De clementia	5	2	1	2		(1)
De remediis fortuitorum	1			1		
Epistulae ad Lucilium	69	40	8	15	6	(19+1)
Naturales quaestiones	9	3	2	4		(2)
Totale	90	45	15	23	7	

Come si può osservare in tabella, alcune indicazioni bibliografiche che Eckhart propone del *De clementia*, del *De beneficiis*, e delle *Epistulae* sono erronee. Una delle tre citazioni di *De clem.* I 1 n. 1 è erroneamente indicata come *Epistula*[17]. Quattro delle cinque citazioni di *De benef.* IV 1 n. 3 compaiono con l'erronea attribuzione

[17] Cf. infra, Index, *De clem.* n. 1. Le altre due citazioni compaiono con l'indicazione dell'autore ma senza quella del titolo, *De clem.* n. 2; *De clem.* n. 3.

ai *Saturnalia* di Macrobio[18], la quinta è una citazione implicita[19]. Per entrambe le citazioni tratte dal *Nat. quaest. III* (*praef. 10*[20] e *praef. 11*[21]) Eckhart indica sempre il libro III come IX. Questo apparente errore è in realtà un indizio del fatto che il codice di *Naturales quaestiones* che Eckhart ha consultato doveva contenere la numerazione dei libri attestata, tra gli altri, dal ms. H (Paris, Bibliothèque Nationale de France, Cod. Lat. 8624-I) e appartentente al ramo θ della tradizione manoscritta[22]. Infine, per quanto riguarda le *Epistulae ad Lucilium*, va in primo luogo osservato che Eckhart aveva sicuramente accesso ad un testimone appartenente al ramo più fortunato della tradizione manoscritta[23]: con la sola eccezione dell'*Epistula* 107, citata per altro indirettamente[24], infatti, tutte le altre ventisette *Epistulae* citate da Eckhart (*Epist.* 4, 6-7, 9-10, 12, 14, 16, 18, 20-22, 24-25, 52, 59, 65-66, 70-73, 76, 83, 85, 87-88) appartengono alla serie di *Epistulae* 1-88. Vanno segnalate alcune peculiarità della numerazione delle *Epistulae* documentata dalle citazioni eckhartiane. Per quaranta volte, come si vede in tabella, Eckhart indica esplicitamente il numero dell'*Epistula* cui si riferisce. I riferimenti alle *Epistulae* nn. 4, 6, 9, 10, 14, 20, 22, 24, 25 e 87 sono corretti. I restanti presentano invece un'irregolarità: quelle che Eckhart cita come *Epistulae* 60, 67, 71–74, 77 corrispondono infatti alle *Epistulae* 59, 66, 70-74 e 76; quella che per Eckhart è l'*Epistula* 89 corrisponde infine alla 85. Se l'indicazione di *Epistola* 89 per 85 può apparire casuale, non così quella di *Epistulae* 60, 67, 71–74, 77 le quali compaiono in diversi luoghi dell'opera eckhartiana aumentate sistematicamente di un'unità rispetto alla serie corretta. L'irregolarità della numerazione deve necessariamente essere stata nell'antigrafo, cioè nel codice delle *Epistulae ad Lucilium* che Eckhart ha avuto tra le mani. L'ipotesi può essere agevolmente verificata, poichè gli studi sulla tradizione manoscritta delle opere di Seneca sono particolarmente avanzati. Così, in particolare grazie a un lavoro di Fohlen[25] mi è stato possibile individuare il gruppo di manoscritti con il quale

[18] Cf. Index, *De benef.* nn. 2-5.

[19] Cf. Index, *De benef.* n. 6.

[20] Cf. Index, *Nat. quaest.* n. 5.

[21] Cf. Index, *Nat. quaest.* n. 6.

[22] Harry M. Hine, *Praefatio* di *L. Annaei Senecae naturalium quaestionum libri*, ed. Harry M. Hine (Bibliotheca Scriptorum Graecorum et Romanorum Teubneriana), Stuttgardiae-Lipsiae 1996, pp. V-XXXI, qui XXII-XXV.

[23] Esistono infatti due tradizioni manoscritte delle *Epistulae ad Lucilium:* quella di *Epistulae* 1-88 e quella di *Epistulae* 89-124, la seconda delle quali è raramente citata nel XIII secolo. Cf. Leighton D. Reynolds, *The Medieval Tradition*, pp. 17-65; Jeannine Fohlen, *La tradition manuscrite des* Epistulae ad Lucilium *(IXᵉ s.-XIVᵉ s.)*, in: Giornale italiano di filologia, 52 (2000), pp. 113-162 con relativa bibliografia.

[24] Cf. Index, *Epist.* n. 69.

[25] Jeannine Fohlen, *La tradition manuscrite*, pp. 113-162, dove la studiosa considera oltre 420 testimoni delle *Epistulae ad Lucilium* risalenti al IX-XVI secolo e li distingue in base alle peculiarità della loro articolazione interna (omissione completa o parziale di una lettera o di un gruppo di lettere, accorpamento di più lettere brevi, ripartizione o no in libri, presenza o assenza di titoli).

era sicuramente imparentato quello consultato da Eckhart. All'interno di una delle famiglie in cui si articola la tradizione manoscritta delle *Epistulae* 1–88, la famiglia ∂, esistono ben dieci gruppi. Uno di questi gruppi comprende ventinove manoscritti i quali dividono in due l'*Epistula* 48 e spostano la n. 85 dopo l'ultima, cioè dopo la n. 88[26]. L'anomalia strutturale caratteristica di questo gruppo, se ci facciamo caso, ha come esito una numerazione irregolare. La bipartizione di *Epistula* 48, infatti, determina nella numerazione delle successive l'aumento di un'unità: la seconda parte di *Epistula* 48 sarà numerata come 49, l'*Epistula* 49 sarà erroneamente indicata come 50 e così via fino alla 84 erroneamente indicata come 85. All'interno di questi manoscritti le *Epistulae* 59, 66, 70–75, 77 compariranno come le nn. 60, 67, 71–74, 77: proprio come nelle opere di Eckhart. Non solo. Per effetto dello spostamento di *Epistula* 85 alla fine, le *Epistulae* 86–88 tornano ad essere correttamente numerate. Dopo l'*Epistula* 84 (erroneamente data come 85), infatti, l'*Epistula* 85 sarebbe stata numerata come 86. Viene però spostata alla fine, di modo che quelle che seguono la presunta 85 sono realmente le *Epistulae* 86, 87 e 88: non è un dunque caso che Eckhart rinvii correttamente ad *Epistula* 87. A questo punto, l'*Epistula* 85, spostata dopo la 88, diviene, per errore, la n. 89: anche quest'ultimo dettaglio trova riscontro nelle indicazioni eckhartiane.

3. Seneca come fonte di Meister Eckhart

Seneca, il sapiente pagano che Eckhart conosce ed apprezza, come si vede, non é l'autore dei *Dialogi*, che non vengono mai citati, né propriamente delle *Quaestiones naturales*, poichè i sei passaggi escertati, tutti di argomento morale, non sono affatto rappresentativi delle dottrine fisiche trattate in quell'opera. Per Eckhart, come per gli autori del XII e del XIII secolo, i principali veicoli del pensiero di Seneca sono invece il *De beneficiis*, il *De clementia* e in particolare le *Epistulae ad Lucilium*[27]. Queste ultime che, per frequenza di citazioni (69 occorrenze) e varietà dei passaggi escertati (53), rappresentano certamente l'opera senecana più studiata da Eckhart saranno oggetto dell'analisi che segue.

Una premessa di carattere storico-filologico può essere utile per caratterizzare la recezione eckhartiana del testo. Almeno a partire dal XIV secolo, ha osservato Carla Maria Monti, i sistemi di trasmissione dell'epistolario senecano subiscono delle modifiche: i codici che tramandano l'opera, infatti, introducono, prima di ogni

[26] Jeannine Fohlen, *La tradition manuscrite*, pp. 128-131.

[27] Sulla fortuna delle opere di Seneca cf. Giorgio Brugnoli, *La* Lectura Senecae *dal Tardo-antico al XIII secolo*, in: Giornale italiano di filologia, 52 (2000), pp. 225-247 con relativa bibliografia; sulla tradizione manoscritta di *Naturalium quaestionum libri* cf. in particolare Fabio Stok, *La discreta fortuna delle* Naturales quaestiones, in: Giornale italiano di filologia, 52 (2000), pp. 349-373 con relativa bibliografia.

Epistula o in una tavola iniziale, delle formule che sintetizzano l'argomento o gli argomenti delle singole lettere. Lo scopo è, ovviamente, quello di rendere rapida e agevole la consultazione dell'opera. La conseguenza indiretta, d'altra parte, consiste nell'istituirsi di un collegamento stabile tra le singole *Epistulae* e i temi filtrati dalle rubriche. Il loro confronto con le citazioni eckhartiane delle *Epistulae* evidenzia i risultati riportati nella seguente tabella[28].

Eckhart				Tema nelle rubriche
Epist. n.	cap.	occorr.		
4	(4,10.11)	1		De contemnenda morte et quod *magne divitie sunt secundum naturam composita paupertas.*
6	(6,4)	1	≠	
	(6,5)	2		De malo spei et timoris et *de efficacia exemplarie doctrinae.*
7	(7,8)	1		*De fugiendo turbe consortio.*
9	(9,7)	1	≠	Qualiter sapiens se ipso contentus amico non egeat et quomodo quis sibi amicus faciat.
	(9,22)	1	≠	
10	(10,1)	1		*De solitudine vitanda imprudentibus* et de sinceritate orandi deum.
	(10,2)	1	≠	
12	(12,5)	1		De bono senectutis et quod *in necessitate vivere nulla necessitas est.*
	(12,11)	1	≠	
14	(14,1)	1		*Ut non serviatur corpori* et *qualiter sit vitanda nocitura potentia* et *quod maxime divitiis fruitur qui non indiget divitiis.*
	(14,3)	1		
	(14,18)	1	≠	
16	(16,7)	1	≠	Ut ad bonam vitam veniens in philosophie robore solidetur et quomodo qui ad naturam vivit nunquam pauper, qui ad opinionem numquam dives erit.
18	(18,7. 8.13)	2		Ut sine luxuria dies festus agatur et *de paupertate ultro petenda* et qualiter <im>modica ira gignit insaniam.
20	(20,2)	1		*De concordia doctrine cum vita* et de inequalitate vite cavenda et de paupertatis beneficio et quod *magnus est qui in divitis pauper est* sed securior qui caret divitiis.
	(20,10)	1		
21	(21,8)	1		Quod tendentem ad philosophiam impedit mundana falsa extimatio et quod solum studiosum ingenium facit aliquem clarum et quod *in omni loco quod habere cupimus cupiditatibus detrahendum est.*
22	(22,15)	1		Quod occupationes consilio relinquende sunt, non precipitanter fugiende et de vana querela occupatorum *qui peiores moriuntur quam nascantur.*

[28] Nella colonna di sinistra le *Epistulae* citate da Eckhart (numero, capitolo e occorrenze), nella colonna di destra le corripondenti rubriche secondo l'edizione critica proposta da Carla Maria Monti, *Assetti mediolatini dell'Epistolario di Seneca. Prime ricerche*, in: Aevum Antiquum, 13 (2000), pp. 283-322. In corsivo i temi che coincidono con quelli escertati da Eckhart.

24	(24,15)	1	≠	De premeditatione futurorum periculorum et de non timenda morte, in quantum tamen non inconsulte animus est inclinandus.
25	(25,5.6)	1		De corrigendis et inveteratis vitiis et *de imaginaria boni viri presentia.*
52	(52,12)	2		*De tribus generibus hominum ad philosophiam venientium* et quis in hac vita sit eligendus adiutor et de licita et vetita laudatione.
59	(59,14. 16-18)	3		*De vero et inani gaudio* et quomodo sapientem in periculoso mittendum itinere oporteat semper virtutibus esse munitum et eos notat qui nimis adulationibus suis indulget.
65	(65,7)	1		De numero causarum mundi secundum varias formas et quod humanus animus non hec sed divina spectare semper debet.
	(65,20)	1		
66	(66,6)	1	≠	Notat eos qui tres gradus bonorum faciunt, dicentes unum tamen absolutum bonum esse, scilicet virtutem incapacem augmenti vel detrimenti, *et quacunque sunt bona paria sunt.*
	(66,12)	1	≠	
	(66,20)	1	≠	
	(66,25)	1		
70	(70,6)	3		*Quomodo immature mortis stulta querela sit* et sera mors quando preoccupanda et quando differenda.
71	(71,5)	1	≠	De consilio ex summa vite captando *et quomodo mors honesta res sit; de fortitudine animi* et de profectu philosophie.
	(71,16)	1		
	(71,24)	1	≠	
	(71,32)	1	≠	
	(71,37)	1		
72	(72,4)	1		Quod exclusis occupationibus continuato studio philosophandum sit et *quod solius sapientis sit perpetuum gaudium.*
	(72,5)	1		
73	(73,7)	1	≠	Quod nulli debent gratiores esse principibus quam philosophie studentes et *de excellentissima boni viri potentia.*
	(73,16)	6		
76	(76, 34.35)	1		Quod etiam in senectute discendum est et quod proprium et *verum hominis bonum ratio tantum* vel virtus est.
83	(83,19)	1	≠	De statu senectutis sue et de frugali conversatione sua et de ebrietate primum aliorum deinde suam ponit sententiam.
85	(85,22)	1		De affectionibus animi, quos secundum Peripateticos dicit sapientem temperare posse, non vitare, secundum vero Stoicos etiam vitare et *de beate vite perfectione.*
87	(87,20)	1	≠	Exemplo sui et Catonis ad frugalitatem hortatur, annectens contra Peripateticos disputationem de fortuitis quod bona non sunt.
	(87,21)	1	≠	
	(87,24)	4	≠	
88	(88,19)	1	≠	De liberalibus artibus.

Da un punto di vista puramente statistico possiamo osservare che:

– da sei *Epistulae* (nn. 9; 16; 24; 83; 87; 88) Eckhart escerta in tutto nove passaggi (dodici occorrenze) in relazione ad argomenti completamente differenti da quelli sottolineati nelle rubriche;

– da quattordici *Epistulae* (nn. 4; 7; 14; 18; 21; 22; 25; 52; 59; 65; 70; 72; 76; 85) diciotto passaggi (ventiquattro occorrenze) in relazione agli stessi argomenti;

– da sei *Epistulae* (nn. 6; 10; 12; 66; 71; 73) sette passaggi (tredici occorrenze) in relazione agli stessi argomenti e altri nove (nove occorrenze) in relazione ad argomenti diversi.

La frequenza delle citazioni di argomento affine a quello delle rubriche (trentatre occorrenze) mostra sin da ora che Eckhart conosceva certamente le dottrine senecane più diffuse. I diciotto passaggi di argomento diverso, d'altra parte, indicano che Eckhart legge i testi di Seneca in maniera diretta e creativa.

Nel suo *Opus expositionum*, così come nei sermoni latini e tedeschi, Eckhart si confronta con *auctoritates bibliche* e pericopi liturgiche diverse. Inoltre, anche quando tratta la medesima *auctoritas*, come è noto, la spiega in relazione a significati molteplici e non collegati tra loro. Per la natura stessa dell'opera eckhartiana le citazioni senecane non compaiono pertanto in un discorso unitario. Nella sintesi che propongo, perciò, ho cercato di tener conto delle diverse questioni teologiche e filosofiche in relazione a cui Eckhart le tratta. Dalle *Epistulae*, citate spesso per piccoli blocchi, provengono il tema del dominio delle passioni (*Epist.* 14,1; 65,20 / 14,3; 71,5 / 76,34.35 / 87,24; 88,19), prime fra tutte la cupidigia (*Epist.* 12,5 / 14,17; 18,7.8.13; 21,8; 72,5; 73,7) e il timore della morte (*Epist.* 70,6; 71,16.37); l'esortazione a coltivare la virtù (*Epist.* 71,24; 71,32; 83,19), la coerenza (*Epist.* 6,5; 20,10; 24,15) e a condurre una vita secondo natura (*Epist.* 4,10.11; 22,15); l'importanza di avere buoni maestri e di circondarsi di buoni esempi (*Epist.* 7,8 / 10,1.2; 25,5.6 /52,12); una concezione altamente positiva dell'amicizia (*Epist.* 6,4); il riconoscimento della trascendenza della verità (*Epist.* 14,18; 16,7), della semplicità della natura divina (*Epist.* 66,12), del carattere divino della ragione umana (*Epist.* 73,16 / 87,20.21.25) e della beatitudine del sapiente (*Epist.* 9,7; 59,14.16 seq. 18; 72,4 / 66,6; 66,25 / 85,22).

Nel *Liber parabolarum Genesis* Eckhart commenta *Gen.* 4,5: "Iratusque est Cain vehementer, et concidit vultus eius" e distingue due condizioni di vita: una è caratterizzata dalla *tristitia* ed è tipica degli imperfetti, "per Cain figurati"; l'altra è invece caratterizzata dalla *laetitia* ed è tipica dei perfetti, ovvero, di coloro che, come il sapiente descritto da Seneca, vivono una vita divina[29]. La tristezza, precisa

[29] Cf. Index, *Epist.* n. 28 = ECKHARDUS, *In Gen. II* n. 172, LW I/1, pp. 641,14-642,5: "Et Seneca Epistula 60 dicit: »sapiens plenus est gaudio«, »placidus, inconcussus, cum diis ex pari vivit«; et infra: talis est sapientis animus qualis mundi super lunam; semper illic serenum est«; »Stulti ac mali non gaudent«. Ratio est, ut infra sequitur, quia gaudium eorum »sumptum est aliunde«, »alieni muneri est«, quia scilicet foris munus quaeris. Remunerari enim quaerit"; cf. anche *Epist.* n. 6, n. 30, n. 44; *Epist.* n. 57.

Eckhart, deriva dal timore[30]. Si temono la povertà, la malattia, le violenze[31], si teme la punizione, la morte e, in generale, tutto ciò rispetto a cui ci si trova impreparati[32]. Per quanto possano apparire ineluttabili, secondo la dottrina di Seneca i timori non sono davvero elementi irriducibili della natura umana[33]. E, infatti, per altro in pieno accordo con la tradizione teologica, Eckhart sostiene che il timore deriva dall'amore ("timor omnis ex amore est")[34]. Se l'amore è rivolto ad altri rispetto a Dio, l'uomo diviene preda del *timor servilis*[35]: avido di tutto ciò che ama e, in generale, schiavo delle sue passioni[36]. Se si ci si rivolge a Dio per timore del male, ovvero se, come dice Seneca, si compie il bene solo per la vergogna di peccare, il movente dell'agire non è ancora libero[37].

Del tutto diversa è la condizione di chi spontaneamente si assoggetta a Dio, ovvero, come dice Seneca, di chi spontaneamente si astiene dalle cose proibite[38]. Il movente dell'agire, in questo caso, è l'amore che – Eckhart lo precisa ogni volta in simili contesti – non è una passione, ma è il termine e il fine di ogni passione[39]. Non il timore, ma l'*aequalitas mentis*, ovvero la serenità imperturbabile, contraddistingue la condizione del perfetto, che Seneca chiama *sapiens* e che la Scrittura annovera *inter filios dei*[40]. Colui che ha abbandonato ogni passione e che, afferma

[30] Eckhardus, *In Gen. II* n. 173, LW I/1, p. 642,6-7: "Ratio praemissorum est quia imperfecti agunt timore poenae, perfecti vero agunt boni amore".

[31] Cf. Index, *Epist.* n. 14.

[32] Cf. Index, *Epist.* n. 56.

[33] Cf. Index, *Epist.* n. 1, n. 23.

[34] Eckhardus, *Sermo* XLIII, 3 n. 434, LW IV, p. 365,5-7: "Nota: timor omnis ex amore est; aut ergo ex amore dei et sic sanctus – Psalmus: 'timor domini sanctus' – aut ex amore alicuius citra deum, et sic malus sive servilis, quem 'foras mittit caritas'"; Thomas Aquinas, *Summa theologiae* II II 19 a 3, *Utrum timor mundanus sit semper malus*: "Timor autem ex amore nascitur: illud enim homo timet amittere quod amat".

[35] Eckhardus, *Sermo* XLIII, 4 n. 434, LW IV, p. 365,5-7; Thomas Aquinas, *Summa theologiae* II II 19 a 2, *Utrum timor convenienter dividatur in filialem, initialem, servilem et mundanum.*

[36] Cf. Index, *Natur. quaest.* n. 5 ed *Epist.* n. 68.

[37] Cf. Index, *Epist.* n. 57.

[38] Eckhardus, *In Ioh.* n. 571, LW III, pp. 498,12-499,4: "Undecimo: patri debetur amor, domino timor; item amor est de bono, timor de malo. Orans ergo ostendi sibi patrem, orat sibi dari operari ex amore dei, non ex timore mali. Rom. 8: 'non accepistis spiritum servitutis in timore, sed spiritum adoptionis filiorum dei'. Augustinus: »meliores sunt quos dirigit amor, plures sunt quos corrigit timor» Et Seneca: »plures pudore peccandi magis quam bona voluntate prohibit abstinent«. Et iterum: »nobilis equus umbra virga regitur, malus nec calcaribus potest concitari«".

[39] Eckhardus, *Sermo* XLIII, 4 n. 434, LW IV, p. 365,8-9: "Vel dic melius quod amor hoc ipso quod est principium, et finis omnis passionis. Quod si finis, non ergo manet timor cum caritate"; cf. Thomas Aquinas, *Summa theologiae* II II 19 a. 6, *Utrum timor servilis remaneat cum caritate.*

[40] Cf. Index, *Epist.* n. 33 e n. 29; v. anche *Epist.* n. 39; *Nat. quaest.* n. 7.

Seneca, pone nella *qualitas* anzichè nella *magnitudo* la sua beatitudine[41], non può che coltivare la più razionale e divina di tutte le virtù: l'*honestas*. Semplice, come la natura divina[42], l'onestà è nota per essere la virtù appetibile per se stessa[43]. Disinteressata a qualsiasi guadagno, ha in sè la propria origine e il proprio fine, ed è esattamente in ciò che, secondo Eckhart, consiste la sua razionalità o, come dice altrove, la sua deiformità[44].

La differenza tra perfetti ed imperfetti non è una condizione predeterminata. La natura umana, sostengono Seneca e la Bibbia, infatti, è originariamente priva di vizi[45]. La sua integrità rischia di essere compromessa, tuttavia, per colpa dell'uomo e in particolare della sua concupiscenza. La Scrittura vieta questo peccato attraverso la legge di Mosè, la ragione naturale rifiuta tale stoltezza persuasa dalla dottrina di Seneca[46]. *Concupiscentia*, secondo Eckhart, è amore verso ciò che è altrui, ovvero *alterum*. L'*alterum* sono tutte le cose create che, in quanto divisibili, sono diverse da Dio[47] e che, in quanto reciprocamente distinte, sono estranee le une rispetto alle altre[48]. Proprio in quanto amore verso ciò che è estraneo, dunque, la concupiscenza, indebolisce la natura umana e, come una *plantatio adulterina*, produce frutti acerbi[49]. La natura umana è tale, tuttavia, da poter accogliere semi divini che, a patto di essere coltivati – è dottrina di Seneca che Eckhart cita – vengono fuori simili alla loro origine[50]. Del bene, sostiene ancora Seneca, ovvero di Dio, che per Eckhart vale lo stesso, l'animo è infatti la sede naturale[51].

41 Cf. Index, *Epist.* n. 58.

42 Eckhardus, *In Sap.* n. 116, LW II, p. 453,3-6: "Hinc est quod deum dicimus esse unum contra numerum, simplicem contra magnitudinem et partes, aeternum contra tempus, ut sciamus ipsum sua natura et proprietate bonum et suavem, non numero, non magnitudine aut partibus nec tempore, sed se ipso".

43 Cicero, *De inventione* II 52 nn. 157, 158 citato in Eckhardus, *In Sap.* n. 114, LW II, p. 451,1-2 e in Thomas Aquinas, *Summa theologiae* II II 145 a. 1, *Utrum honestas sit idem virtuti.*

44 Cf. Index, *De benef.* n. 2, n. 5 e *De clem.* n. 1.

45 Cf. Index, *Eccli.*, 7,30 ed *Epist.* n. 1 e n. 23.

46 Cf. Index, *Epist.* n. 10; *Epist.* n. 50; *De benef.* n. 1; *Epist.* nn. 15, 18, 22, 66.

47 Eckhardus, *In Exod.* n. 194, LW II, 164,6-8: "Octavo nota: qui amat rem proximi et alterius, ut alter est, amat aliquid temporale et quod dividitur in habentibus. Divina enim, in quantum divina, non dividuntur, sicut nec deus"; sulla semplicità della natura divina cf. *Epist.* n. 34.

48 Eckhardus, *In Sap.* n. 52, LW II, p. 379,1-2: "*Adulterinae plantationes.* Notandum quod omne creatum, eo quod creatum, distinctum est, et per consequens alterum omni creato, utpote omni distincto".

49 Eckhardus, *In Sap.* n. 52, LW II, p. 379,4-7: "Patet igitur quod omnis amore inclinatus et plantatus in creatura plantatur in altero et est plantatio adulterina, 'quam non plantavit pater caelestis' deus, et per consequens fructus illius 'inutiles et acerbi'. Et est quod hic dicitur: *adulterinae plantationes*"; cf. *De clem.* n. 4 e Cicero, *De offic.* II 12 n. 43.

50 Cf. supra, Index, *Epist.* n. 52.

51 Cf. supra, Index, *Epist.* n. 60.

La tesi del divino nell'anima, che Eckhart fonda sulla dottrina senecana tratta dall'*Epistula* 73, 16 compare per due volte nell'opera latina (*Expositio libri Sapientiae* e *Liber parabolarum Genesis*) e per una volta nell'opera tedesca (*Von dem edeln Menschen*). Come è noto, e come si è ricordato all'inizio di questo contributo, fu una delle tesi per cui Eckhart venne accusato di eresia. A prima vista, a dire il vero, la dottrina eckartiana appare persino tradizionale: per l'idea secondo cui i buoni frutti derivano non dal corpo, ma dallo spirito. Eckhart cita infatti san Paolo (*Gal.* 5,22.23) "Fructus autem spiritus est caritas, gaudium, pax, patientia, benignitas ..."[52]; l'identificazione dello *spiritus* di Paolo con lo spirito divino, poi, è inequivocabilmente attestata nella *Summa theologiae*. Infatti, nella questione I II 70 a. 1 "Utrum fructus Spiritus Sancti quos Apostolus nominat *ad Galatas* 5, sint actus", Tommaso esclude che amore, gioia, pazienza e ogni altra virtù derivino dalla razionalità umana. In accordo con *I Ioh.* 3,9 "Omnis qui natus est ex deo, peccatum non facit, quoniam semen ipsius in eo manet", ammette invece che le azioni virtuose possano essere compiute dall'uomo in cui, quasi come un seme divino, agisce lo Spirito Santo.

In definitiva è difficile immaginare che, veicolando l'idea senecana secondo cui "semina in corporibus humanis divina sunt", Eckhart abbia destato particolare clamore. Non fu, per altro, nelle formulazioni dell'*Expositio libri Sapientiae* e del *Liber parabolarum Genesis*, bensì solo in quella del *Von dem edeln Menschen* che la dottrina attirò il sospetto degli inquisitori di Colonia. Nel primo e nel secondo contesto, infatti, il rapporto tra divino ed umano resta imprecisato e, in particolare, nel *Liber parabolarum Genesis* l'esegesi di *Gal.* 5,22.23 è apparentemente la stessa di Tommaso. Nel *Von dem edeln Menschen*, invece Eckhart pronuncia chiaramente la sua posizione e lo fa introducendo piccole ma incisive modifiche proprio nella citazione di *Epistula* 73,16. Mettiamo al confronto le parole di Seneca con i contesti dell'opera eckhartiana.

Seneca, *Epist.* 73,16/224,9-13	Eckhart, *Expositio libri Sapientiae*, n. 52, LW II, p. 379,4-12	Eckhart, *Liber parabolarum Genesis* n. 198, LW I/1, pp. 670,13-671,9	Eckhart, *Von dem edeln Menschen*, DW V, p.111,9–21
		In quibus verbis etiam innuit radices ipsas sive semina virtutum et vitiorum in hoc quod ait: 'de corde' nostro 'procedunt'. Et hoc est	Von adel des innern menschen, des geistes, und von untiuricheit des ûzern menschen, des vleisches, sprechent ouch heidenische

[52] Eckhardus, *In Gen. II* n. 197, LW I/1, p. 670,6-7 e *Von dem edeln Menschen* DW V, pp. 110,16-111,2.

Nulla sine deo mens **bona** est. Semina in corporibus humanis divina sunt, quae si bonus cultor excipit, similia origini prodeunt et paria hiis, ex quibus orta sunt surgunt: si malus, autem, non aliter quam humus sterilis ac plustris necat et deinde creat purgamenta pro frugibus.

Patet igitur quod omnis amore inclinatus et plantatus in creatura plantatur in altero et est plantatio adulterina, 'quam non plantavit pater caelestis', deus, et per consequens fructus illius 'inutiles et acerbi'. Et hoc est quod hic dicitur: *adulterianae plantationes*. Ad hoc est quod **Seneca** Epistula 74, dicit: »nulla sine deo mens«. »Semina in corporibus humanis divina« »sunt. Quae si bonus cultor excipit, **similia origini prodeunt** et paria his ex quibus orta sunt«; »si malus, non aliter quam humus sterilis ac palustris« »creat purgamenta pro frugibus«.

quod **Tullius l. III De Tusculanis** quaestionibus mox post principium ait: »parvulos nobis dedit natura igniculos, quos malis moribus opinionibusque depravatis sic restinguimus, ut nusquam naturae lumen appareat. Sunt enim ingeniis nostris semina innata virtutum, quae si adulescere liceret, ipsa nos ad beatam vitam natura perduceret«. **Seneca** etiam Epistula 74, quae incipit »Errare mihi videntur«, sic ait: »semina in corporibus humanis divina« »sunt. Quae si bonus cultor excipit, **similia origini prodeunt** et paria his, ex quibus orta sunt, surgunt; si malus, non aliter quam humus sterilis ac palustris necat ac deinde creat purgamenta pro frugibus«

meister, **Tullius** und **Senecâ**, daz enkein **redelich** sêle enist sunder got; **sâme gotes ist in uns**. Hæte er einen guoten, wîsen und vlîzigen werkman, sô betrüejete er dester baz und wüehse **ûf ze gote**, des sâme er ist, und würde diu vruht glîch ein natûre gotes. **Birboumes sâme wehset ze birboume, nuzboumes sâme in nuzboum, sâme gotes in got.** Ist aber, daz der guote sâme hât einen tumben und einen bœsen werkman, sô wehset unkrût und bedecket und verdringet den guoten sâmen, daz er niht ûzliuhtet noch ûzwahsen enmac.

4. Osservazioni conclusive

In generale, si può osservare che, a differenza della dottrina di Cicerone, citata esplicitamente solo in uno dei tre contesti riportati, la citazione di *Epistula* 73,16 è sempre esplicita e, pur con le varianti introdotte da Eckhart, si mantiene letterale. La prima modifica riguarda l'espressione senecana "Nulla sine deo mens bona est" che, come si vede, non è mai citata fedelmente. Nell'*Expositio libri Sapientiae*, infatti, Eckhart omette l'attributo *bona* riferito alla mente. Nel *Liber parabolarum Genesis* tralascia completamente la frase. Nel *Von dem edeln Menschen*, infine, la traduce in tedesco introducendo l'attributo *redelich* riferito a *sêle* ed indicando così per la mente che è sede del divino una condizione alla quale Seneca, almeno esplicitamente, non aveva fatto riferimento. La seconda parte della citazione è riportata fedelmente nei primi due contesti, ma è ampiamente modificata nel terzo. Infatti, all'espressione senecana "semina in corporibus humanis divina sunt" corrisponde nel *Von dem edeln Menschen* "sâme gotes ist in uns". La metafora dei semi che "similia origini prodeunt", inoltre, viene esplicata nel *Von dem edeln Menschen* in quelle, inedite nella versione originale, del seme del pero che volge nel pero, del seme del noce che volge nel noce e del seme di Dio che volge in Dio. Se, infine, nella versione di Seneca il seme buono, accolto dal contadino stolto, viene soffocato, in quella di Eckhart viene soltanto nascosto e oppresso dalla sterpaglia che cresce in suo luogo.

Nessun'alternativa proposta da Eckhart alla citazione originale di Seneca è casuale. Con l'omissione di *bona* nell'*Expositio libri Sapientiae*, Eckhart stabilisce il primo punto fermo della sua dottrina: Dio è presente non nella mente di un uomo buono, ma nella mente di ogni uomo in quanto uomo. Attraverso l'aggiunta di *redelich* nel *Von dem edeln Menschen* Eckhart chiarisce il secondo punto: è nell'anima razionale che la presenza di Dio si realizza, ovvero, ancora una volta, nella condizione più tipicamente umana. La razionalità è, perciò, ad un tempo la natura propria dell'uomo e la sede naturale del divino: accoglie infatti il *sâme gotes*. La nobiltà dell'uomo consiste, in ultima analisi, nella sua ragione. Non è necessario che l'uomo ne divenga consapevole: il *sâme gotes*, se viene trascurato, resta oppresso e nascosto dalla sterpaglia delle passioni, ma non gli è concesso di soffocare. La razionalità dell'uomo brucia persino nell'inferno, nell'anima dei dannati, avverte con premurosa insistenza Eckhart in diversi luoghi dell'opera tedesca. La consapevolezza di essere terreno di Dio, d'altra parte, frutta all'uomo un raccolto di enorme valore: se viene coltivata, infatti, la razionalità risplende di opere divine.

Caritas, gaudium, pax, patientia, benignitas, ovvero le opere che san Paolo definisce come frutti dello *spiritus*, tanto per Eckhart quanto per Tommaso sono operazioni compiute dall'uomo ma causate da Dio. Il Dio di Tommaso però causa in modo del tutto soprannaturale: le azioni virtuose procedono dall'uomo non *secundum facultatem suae rationis* ma *secundum altiorem virtutem*, cioè secondo la virtù dello Spirito Santo. Di fronte agli inquisitori di Colonia Eckhart è colpevole di aver trascurato una distinzione così importante: il suo Dio, come si è visto, agisce proprio nella razionalità umana come nella sua natura più propria. È, infatti, non solo il Dio della tradizione biblica e patristica ma anche il Dio di Cicerone e, soprattutto, il Dio di Seneca. Non del Seneca cristianizzato di cui parla la teologia tradizionale, ma del filosofo pagano che non avrebbe esitato a riconoscere la paternità della dottrina di Eckhart.

INDEX

SENECA

1. De beneficiis

L. Annaei Senecae *De beneficiis libri VII. De clementia libri II*, edidit Carolus Hosius (Bibliotheca Scriptorum Graecorum et Romanorum Teubneriana), Lipsiae 1900.

2. De clementia

L. Annaei Senecae *De beneficiis libri VII. De clementia libri II*, edidit Carolus Hosius (Bibliotheca Scriptorum Graecorum et Romanorum Teubneriana), Lipsiae 1900.

1-3 I c.1 n.1/210,1 . . . . LW **1**/**1**,596,13; **3**,287,9; DW **2**,362,1

[1] Et Seneca in Epistula dicit: »recte factorum verus fructus« in ipsis est »nec ullum virtutum pretium dignum illis extra ipsas« – [2] Secundo consonat praedicitis quod Seneca dicit: nullum dignum pretium virtutis extra virtutem est. – [3] Nû sprichet ein heidenischer meister: swer die tugent würket umbe anders iht dan umbe die tugent, sô enwart ez nie ein tugent.

4-5 I c.1 n.6/212,6 . . . . LW **2**,377,7; **3**,252,4

[4] Et Seneca l. I De clementia dicit: »nemo potest personam diu ferre fictam; ficta in naturam suam cito recidunt. Quibus veritas subest«, »tempore ipso in maius meliusque procedunt« – [5] Seneca De clementia l. I. sic dicit: »quibus veritas subest«, »tempore ipso in maius meliusque procedunt«.

3. De remediis fortuitorum

(Ps.-) L. Annaei Senecae *De remediis fortuitorum*, edidit Fredericus Haase, in: L. Annaei Senecae *Opera quae supersunt,* IV. *Supplementum* (Bibliotheca Scriptorum Graecorum et Romanorum Teubneriana), Lipsiae 1902.

1 c.8 n.2/104,1 .... LW **1/1**,358,13

Seneca: »patria« hominis »est, ubicumque« homini »bene est«.

4. Epistulae morales ad Lucilium

L. Annaei Senecae *Ad Lucilium Epistulae morales*, recogn. Leighton D. Reynolds (Scriptorum Classicorum Bibliotheca Oxoniensis), Oxonii 1965.

1 4,10.11/7,19-26 . . . . LW **1/1**,427,8 (=**1/2**,313,1)

Et Seneca Epistula 4 dicit »lex naturae« terminum statuit »non esurire, non sitire« – quod hic dicitur: 'panes ad vescendum' – »non algere« – quod hic dicitur: 'vestem ad induendum'. Et sequitur in Seneca: »ut famem sitimque depellas«, »non est necesse maria temptare nec sequi castra«. »Ad manum est, quod satis est«; » ad supervacua sudatur. Illa sunt, quae conterunt, quae nos senescere« »cogunt«.

2 6,4/10,26-27. . . . . LW **4**,222,9

Secundum est convivarum laeta societas: »nullius enim rei sine societate iucunda possessio«

3-4 6,5/11,6 . . . . LW **1/1**,416,11 (=**1/2**,301,21); **3**,58,8

[3] Quinto Seneca Epistula 6: »longum iter per praecepta, breve et efficax per exempla«, »quia amplius homines oculis credunt quam auribus« – [4] Et Seneca in Epistula: »longum iter per praecepta, breve et efficax per exemplum«.

5 7,8/13,18-20. . . . . LW **4**,174,9

»Cum his versare qui meliorem te facturi sunt. Illos admitte quod tu potes facere meliores«.

6 9,7/18,9-10. . . . . LW **4**,173,9

Iucundius est enim facere quam fecisse, ut Seneca epistula 9 exempla ponit. Tu dic exemplum de canente in cithara, cui dulcius est canere quam cecinisse.

7 9,22/22,12 . . . . LW **3**,428,11

<Notandum> quod secundum Senecam non est advertendum, quis dicat, sed quid dicatur.

8 10,1.2/22,20-23,7. LW **1/1**,431,7 (=**1/2**,317,6)

Seneca in Epistula 10 sic scribit: »Zenocrates« »cum vidisset adulescentulum secreto ambulantem, interrogavit quid illic solus faceret. 'Mecum', inquit, 'loquor'. Cui Zenocrates: 'cave', inquit, 'rogo, et diligenter attende, ne cum homine malo loquaris'«. »Nemo est ex imprudentibus, qui relinqui sibi debeat. Tunc mala consilia agitant«, »tunc, quidquid aut metu aut pudore animus celabat, exponit, tunc audaciam acuit, libidinem irritat, iracundiam instigat«.

9 10,2/23,11 .... LW **1/1**,237,2 (=**1/2**,121,12)

Et praeterea: »spes enim est nomen incerti boni«, ut ait Seneca Epistula 10.

10 12,5/27,11 .... LW **2**,171,18

[10] Propter quod Seneca de concupiscientia sub nomine cupiditatis in Epistulis ait: »quam dulce est cupiditates fatigasse ac reliquisse«, quae si aliter auferri non possent, ipsum cor evellendum erat.

11-12 12,11/29,4 .... LW **3**,232,2; 428,11

[11] Et post in alia Epistula dixit: »quidquid bene dictum est ab aliquo, meum est« – [12] <Notandum> quod secundum Senecam non est advertendum, quis dicat, sed quid dicatur.

13 14,1.2/34,5-6.11 .... LW **4**,174,11

Corpori enim non est serviendum, secundum Senecam: »multis serviet qui corpori servit, qui pro illo nimium timet, qui ad illum omnia refert«.»Honestum ei vile est, cui corpus nimis carum est«.

14 14,3/34,16-18 .... LW **4**,365,12

Seneca: timendorum »tria sunt genera. Timetur inopia, timentur morbi, timentur quae per vim potentioris eveniunt«, Epistula 14.

15 14,17/38,3-4 .... LW **4**,76,5

»Maxime divitiis fruitur, qui minime divitiis indiget« etc. 14 in fine.

16 14,18/38,7 .... LW **3**,231,16

et Seneca in Epistula quadam ait: »quid interest quis dixerit? Omnibus dixit« qui verum dixit.

17 16,7/43,11-12 .... LW **3**,232,2

Et post in alia Epistula dixit: »quidquid bene dictum est ab aliquo, meum est«.

18 18,7. 8. 13/48,6-20. 17-21 .... LW **4**,76,5

<Seneca: »divitiae> inflant animos, superbiam pariunt, invidiam contrahunt«, etc., <ep.> 87 versus finem. Item 18.

19 18,13/49,17 .... LW **4**,328,11

Seneca: »nemo alius dignus est deo, nisi qui opes contempserit«.

20 20,2/53,21-22 .... LW **1/1**,416,13 (=**1/2**,301,22)

Et 20 Epistula dicit: »maximum« »iudicium est sapientiae, ut verbis opera concordent«.

21 20,10/55,16-17 .... LW **4**,330,2

Seneca: »magnus ille est qui in divitiis pauper est«.

22 21,7/58,6-7. . . . . LW 4,76,6

Item: »si vis divitem facere, non pecuniae adiciendum, sed cupiditati detrahendum est«.

23 22,15/63,7-10. . . . . LW **1/1**,427,13 (=**1/2**,313,6)

Unde Epistula 22 ait: »non naturae vitium est« quod male vivimus. »Illa de nobis conqueri debet et dicere: Quid est hoc? Sine cupiditatibus vos genui, sine timoribus, sine superstitione, sine perfidia ceterisque pestibus. Quales intrastis exite«.

24 24,15/69,24-26. . . . . LW **1/1**,416,14 (=**1/2**,303,2)

Et rursus Epistula 24 sic ait: »hoc turpissimum est, quod nobis obici solet, verba philosophiae, non opera tractare«.

25 25,5.6/73,26-74,2. . . . . LW **1/1**,431,13 (=**1/2**,317,6)

Et post Epistula 25 sic ait: »omnia nobis mala solitudo persuadet. Cum iam profeceris tantum, ut sit tibi etiam tui reverentia, licebit dimittas pedagogum; interim te aliquorum auctoritate custodi«.

26-27 52,12/138,26-27. . . . . LW **3**,302,10; **4**,308,9

[26] Et Seneca dicit: si vis scire qualis quis sit, vide quales commendat et de quibus et qualibus frequenter loquitur. – [27] »Si vis scire, qualis quis sit« etc.

28 59,14.16.17.18/165,14-15.5-6.10.20-21 . . . . LW **1/1**,641,14

Et Seneca Epistula 60 dicit: »sapiens plenus est gaudio«, »placidus, inconcussus, cum diis ex pari vivit«; et infra: »talis est sapientis animus, qualis mundi super lunam; semper illic serenum est«. »Stulti ac mali non gaudent«. Ratio est, ut infra sequitur, quia gaudium eorum »sumptum est aliunde«, »alieni muneris est«, quia scilicet foris munus quaerit. Remunerari enim quaerit

29-30 59,14.16.17.18/165,14-15.5-6.10.20-21 . . . . LW **2**,385,6; **4**,173,11

[29] Unde idem in Epistula 60 dicit: »talis sapientis aniums, qualis mundi super lunam; semper illic serenum est«. Ecce mentis aequalitas – [30] Ubi nota quod in vero gaudio non cadit interruptio, ut ait Seneca epistula 60 et 73.

31 65,7/177,2-3. . . . . LW **3**,31,7

»Nihil autem ad rem pertinet, utrum foris habeat exemplar, ad quod referat oculos, an intus quod sibi ipse concipit «ut ait Seneca in epistula quadam.

32 65,21/180,6 . . . . LW **4**,174,14

»Maior sum et ad maiora genitus, quam ut mancipium sim mei corporis«. Haec Seneca.

33 66,6/182,19-23. . . . . LW **2**,385,4

Et prius in eadem Epistula ait: »supra omnia quae contingunt acciduntque eminens pulchrius«, »imperturbatus«, »quem nec attollunt fortuita nec deprimunt: tali animi virtus est«.

34 66,12/183,26.184,1 .... LW 2,361,1

Praedictis concordat quod Seneca Epistula 67 ait: »divinorum una natura est«; et ibidem: »discrimen nullum est inter divina«.

35 66,25/187,15-15. .... LW 2,385,3

Et Seneca Epistula 67 circa medium: »ubi par virtus, non comparet aliarum rerum inaequalitas«.

36 70,4-6/203,22-23.25.7-9.12-13 .... LW 4,163,3

Seneca epistula 71: »non vivere bonum est, sed bene vivere. Itaque sapiens vivit quantum debet, non quantum potest«. »Cogitat semper qualis vita, non quanta sit«. »Citius mori aut tardius ad rem non pertinet. Bene mori aut male ad rem pertinet. Bene mori est effugere male vivendi periculum«. »Omnia homini dum vivit speranda sunt«.

37 70,6/204,7-9. .... LW 1/1,575,1

Et Seneca Epistula 71 sic ait: »citius mori aut tardius ad rem non pertinet. Bene mori autem male ad rem pertinet. Bene aut mori est effugere male vivendi periculum«

38 70,6/204,8-9. .... LW 1/1,468,12

»Bene mori est effugere male vivendi periculum«.

39 71,5/210,13-15. .... LW 4,188,1

Seneca Epistula 72: »omnia quae ceteris videntur mala, mansuescent et in bonum abibunt, si modo super illa eminueris«.

40 71,16/213,5-6. .... LW 4,163,8

Idem epistula 72: »non est Catonis maius buonum honesta vita quam mors honesta«.

41 71,24/215,2 .... DW 5,60,25

Ein heidenischer meister, Senecâ, sprichet: man sol von grôzen und von hôhen dingen mit grôzen und mit hôhen sinnen sprechen und mit erhabenen sêlen.

42 71,32/216,27-217,1-2 .... LW 4,340,7

Seneca Epistula 72: »omnia quae virtute contacta sunt et bona iudicare et inter se paria«.

43 71,37/217,29 .... LW 4,163,9

In fine illius epistulae sic dicit: »metus mortis victores gentium vicit«.

44 72,4/218,1-3. .... LW 4,173,11

Ubi nota quod in vero gaudio non cadit interruptio, ut ait Seneca epistula 60 et 73.

45-49 72,5/219,11 .... LW 1/1,645,10; 3,176,13; 383,5; 461,10; 4,330,11

[45] Et Seneca Epistula 73 dicit: »nullum in alto malum est« – [46] Seneca in Epi-

stula vult quod malum nunquam in alto, sed semper in basso est et imo. Bonum e converso nunquam in basso, sed semper in alto est – [47] Adhuc autem in alto et superius semper bonum est, deorsum et inferius ut sic semper malum est, ut ait Seneca et supra expositum est. [48] Notandum primo quod »nullum malum in alto est«, ut ait Seneca. – [49] Seneca dicit quod »nullum in alto malum est«.

50 73,7/222,12-15. . . . . LW 2,164,13

Et Seneca Epistula 74 sic ait: »stulta avaritia mortalium possessionem proprietatemque discernit, nec quidquam suum esse credit, quod publicum est. At sapiens nihil iudicat suum magis, quam cuius illi cum humano genere consortium est«.

51-55 73,16/224,9-13 . LW 1/1,671,5; 2,379,9; 5,285,8; 353,15; DW 5,111,11

[51] Seneca etiam Epistula 74, quae incipit »Errare mihi videntur«, sic ait: »semina in corporibus humanis divina« »sunt. Quae si bonus cultor excipit, similia origini prodeunt et paria his, ex quibus orta sunt, surgunt; si malus, non aliter quam humus sterilis ac palustris necat ac deinde creat purgamenta pro frugibus«. – [52] Ad hoc est quod Seneca Epistula 74 dicit: »nulla sine deo mes«. »Semina in corporibus humanis divina« »sunt. Quae si bonus cultor excipit, similia origini prodeunt et paria his ex quibus orta sunt«; »si malus, non aliter quam humus sterilis ac palustris« »creat purgamenta pro frugibus«. – [53] Ad decimum quartum cum dicitur: »Nulla rationalis anima est sine deo« etc. Doctrina est et verba Senecae in Epistula 74, sententia Tullii De Tusculanis quaestionibus l. III et doctrina Origenis in Homilia super <Gen.> 26. Illi pro se respondeant. Quin immo Ioh. 3 dicitur: 'omnis, qui natus est ex deo, peccatum non facit, quoniam semen ipsius', dei scilicet, 'in eo manet'. – [54] Quarto, quia obiciunt vitiosa, ubi posui verba Tullii, Senecae, glossae Origenis, puta se semine divino in anima et 1 Ioh. 3: 'qui natus est ex deo peccatum non facit, quoniam semen ipsius', dei scilicet, 'in ipso manet'. – [55] Von adel des innern menschen, des geistes, und von untiuricheit des ûzern menschen, des vleisches, sprechent, ouch heidenische meister, Tullius und Senecâ, daz enkein redelich sêle enist sunder got; sâme gotes ist in uns. Haete er einen guoten, wîsen und vlîzigen werkman, sô betrütejete er dester baz und wüehse ûf ze gote, des sâme er ist, und würde diu vruht glîch eine natûre gotes. Birboumes sâme wehset ze birboume, nuzboumes sâme in nuzboum, sâme gotes in got". [La citazione compare anche negli atti del *Proc. Col.* I n.22, LW V, p. 209,12-20]

56 76,34.35/244,13-21 . . . . LW 2,607,6

De hoc etiam Seneca in Epistulis suis, specialiter 77 quae incipit 'Inimicitias', tractat.

57 83,19/282,30-283,1 . . . . LW 3,499,2

Et Seneca: »plures pudore peccandi magis quam bona voluntate prohibiti abstinent«.

58 85,22/293,11-12.13-14 . . . . LW 2,453,1

Propter hoc Seneca Epistula 89 ait: »in optimo illam statu ponit qualitas sua non magnitudo«; et infra: »qui illam numero aestimat et mensura et partibus, id illi, quod habet eximium, eripit«.

59 87,20/307,10-15. . . . . LW 2,378,4

Unde Seneca Epistula 87 sic dicit: »hic segetes, illic veniunt felicius uvae,/ arborei fetus alibi atque <iniussa> virescunt / gramina ... / India mittit ebur, molles sua tura Sabaei«. »Ista in regiones descripta sunt«.

60 87,21/307,17-20. . . . . LW **2**,378,10

Et infra: »bonum habet et ipsam suam sedem«. Quid sit boni »locus quaeris? Animus. Hic nisi purus ac sanctus, deum non capit«.

61-64 87,24-25/308,14-17 . . . . LW **1/1**,334,3 (=**1/2**,217,15);
. . . . 507,1; 571,12; **2**,552,6

[61] Seneca Epistula 87 »magnum scelerum supplicium in ipsis est. Erras, si illa ad carnificem, ad carcerem differs. Statim puniuntur, dum facta sunt, immo dum fiunt« – [62] et Seneca: magnum »scelerum supplicium in ipsis est«. »Statim puniuntur«, »dum fiunt«, Epistula 87. – [63] Et Seneca Epistula 87 sic ait: magnum »scelerum supplicium in ipsis st. Erras si illa ad carnificem, ad carcerem differes. Statim puniuntur, dum facta sunt, immo dum fiunt« – [64] Et Seneca Epistula 87 sic ait: magnum »scelerum supplicium in ipsis st. Erras si illa ad carnificem, ad carcerem differes. Statim puniuntur, dum facta sunt, immo dum fiunt«.

65 87,25/308,18-19. . . . . LW **2**,378,12

Et iterum infra: »ad semen nata respondent: degenerare non possunt«.

66 87,31/310,2-3. . . . . LW **4**,76,4

<Seneca: »divitiae> inflant animos, superbiam pariunt, invidiam contrahunt«, etc., <ep.> 87 versus finem.

67 87,39/311,20-21. . . . . LW **4**,76,7

»Paupertas enim non per possessionem, sed per detractionem dicitur«. Idem potest dici de honoribus, voluptate et huismodi.

68 88,19/317,8-9. . . . . LW **3**,393,11

Et in quadam Epistula dicit: »quid prodest multos vincere luctatione et ab iracundia vinci?«

69 107,11/450,5-8 . . . . DW **5**,20,16

Ez sprichet ein heidenischer meister: 'herzoge und oberster vater und herre des hôhen himels, allez, daz dû wilt, des bin ich bereit; gip mir willen, nâch dînem willen ze wellenne'. [Duc, o parens celsique dominator poli, / quocumque placuit: nulla parendi mora est; / adsum impiger. Fac nolle, comitabor gemens / malusque patiar facere quod dicunt bono]

5. Naturalium quaestionum libri

L. Annaei Senecae *Naturalium quaestionum libros* recogn. Harry M. Hine (Bibliotheca Scriptorum Graecorum et Romanorum Teubneriana), Stutgardiae-Lipsiae 1996.

1-3 I praef. 5/3,36-37 . . . . LW **3**,236,10; DW **2**,532,3-4; **4**,200,311

[1] Secundo sic: homo per gratiam fit aliquid altius se ipso homine, Seneca: »contemptibilis res est homo, nisi super hominem surrexerit« – [2] Senecâ sprichet: »daz ist ein snœder mensche, der über den menschen niht enkumet« – [3] Ein meister sprichet, der mensche sî ein klein dinc, er enwerde denne erhaben über sich selber.

4 I praef. 13/7,1-4 . . . . LW **4**,263,9

Seneca in prologo Quaestionum naturalium: »quid est deus? quod vides totum et quod non vides totum. Sic magnitudo sua illi redditur quod nihil maius excogitari potest«.

5 III praef. 10/112,69-71. . . . . LW **3**,393,8

Seneca nono libro Quaestionum naturalium ait: »nulla maior victoria est quam vitam domuisse; innumerabiles sunt qui urbes, qui populos in potestate habuerunt, paucissimi qui se ipsos«.

6 III praef.11/112,75-76 . . . . LW **4**,178,3

»Quotiens enim a divinorum contemplatione ad humana recid<er>is, non aliter caligabis quam quorum oculi in densam umbram ex claro sole redierunt«, Seneca IX Naturalium quaestionum.

7 III praef. 12/ 112,77-79 . . . . DW **5**,20,12

Senecâ, ein heidenischer meister, vrâget: 'waz ist der beste trôst in lîdenne und in ungemache?' und sprichet: 'daz ist, daz der mensche alliu dinc neme, als er des gewünschet habe und dar umbe gebeten habe; wan dû hætest ez ouch gewünschet, ob dû wistest, daz alliu dinc von gotes, mit gotes und in gotes willen geschehent'.

8-9 III c. 30,8/164,994. . . . . LW **3**,250,1; **4**,178,8

[8] Seneca De quaestionibus naturalibus sic ait: virtus cum labore discitur, »vitia etiam sine magistro discuntur« – [9] »vitia enim sine magistro discuntur«, Seneca De quaestionibus naturalibus.

INDICE DEI NOMI

LE OPERE DI ECKHART
E LA PAGINAZIONE DELL'EDIZIONE

vol.	pp.	titolo
LW		
1/1	129-147	Tabula prologorum in Opus tripartitum et in librum Genesis
1/1	148-165	Prologus generalis in Opus tripartitum
1/1	166-184	Prologus in Opus propositionum
1/1	185-444	Expositio libri Genesis
1/1	447-702	Liber parabolarum Genesis
1/2	21-39	Prologus generalis in Opus tripartitum (recensio L)
1/2	41-59	Prologus in Opus propositionum (recensio L)
1/2	61-329	Expositio libri Genesis (recensio L)
2	1-227	Expositio libri Exodi
2	229-300	Sermones et Lectiones super Ecclesiastici c. 24,23-31
2	301-634	Expositio libri Sapientiae
2	635-639	Expositionis Cantici Canticorum quae supersunt
3	1-712	Expositio sancti Evangelii secundum Iohannem
4	1-468	Sermones
5	1-26	Collatio in libros Sententiarum
5	27-83	Quaestiones Parisienses
5	85-99	Sermo die b. Augustini Parisius habitus
5	101-130	Tractatus super Oratione Dominica
5	131-148	Sermo Paschalis a. 1294 Parisius habitus
5	197-617	Processus contra magistrum Echardum
DW		
1	1-423	Predigten (1-24)
2	1-636	Predigten (25-59)
3	1-503	Predigten (60-86)
4	1-782	Predigten (87-110)
5	1-105	daz buch der goetlichen troestunge
5	106-136	von dem edeln menschen
5	137-376	die rede der underscheidunge
5	377-468	von abegescheidenheit

DOKIMION

Neue Schriftenreihe zur · Nouveaux suppléments à la

FREIBURGER ZEITSCHRIFT FÜR PHILOSOPHIE UND THEOLOGIE

Herausgegeben von
Ruedi Imbach und Tiziana Suarez-Nani

Lieferbare Bände – Volumes disponibles

3. Alois M. Haas, Nim din selbes war. Studien zur Lehre von der Selbsterkenntnis bei Meister Eckhart, Johannes Tauler und Heinrich Seuse. X–227 S. 1971
4. Alois M. Haas, Sermo Mysticus. Studien zu Theologie und Sprache der deutschen Mystik. 507 S. 1979
6. Alois M. Haas/Heinrich Stirnimann (Hrsg.), Das «einig Ein». Studien zu Theorie und Sprache der Deutschen Mystik.
   Mit Beiträgen von J. Boeckmans, F. Brunner, R. Friedli, W. M. Fues, L. Gnädinger, A. M. Haas, P. Michel, D. Mieth, H. Stirnimann. 464 S. 1980
7. Heinrich Stirnimann, Der Gottesgelehrte Nikolaus von Flüe. Drei Studien. 352 S. 1981. 2. Auflage 2001
8. Alois M. Haas, Geistliches Mittelalter. XVII–547 S. 1984
10. Enzo Portalupi, Studi sulla presenza di Gregorio Magno in Tommaso d'Aquino. 128 p. 1990
11. Heinrich Stirnimann/Ruedi Imbach, Eckardus Theutonicus, Homo Doctus et Sanctus.
    Mit Beiträgen von A. M. Haas, N. Largier, G. Steer, L. Sturlese, T. Suàrez-Nani, W. Trusen. 324 S. 1992
12. Heinrich Stirnimann, Grund und Gründer des Alls. Augustins Gebet in den Selbstgesprächen. 150 S. 1992
13. Jean-Pierre Torrell, Recherches sur la théorie de la prophétie au Moyen Age. XIIe-XIVe siècles. Etudes et textes. 368 p. 1992
14. Béatrice W. Acklin Zimmermann, Gott im Denken berühren. Die theologischen Implikationen der Nonnenviten. Vorwort von Ruedi Imbach. XVI–190 S. 1993
15. Béatrice W. Acklin Zimmermann, (Hrsg.) Denkmodelle von Frauen im Mittelalter. Mit Beiträgen von E. Gössmann, B. Acklin Zimmermann, M. Heimbach-Steins, I. Leicht, G. Jaron Lewis, L. Gnädinger, B. Stoll. 210 S. 1994
16. Avital Wohlman, Maïmonide et Thomas d'Aquin. Un dialogue impossible. Avec une préface de Yeshayahou Leibovitz. 128 p. 1995
17. Thomas Ricklin, Die ‹Physica› und der ‹Liber de causis› im 12. Jahrhundert. Zwei Studien. 128 S. 1995

18. Heinrich Stirnimann, Unio – Communio. Dimensionen mystischer Erfahrung. Erster Teil. 160 S. 1995
19. Heinrich Stirnimann, Unio – Communio. Dimensionen mystischer Erfahrung. Zweiter Teil. 136 S. 1996
20. Ruedi Imbach, Quodlibeta. Ausgewählte Artikel/Articles choisis. Francis Cheneval, Thomas Ricklin, Claude Pottier, Silvia Maspoli, Marianne Mösch (Hrsg.). X–526 S. 1996
21. Alexander Schroeter-Reinhard, Die Ethica des Peter Abaelard. Übersetzung, Hinführung und Deutung. XII–496 S. 1999
22. Béatrice Beretta, Ad aliquid. La relation chez Guillaume d'Occam. X–218 p. 1999
23. Jean-Claude Piguet, Des choses, des idées et des mots. Le sens du sens. Préface de Ruedi Imbach. Postface de François Félix. VII–200 p. 2000
24. Mauritius Wilde, Das neue Bild vom Gottesbild. Bild und Theologie bei Meister Eckhart. 404 S. 2000
25. Emil Dobler, Zwei syrische Quellen der theologischen Summa des Thomas von Aquin. Nemesios von Emesa und Johannes von Damaskus. Ihr Einfluss auf die anthropologischen Grundlagen der Moraltheologie (S. Th. I–II, qq. 6–17; 22–48). XXXII–436 S. 2000
26. Grzegorz Stolarski, La possibilité et l'être. Un essai sur la détermination du fondement ontologique de la possibilité dans la pensée de Thomas d'Aquin. XII–344 p. 2001
27. Emil Dobler, Falsche Väterzitate bei Thomas von Aquin. Gregorius, Bischof von Nyssa oder Nemesius, Bischof von Emesa? Untersuchungen über die Authentizität der Zitate Gregors von Nyssa in den gesamten Werken des Thomas von Aquin. XXII–154 S. 2001
28. Emil Dobler, Indirekte Nemesiuszitate bei Thomas von Aquin. Johannes von Damaskus als Vermittler von Nemesiustexten. XXII–222 S. 2002
29. Niklaus Wicki, Die Philosophie Philipps des Kanzlers. Ein philosophierender Theologe des frühen 13. Jahrhunderts. VII–200 S. 2005
30. Thomas Ebneter, Exsistere. Zur Persondefinition in der Trinitätslehre des Richard von St. Viktor. 112 S. 2005
31. Caroline F. Mösch, «Daz disiu geburt geschehe». Meister Eckharts Predigtzyklus *Von der êwigen geburt* und Johannes Taulers Predigten zum Weihnachtsfestkreis. X–462 S. 2006
32. Philibert Secretan (ed.), La philosophie chrétienne. D'inspiration catholique. 288 p. 2006
33. Anto Gavrić, Une métaphysique à l'école de Thomas d'Aquin. Le *De modis rerum* de Rémi de Florence. 356 p. 2007